本书为 2020 年度教育部哲学社会科学重大委托项目
"中国共产党百年教育史研究"（项目批准号：20JZDW006）研究成果。

朱旭东　施克灿

总主编

中国共产党领导下的
百年教育

第四卷

2012—2021

朱旭东　薛二勇　等著

北京师范大学出版集团
BEIJING NORMAL UNIVERSITY PUBLISHING GROUP
北京师范大学出版社

图书在版编目(CIP)数据

中国共产党领导下的百年教育. 第四卷，2012—2021/朱旭东，施克灿总主编；朱旭东等著. —北京：北京师范大学出版社，2022.9 (2024.9重印)

ISBN 978-7-303-28059-9

Ⅰ.①中… Ⅱ.①朱… ②施… Ⅲ.①教育史－中国－2012—2021 Ⅳ.①G529.7

中国版本图书馆 CIP 数据核字(2022)第 139255 号

联 系 电 话	010-58807068
北师大出版社教师教育分社微信公众号	京师教师教育

ZHONGGUO GONGCHANDANG LINGDAO XIA DE BAINIAN JIAOYU
DI-SI JUAN 2012—2021

出版发行：北京师范大学出版社　www.bnup.com
　　　　　北京市西城区新街口外大街 12-3 号
　　　　　邮政编码：100088
印　　刷：北京虎彩文化传播有限公司
经　　销：全国新华书店
开　　本：710 mm×1000 mm　1/16
印　　张：144.5
字　　数：1310 千字
版　　次：2022 年 9 月第 1 版
印　　次：2024 年 9 月第 3 次印刷
定　　价：720.00 元(全四卷)

策划编辑：鲍红玉　郭兴举	责任编辑：鲍红玉　郭　翔　张筱彤
美术编辑：焦　丽	装帧设计：王齐云
责任校对：段立超　张亚丽　包冀萌	责任印制：马　洁

前　言

党的十八大以来，在党中央坚强领导下，党和国家事业取得了全方位、开创性的历史性成就，发生了深层次、根本性的历史性变革，在波澜壮阔的实践中开启了中国特色社会主义新时代。党对教育工作的领导得到全面加强，德、智、体、美、劳全面培养的教育体系更加完善，教育事业的中国特色更加鲜明，教育面貌正在发生格局性变化，各级各类教育事业取得了瞩目成绩。

党的十九大报告庄严宣告："经过长期努力，中国特色社会主义进入了新时代，这是我国发展新的历史方位。""这个新时代，是承前启后、继往开来、在新的历史条件下继续夺取中国特色社会主义伟大胜利的时代，是决胜全面建成小康社会、进而全面建设社会主义现代化强国的时代，是全国各族人民团结奋斗、不断创造美好生活、逐步实现全体人民共同富裕的时代，是全体中华儿女勠力同心、奋力实现中华民族伟大复兴中国梦的时代，是我国日益走近世界舞台中央、不断为人类作出更大贡献的时代。"①党的十九大高举中国特色社会主义伟大旗帜，把习近平新时代中国特色社会主义思想写入党章，确立了党必须长期坚持的指导思想，作出了中国特色社会主义进入了新时代、我国社会主要矛盾已经转化为人民日益增长的美好生活需要和不平衡不充分的发展之间的矛盾等重大政治论断，深刻阐释了新时代中国共产党的历史使命，提出了新时代坚持和发展中国特色社会主义的基本方略，确定了决胜全面建成小康社会、开启全面建设社会主义现代化国家新征程的目标，对新时代推进中国特色社会主义伟大事业和党的建设新的伟大工程作出了全面部署，指明了党和国家事业的前进方向，是我们党团结带领全国各族人民在新时代坚持和发展中国特色社会主义的政治宣言和行动纲领。

教育是国之大计、党之大计。教育是党的事业发展的重要保证，是国家兴旺发达的根本基石，是民族振兴的奠基工程，党的教育思想，集中体现于党的教育方针，聚焦于办学方向，反映了实现中华民族伟大复兴中国梦的宏观设想。党的十九大报告对新时代的教育工作作出了全面部署，明确提出社会主义

---

① 习近平：《决胜全面建成小康社会　夺取新时代中国特色社会主义伟大胜利——在中国共产党第十九次全国代表大会上的报告》，16～17 页，北京，人民出版社，2017。

事业的总方向，重申"优先发展教育事业"的总方略，首次明确提出"建设教育强国是中华民族伟大复兴的基础工程"的总定位，明确了"深化教育改革，加快教育现代化，办好人民满意的教育"的总要求，明确了"全面贯彻党的教育方针，落实立德树人根本任务，发展素质教育，推进教育公平，培养德智体美全面发展的社会主义建设者和接班人"的总任务，全面部署了新时代教育事业发展的新任务、新要求。在 2018 年全国教育大会上，习近平总书记系统总结了推进我国教育改革发展的"九个坚持"，中国特色社会主义教育发展道路的核心实质、丰富内涵和重要体现，形成了办好中国特色社会主义教育事业必须始终坚持的原则。习近平总书记强调，"九个坚持"是对我国教育事业规律性认识的深化，来之不易，要始终坚持并不断丰富发展。这标志着我们党对教育发展规律的认识达到了新高度。

本卷聚焦于 2012 年之后中国特色社会主义教育发展的基本状况，全书共分为五章。第一章，阐释了新时代中国特色社会主义的教育思想，包括把立德树人作为教育的根本任务、培养德智体美劳全面发展的社会主义建设者和接班人、教育优先发展战略思想、扎根中国大地办教育思想、以人民为中心发展教育思想以及新时代"好老师"思想。第二章，聚焦提升教育现代化水平的政策举措和政策创新，主要围绕坚持党对教育工作的全面领导、坚持社会主义办学方向、落实立德树人教育工作根本任务、深入推进教育现代化、大力推进教育信息化、建设高素质专业化创新型教师队伍和扩大教育对外开放七大方面的内容展开。第三、四两章，用史实与数据分析了党的十八大以来中国共产党领导我国各级各类教育事业的发展历程与辉煌成就，包括学前教育、义务教育、高中教育、高等教育、职业教育、教师教育、特殊教育、中国共产党干部教育、民族教育、留学教育、终身教育等。第五章对中国特色社会主义新时代中国共产党领导教育的主要成就、显著特点进行了总结，并对在新的历史时期，加快推进教育现代化，实现高质量发展进行了展望。

本书由北京师范大学教育学部部长、中国教育政策研究院院长朱旭东教授，中国教育政策研究院副院长薛二勇教授拟定写作大纲、框架结构、章节布局。由朱旭东教授、薛二勇教授撰写前言部分，广州大学李育球博士撰写第一章，北京师范大学中国教育政策研究院周秀平副教授撰写第二章，北京师范大学中国教育政策研究院高莉博士撰写第三章的一、二、三、四部分，首都师范大学杜钢副教授撰写第三章的五、六、七部分与第四章的第四部分，北京师范大学中国教育政策研究院副院长金志峰研究员撰写第四章的一、二、三部分，北京师范大学中国教育政策研究院杨小敏副教授撰写第五章。各章写作过程中，由朱旭东教授、薛二勇教授负责组织专家论证、文稿修改与全书通稿工作。

朱旭东　薛二勇

2021 年 5 月

目　录

第一章 | 新时代中国特色社会主义的教育思想

　　党的十八大标志着中国特色社会主义进入了新时代。在以习近平同志为核心的党中央领导下，我国的教育事业取得了巨大进步，并形成了党的一系列具有中国特色的教育思想。它主要包括立德树人根本任务思想、培养德智体美劳全面发展的社会主义建设者和接班人的教育方针、教育优先发展战略思想、扎根中国大地办教育思想、以人民为中心发展教育思想以及新时代"好老师"思想等。本章拟从思想背景、基本内涵与主要特点、重要意义与价值三个方面对上述教育思想展开论述。

一、把立德树人作为教育的根本任务

2012 年，党的十八大报告首次提出把"立德树人"作为教育的根本任务①，这标志着新时代立德树人根本任务这一思想的正式形成。2017 年，党的十九大报告明确要求"全面贯彻党的教育方针，落实立德树人根本任务"②。2018 年 9 月 10 日，习近平总书记在全国教育大会上强调"要把立德树人融入思想道德教育、文化知识教育、社会实践教育各环节，贯穿基础教育、职业教育、高等教育各领域，学科体系、教学体系、教材体系、管理体系要围绕这个目标来设计，教师要围绕这个目标来教，学生要围绕这个目标来学。凡是不利于实现这个目标的做法都要坚决改过来"③。2019 年 3 月 18 日，习近平总书记在北京主持召开学校思想政治理论课教师座谈会并发表重要讲话，提出了"思政课是落实立德树人根本任务的关键

---

① 胡锦涛：《坚定不移沿着中国特色社会主义道路前进 为全面建成小康社会而奋斗——在中国共产党第十八次全国代表大会上的报告》，载《人民日报》，2012-11-18。

② 习近平：《决胜全面建成小康社会 夺取新时代中国特色社会主义伟大胜利——在中国共产党第十九次全国代表大会上的报告》，载《人民日报》，2017-10-28。

③ 习近平：《坚持中国特色社会主义教育发展道路 培养德智体美劳全面发展的社会主义建设者和接班人》，载《人民日报》，2018-09-11。

课程"①重要论断。党的十八大以来，以习近平同志为核心的党中央对教育工作高度重视，将学校思政课建设摆在尤为突出的位置。学校思想政治理论课教师座谈会，是继全国高校思想政治工作会议、全国教育大会之后，党中央关于坚持党对教育工作的全面领导、落实立德树人根本任务、办好中国特色社会主义教育的又一次重大战略部署。

（一）新时代立德树人根本任务思想提出的背景

新时代立德树人根本任务思想的形成，具有坚实的历史基础和广阔的社会背景。

第一，党的教育一贯重视德育，这为新时代把立德树人作为教育的根本任务这一思想的提出奠定了坚实的历史基础。"中华人民共和国成立以来，在党的教育方针的表述中，始终强调受教育者德智体美全面发展。"②2006 年 8 月 29 日，胡锦涛在中共中央政治局第三十四次集体学习会议上，首次公开提出"立德树人"③。2007 年 8 月 31 日，胡锦涛接见全国优秀教师代表时发表讲话，指出"要坚持育人为本、德育为先，把立德树人作为

---

① 习近平：《思政课是落实立德树人根本任务的关键课程》，载《求是》，2020(17)。

② 教育部课题组：《深入学习习近平关于教育的重要论述》，46 页，北京，人民出版社，2019。

③ 胡锦涛：《努力办好让人民群众满意的教育》，载《人民日报》，2006-08-31。

教育的根本任务"①。党的十七大报告也明确提出："坚持育人为本、德育为先，实施素质教育，提高教育现代化水平，培养德智体美全面发展的社会主义建设者和接班人，办好人民满意的教育。"②"育人为本、德育为先"是党将立德树人作为教育根本任务这一思想的先声。

第二，马克思主义人学理论为立德树人根本任务思想提供了主要的理论来源。马克思主义人学理论强调道德是人全面自由发展的重要维度。从某个意义上说，新时代立德树人根本任务思想是马克思主义人学思想在中国教育的最新发展。

第三，中国传统文化为立德树人根本任务思想奠定了深厚的历史文化根基。"立德"一词最早出现在《左传》："太上有立德，其次有立功，其次有立言，虽久不废，此之谓不朽。""树人"最早出现在《管子》："一年之计，莫如树谷；十年之计，莫如树木；终身之计，莫如树人。"我国传统文化典籍如《论语》《大学》等也蕴含着丰富的立德树人的思想，为新时代立德树人根本任务思想带来了深刻的启发，提供了有益的借鉴。③

---

① 胡锦涛：《在全国优秀教师代表座谈会上的讲话》，参见中华人民共和国教育部网站，2007-08-31。

② 胡锦涛：《高举中国特色社会主义伟大旗帜　为夺取全面建设小康社会新胜利而奋斗——在中国共产党第十七次全国代表大会上的报告》，载《人民日报》，2007-10-25。

③ 李长吉：《"立德树人"研究：内容、问题与展望》，载《当代教育与文化》，2021(1)。

第四，新时代中国梦为立德树人根本任务思想提供了时代背景。中国梦不仅是经济强国梦、政治大国梦，也是文化复兴梦。而道德与价值是文化的内核，文化复兴梦的实现，需要提高全民族的道德文化素质，需要提高文化自信，这些都需要把立德树人作为教育的根本任务。

第五，立德与树人分离的现实问题，为立德树人根本任务思想提供了批判的对象。现实生活中，存在一些追求成学忽视成人、追求成业忽视成己、追求成才忽视幸福教育的现象，有才无德、有才庸德的现象还时有发生。这为立德树人根本任务思想提供了现实需要。

(二)新时代立德树人根本任务思想的基本内涵与主要特点

新时代立德树人根本任务思想具有丰富的内涵。它主要包括立德树人本质论、立德与树人关系论、立德树人方法论、立德树人课程论和社会主义核心价值观培育论。立德树人本质论，回答了立德树人是什么的问题；立德与树人关系论，回答了立德与树人是何种关系的问题；立德树人方法论，回答了如何立德树人及其如何评价立德树人实践的问题；立德树人课程论，回答了什么是立德树人的关键课程；社会主义核心价值观培育论，回答了如何培育和践行社会主义核心价值观。

什么是立德树人？立德树人不是一般意义上的人才培养，而是中国特色社会主义教育理论的高度凝练，它以高度凝练的方式回答了培养什么人、如何培养人、为谁培养人的问题。立什么样的德，树什么样的人，是新时代中国特色社会主义教育根本性问题。从这个角度来说，"所谓'立德'即树立社会主义道德，所谓'树人'即培养社会主义建设者和接班人，所谓'立德树人'就是用马克思主义、毛泽东思想与中国特色社会主义理论体系，特别是习近平新时代中国特色社会主义思想，武装学生头脑，加强学生社会主义核心价值观及意识形态教育，培养全面发展的社会主义建设者和接班人"①。

立德与树人是一种什么关系？"立德树人的基本内涵，大致可以分为立德与树人两个层次，'立德'为确立品德、树立德业，'树人'为培植成长、培养成才。"②新时代语境下，立德与树人关系既不是一般的并列关系，也不是一般的递进关系，而是一种互为一体的有机关系。育人德为先，立德是树人的基础。只有德立起来了，人才能树起来。树人不是一般意义上的成才，而是指具有中国特色社会主义德性的人才。

如何立德树人？这主要包括"功夫论"和"贯穿论"。习近平总书记在 2018 年全国教育大会上提出了立德树人的六个"功夫

---

① 王鉴、姜纪垒：《"立德树人"知识体系的百年演进及其经验总结》，载《东北师大学报（哲学社会科学版）》，2020(6)。

② 张力：《纵论立德树人——教育的根本任务》，载《人民教育》，2013(1)。

论"：要在坚定理想信念上下功夫；要在厚植爱国主义情怀上下功夫；要在加强品德修养上下功夫；要在增长知识见识上下功夫；要在培养奋斗精神上下功夫；要在增强综合素质上下功夫。①"功夫论"主要是从教师立德树人的内容上来谈的，涉及理想信念教育、爱国主义教育、品德修养教育、知识教育、劳动教育与综合素质教育。"贯穿论"指要把立德树人融入思想道德教育、文化知识教育、社会实践教育各环节，贯穿基础教育、职业教育、高等教育各领域，把立德树人当作教育事业的主线贯穿教育实践的整个过程和各个方面。

如何评价立德树人？"检验说"提出把立德树人作为评价一切教育工作的重要标准。凡是不利于立德树人的环境、制度与行为都需要改良、改善和改革。"立德树人，既是人民满意教育的根本要求，也是人民满意教育的根本标准，进一步回答了为谁培养人的重大问题"，人民群众对教育的综合利益诉求可以概括为五大方面：成学之教、成人之教、成业之教、成己之教、幸福之教。② 只有满足人民群众这五大利益诉求的教育，才是真正的立德树人。

什么是立德树人的关键课程？立德树人课程论认为，思政

---

① 习近平：《坚持中国特色社会主义教育发展道路　培养德智体美劳全面发展的社会主义建设者和接班人》，载《人民日报》，2018-09-11。

② 教育部课题组：《深入学习习近平关于教育的重要论述》，54～55 页，北京，人民出版社，2019。

课是落实立德树人的关键课程。习近平总书记明确指出：思政课的意义重大，要放在世界百年未有之大变局、党和国家事业发展全局中来看待，要从坚持和发展中国特色社会主义、建设社会主义现代化强国、实现中华民族伟大复兴的高度来对待。办好思政课，最重要的是解决好信心问题；最根本的是要全面贯彻党的教育方针，解决好培养什么人、怎么培养人、为谁培养人这个根本问题。办好思政课，关键在发挥教师的积极性、主动性和创造性。思政课教师政治要强，思政课要解决学生理想信念问题，要让有信仰的人讲信仰；情怀要深，思政课要引导学生立德成人、立志成才，只有打动学生才能引导学生；思维要新，思政课要教会学生科学的思维；视野要广，思政课教师要有宽广的知识视野和国际视野；自律要严，思政课教师对自己要求要严格，既要遵守教学纪律，也要遵守政治纪律和政治规矩；人格要正，有人格才有吸引力。思政课需要不断增强思想性、理论性、亲和力与针对性。推动思政课改革创新，需要做到"八个统一"：坚持政治性和学理性相统一；坚持价值性和知识性相统一；坚持建设性和批判性相统一；坚持理论性和实践性相统一；坚持统一性和多样性相统一；坚持主导性和主体性相统一；坚持灌输性和启发性相统一；坚持显性教育和隐性教育相统一。[1]

---

[1] 习近平：《思政课是落实立德树人根本任务的关键课程》，载《求是》，2020(17)。

立德树人，立的是社会主义道德，树的是德智体美劳全面发展的社会主义建设者和接班人。社会主义核心价值观的培育与践行是立德树人的重要内容。以习近平同志为核心的党中央高度重视社会主义核心价值观培育。习近平总书记不仅强调立德树人的重要性，而且根据少年儿童与青年的年龄和特点，提出有针对性的社会主义核心价值观培育论。少年儿童社会主义核心价值培育，主要是要做到记住要求、心有榜样、从小做起、接受帮助。记住要求，就是要把社会主义核心价值观的基本内容熟记熟背，让它们融化在心灵里、铭刻在脑子中；心有榜样，就是要学习英雄人物、先进人物、美好事物，在学习中养成好的思想品德追求；从小做起，就是要从自己做起、从身边做起、从小事做起，一点一滴积累，养成好思想、好品德；接受帮助，就是要听得进意见，受得了批评，在知错就改、越改越好的氛围中健康成长。广大青年树立和培育社会主义核心价值观，要在以下几点上下功夫：一是要勤学，下得苦功夫，求得真学问。知识是树立核心价值观的重要基础。二是要修德，加强道德修养，注重道德实践。三是要明辨，善于明辨是非，善于决断选择。四是要笃实，扎扎实实干事，踏踏实实做人。道不可坐论，德不能空谈。于实处用力，从知行合一上下功夫，核心价值观才能内化为人们的精神追求，外化为人们的自觉行动。①

---

① 习近平：《青年要自觉践行社会主义核心价值观——在北京大学师生座谈会上的讲话》，载《人民日报》，2014-05-05。

新时代立德树人根本任务思想不仅具有丰富的内涵，而且具有鲜明的特点。首先，新时代立德树人是对新时代党的教育哲学思想的高度概括与凝练。它以马克思主义为指导思想，以新时代中国特色社会主义理论为基础，汲取了中华民族优秀的教育思想传统，系统地回答了新时代教育培养什么人、为谁培养人、如何培养人等根本性问题。其次，新时代立德树人的语言风格是一种在地化、具有中国文化根基的有中国特色的话语，这种中国话语彰显了中国的教育智慧、教育方案、教育本色与文化自信。

（三）新时代立德树人根本任务思想的意义与价值

新时代立德树人根本任务思想以本土话语，对中国优秀的传统教育思想、中国共产党先进的教育理念进行了高度总结和凝练，是马克思主义教育思想在中国本土化的最新发展。它具有重大的理论与实践价值。

从理论方面看，新时代立德树人根本任务思想开启了中国特色教育问题研究域。[①] 立德树人不仅系统回答了教育哲学的基本问题，而且注入了新时代中国特色社会主义时代之魂，把教育哲学的基本问题与新时代中国教育基本问题有机统一起来

---

① 王鉴、李泽林：《探寻课程与教学论研究的"知识地图"》，载《教育研究》，2019(1)。

了。不仅如此，立德树人还是"新时代中国特色课程与教学论构建的灵魂"①。它极具统摄性，以高屋建瓴的方式把新时代中国教育改革这一巨大工程与教育强国的伟大事业统摄其中。从某种意义上讲，新时代中国教育理论的建构，就是立德树人的理论建构。

从实践方面看，立德树人作为新时代教育的根本任务，不仅为当下的教育现代化改革和教育强国建设指明了方向，而且还将贯穿中国教育改革各个领域与各个环节，成为新时代教育改革的灵魂。

二、培养德智体美劳全面发展的社会主义建设者和接班人

2018 年全国教育大会上，习近平总书记把"劳"与"德智体美"并列，明确提出了"培养德智体美劳全面发展的社会主义建设者和接班人"，"努力构建德智体美劳全面培养的教育体系"。② 这标志着党的教育方针对"培养什么人"的要求进入了德

---

① 王鉴、李泽林：《探寻课程与教学论研究的"知识地图"》，载《教育研究》，2019(1)。

② 习近平：《坚持中国特色社会主义教育发展道路　培养德智体美劳全面发展的社会主义建设者和接班人》，载《人民日报》，2018-09-11。

智体美劳"五育并举"的新时代。2019 年 6 月，国务院办公厅印发了《关于新时代推进普通高中育人方式改革的指导意见》，明确要求：到 2022 年，德智体美劳全面培养体系进一步完善，立德树人落实机制进一步健全。2020 年 3 月，中共中央、国务院颁布了《关于全面加强新时代大中小学劳动教育的意见》，同年 7 月，教育部印发了《大中小学劳动教育指导纲要（试行）》。这些都是对中共中央提出的德智体美劳"五育并举"教育方针的认真贯彻与积极落实。新时代教育方针的提出，具有深厚的历史根基、广阔的时代背景与强烈的现实针对性。

（一）新时代教育方针提出的背景

第一，中国共产党一贯坚持社会主义教育方针，这为新时代提出的"培养德智体美劳全面发展的社会主义建设者和接班人"的教育方针奠定了历史基础。中国共产党的教育方针，始终以马克思主义为指导，始终坚持社会主义方向。1957 年，毛泽东指出："我们的教育方针，应该使受教育者在德育、智育、体育几方面都得到发展，成为有社会主义觉悟的有文化的劳动者。"①1978 年，邓小平在全国教育工作会议上重申了这一方针："我们的学校是为社会主义建设培养人才的地方。培养人才有没

① 中共中央文献研究室：《毛泽东文集》第七卷，226 页，北京，人民出版社，1999。

有质量标准呢？有的。这就是毛泽东同志说的，应该使受教育者在德育、智育、体育几方面都得到发展，成为有社会主义觉悟的有文化的劳动者。"①1982 年，《中华人民共和国宪法》第四十六条规定："国家培养青年、少年、儿童在品德、智力、体质等方面全面发展。"②1993 年 2 月，中共中央、国务院印发了《中国教育改革和发展纲要》，其中明确强调"必须坚持党对教育工作的领导，坚持教育的社会主义方向，培养德智体全面发展的建设者和接班人"，"必须坚持教育为社会主义现代化建设服务，与生产劳动相结合，自觉地服从和服务于经济建设这个中心，促进社会的全面进步"。③ 1995 年，我国第一部《中华人民共和国教育法》的第五条，明确将我国教育方针表述为："教育必须为社会主义现代化建设服务，必须与生产劳动相结合，培养德、智、体等方面全面发展的社会主义事业的建设者和接班人。"④2002 年，党的十六大报告提出："坚持教育为社会主义现代化建设服务，为人民服务，与生产劳动和社会实践相结合，

① 中华人民共和国教育部、中共中央文献研究室：《毛泽东 邓小平 江泽民论教育》，138 页，北京，中央文献出版社、人民教育出版社、北京师范大学出版社，2002。

② 教育部课题组：《深入学习习近平关于教育的重要论述》，47 页，北京，人民出版社，2019。

③ 中共中央文献研究室：《十四大以来重要文献选编（上）》，61 页，北京，人民出版社，1996。

④ 全国人民代表大会常务委员会法制工作委员会：《中华人民共和国法律汇编(1995—1999)》，127 页，北京，人民出版社，2000。

培养德智体美全面发展的社会主义建设者和接班人。"①2007 年，党的十七大报告指出："坚持育人为本、德育为先，实施素质教育，提高教育现代化水平，培养德智体美全面发展的社会主义建设者与接班人，办好人民满意的教育。"②2012 年，党的十八大报告进一步强调把立德树人作为教育的根本任务，培养德智体美全面发展的社会主义建设者和接班人。③ 2017 年，党的十九大报告提出："全面贯彻党的教育方针，落实立德树人根本任务，发展素质教育，推进教育公平，培养德智体美全面发展的社会主义建设者和接班人。"④中国共产党对教育方针的这些重要论断，为新时代"培养德智体美劳全面发展的社会主义建设者和接班人"的教育方针的提出，奠定了坚实的历史基础。可见，新时代的教育方针是对我党一贯坚持的社会主义教育方针的继承与发展。

第二，中国特色社会主义进入了新时代，这为新时代的教

① 江泽民：《全面建设小康社会　开创中国特色社会主义事业新局面——在中国共产党第十六次全国代表大会上的报告》，载《人民日报》，2002-11-18。

② 胡锦涛：《高举中国特色社会主义伟大旗帜　为夺取全面建设小康社会新胜利而奋斗——在中国共产党第十七次全国代表大会上的报告》，载《人民日报》，2007-10-25。

③ 胡锦涛：《坚定不移沿着中国特色社会主义道路前进　为全面建成小康社会而奋斗——在中国共产党第十八次全国代表大会上的报告》，载《人民日报》，2012-11-18。

④ 习近平：《决胜全面建成小康社会　夺取新时代中国特色社会主义伟大胜利——在中国共产党第十九次全国代表大会上的报告》，载《人民日报》，2017-10-28。

育方针奠定了广阔的时代背景。新时代是我国发展新的历史方位，新时代的社会主要矛盾已发生重要变化，新时代以实现中华民族伟大复兴的中国梦为奋斗目标。习近平总书记在党的十九大报告中明确指出：中国特色社会主义进入新时代，我国社会主要矛盾已转化为人民日益增长的美好生活需要和不平衡不充分的发展之间的矛盾。中国梦的实现，需要艰苦奋斗和辛勤劳动。2013 年 3 月 17 日，习近平总书记在第十二届全国人民代表大会第一次会议上的讲话中指出："我国仍处于并将长期处于社会主义初级阶段，实现中国梦，创造全体人民更加美好的生活，任重而道远，需要我们每一个人继续付出辛勤劳动和艰苦努力。"①不论是新时代我国社会主要矛盾的解决，还是中华民族伟大复兴中国梦的实现，都离不开伟大的劳动精神和劳动水平的提高。这为新时代"五育并举"教育方针的提出，奠定了时代背景。

第三，新时代习近平总书记的"四最"劳动观和劳动教育思想，为劳动教育与德、智、体、美四育并举奠定了重要的思想基础。2013 年 4 月 28 日，习近平总书记来到全国总工会机关同全国劳动模范代表座谈，他在座谈会上明确指出："必须牢固树立劳动最光荣、劳动最崇高、劳动最伟大、劳动最美丽的观念，

① 习近平：《在第十二届全国人民代表大会第一次会议上的讲话》，参见新华网，2013-03-17。

让全体人民进一步焕发劳动热情、释放创造潜能，通过劳动创造更加美好的生活。"①2015 年 4 月 28 日，习近平总书记在庆祝"五一"国际劳动节暨表彰全国劳动模范和先进工作者大会上的讲话中指出："劳动是人类的本质活动，劳动光荣、创造伟大是对人类文明进步规律的重要诠释。""全面建成小康社会，进而建成富强民主文明和谐的社会主义现代化国家，根本上靠劳动、靠劳动者创造。""引导广大人民群众树立辛勤劳动、诚实劳动、创造性劳动的理念，让劳动光荣、创造伟大成为铿锵的时代强音，让劳动最光荣、劳动最崇高、劳动最伟大、劳动最美丽蔚然成风。要教育孩子们从小热爱劳动、热爱创造，通过劳动和创造播种希望、收获果实，也通过劳动和创造磨炼意志、提高自己。"②习近平总书记的劳动与劳动教育思想凸显了劳动在新时代的重要性，突出了劳动教育在立德树人中的重要价值，这为把劳动教育作为新时代党的教育方针的重要内涵奠定了思想基础。

第四，新时代"劳动"具体内涵的丰富与拓展，为新时代的教育方针提供了重要的认识基础。新时代是创新的时代。新时代中国梦的实现，需要开创、奋斗的精神。新时代背景下，劳动"除了传统意义上的生产实践之外，更多的则指向创新创造实

①　新华社：《"平语"近人——习近平的"劳动观"》，参见新华网，2017-05-01。

②　习近平：《在庆祝"五一"国际劳动节暨表彰全国劳动模范和先进工作者大会上的讲话》，载《人民日报》，2015-04-29。

践和处理社会关系的实践"①，而这些劳动含义的丰富与拓展，要求新时代的教育方针对劳动理解也应发生相应的变化，因此，新时代教育方针需要打破传统生产劳动观的局限，使教育与狭义生产劳动相结合范式走向教育与广义劳动全方位融合的范式。新时代教育方针，从某种意义上说，正是新时代劳动与教育的更全面、更深入融合关系的集中体现。因此，新时代对劳动具体内涵认识的拓展，为新时代教育方针的提出提供了重要认识基础。

第五，现实教育中劳动教育的弱化和诸多问题，为新时代的教育方针提供了现实针对性。以习近平同志为核心的党中央高度重视劳动精神和劳动教育。然而在现实教育中，仍存在劳动教育被边缘化的现象。2015 年 7 月，教育部、共青团中央、全国少工委联合下发了《关于加强中小学劳动教育的意见》，其中明确指出："近年来，一些地方在劳动教育方面积极探索，取得了一定成绩。但是，总体上劳动教育存在诸多薄弱环节和问题，劳动教育在学校中被弱化，在家庭中被软化，在社会中被淡化，中小学生劳动机会减少、劳动意识缺乏，出现了一些学生轻视劳动、不会劳动、不珍惜劳动成果的现象。"②不珍惜劳

①　李建国、万成：《从"德智体美"到"德智体美劳"——十八大以来习近平关于"培养什么样的人"论述的承变》，载《现代教育科学》，2019(6)。

②　教育部、共青团中央、全国少工委：《教育部　共青团中央　全国少工委关于加强中小学劳动教育的意见》，参见中华人民共和国教育部网站，2015-07-24。

动成果、不愿劳动和不会劳动等现实问题，为新时代教育方针凸显劳动教育提供了现实问题基础。

（二）新时代教育方针的基本内涵与主要特点

习近平总书记在 2018 年全国教育大会上明确提出"培养德智体美劳全面发展的社会主义建设者和接班人"，并指出："要努力构建德智体美劳全面培养的教育体系，形成更高水平的人才培养体系。"[①]2021 年 5 月，经第十三届全国人大常委会第二十八次会议审议，《中华人民共和国教育法》第五条修改为"教育必须为社会主义现代化建设服务、为人民服务，必须与生产劳动和社会实践相结合，培养德智体美劳全面发展的社会主义建设者和接班人"，将党的教育方针落实为国家法律规范。这标志着新时代教育方针的正式提出。新时代的教育方针具有三个方面的重要内涵。

第一，新时代的教育方针，明确了人才培养的根本目的，即为谁培养人才这一根本性问题。新时代中国特色社会主义教育方针，社会主义是其根本性质。因此，教育方针是为中国特色社会主义伟大事业服务的。具体来说，"培养德智体美劳全面发展的社会主义建设者和接班人"是为人民美好生活培养大批的

---

① 习近平：《坚持中国特色社会主义教育发展道路　培养德智体美劳全面发展的社会主义建设者和接班人》，载《人民日报》，2018-09-11。

人才，为实现中国特色社会主义现代化和中华民族的伟大复兴培养充足的人才。为人民、为中华民族、为中国特色社会主义培养人才是新时代教育方针的根本目的。

第二，新时代的教育方针，不仅明确了为谁培养人才，而且明确了培养什么样的人才，即要培养德智体美劳全面发展的社会主义建设者和接班人。习近平总书记指出："培养什么人，是教育的首要问题。我国是中国共产党领导的社会主义国家，这就决定了我们的教育必须把培养社会主义建设者和接班人作为根本任务，培养一代又一代拥护中国共产党领导和我国社会主义制度、立志为中国特色社会主义奋斗终身的有用人才。这是教育工作的根本任务，也是教育现代化的方向目标。"①培养德智体美劳全面发展的社会主义建设者和接班人，是新时代教育方针的根本目标。

第三，新时代的教育方针，还从根本上回答了如何培养人才这一重大问题。习近平总书记明确指出："要努力构建德智体美劳全面培养的教育体系，形成更高水平的人才培养体系。要把立德树人融入思想道德教育、文化知识教育、社会实践教育各环节，贯穿基础教育、职业教育、高等教育各领域，学科体系、教学体系、教材体系、管理体系要围绕这个目标来设计，

① 习近平：《坚持中国特色社会主义教育发展道路　培养德智体美劳全面发展的社会主义建设者和接班人》，载《人民日报》，2018-09-11。

教师要围绕这个目标来教，学生要围绕这个目标来学。凡是不利于实现这个目标的做法，都要坚决改过来。"①新时代的教育方针，要求把立德树人作为教育根本任务贯穿到教育每一个环节、每一个阶段、每一个过程、每一个方面，要求以五育协同、五育融合的方式促进人的德智体美劳全面发展，培养更高质量的社会主义建设者和接班人。

从新时代的教育方针中，不难发现它具有以下三大主要特点。

第一，新时代的教育方针，深刻地体现了马克思主义辩证法精神，彰显了中国社会主义特色。新时代的教育方针，把教育目的两个基本属性即人的属性与社会的属性有机地统一于社会主义伟大事业的建设中，统一于中国梦的实现中。纵观西方教育目的论思想史，长期存在着人本位与社会本位教育目的的分歧与对立。人本位教育目的论，强调教育对个人发展的意义，把教育的个人价值放在首位；社会本位的教育目的论，强调教育对社会发展的意义，把教育的社会价值放在首位。这种二元教育目的论，既是西方近代机械主义思维的产物，更是西方资本主义社会性质决定的。资本主义社会注定难以实现教育目的人与社会属性有机统一。新时代的教育方针以立德树人为根本

① 习近平：《坚持中国特色社会主义教育发展道路 培养德智体美劳全面发展的社会主义建设者和接班人》，载《人民日报》，2018-09-11。

任务，以培养德智体美劳全面发展的社会主义建设者和接班人为教育目的，完美地实现了教育目的意义上的人与社会的有机统一，既要实现人的自由全面发展，又要实现新时代中国梦的奋斗目标。"中国梦的本质是国家富强、民族振兴、人民幸福"①，中国梦与人民幸福本质上是一致的，而德智体美劳的自由全面发展是人民幸福的内在要求。

第二，全面性与融通性是新时代教育方针的显著特点。德智体美劳全面发展是人的自由全面发展的内在要求，缺一不可。德智体美劳，每一个方面都有自身的独特意义和价值。立德树人，以德为先。道德是人之为人的根本，也是人的社会性与精神性的内核。人无德不立，德育为树人提供德性基础。德育将社会的伦理规则和精神文明内化为人格。智育，为人的自由全面发展提供知识基础、智力与智慧支持；体育，为人的自由全面发展提供健康、强壮的体魄；美育，为人的自由全面发展提供情感、情趣、情操的基础；劳动教育，通过劳动树立正确的劳动观念，弘扬"四最"劳动精神，培养良好的劳动素养，促进人的自由全面发展。"五育并举"，不仅要充分重视德育、智育、体育、美育、劳动教育各自的独特价值，而且要注重五育之间的融通性，即五育融合。每一育与其他育都是融通的：以德规

① 中共中央宣传部：《习近平新时代中国特色社会主义思想学习纲要》，53页，北京，学习出版社、人民出版社，2019。

范才智，赋予才智以人性光辉与社会价值尺度；以德观照身体，让身体的发展以文明健康为方向；以德召美，让美通向自由与崇高之途；以德培养劳动精神，塑造劳动品格。智育是德育的理性基础，为德育发展提供理性批判之力；智育是体育的方法论基础，为体育提供科学的知识和训练方法；智育是美育的认识之基，为美育提供心智基础与智力支持；智育是劳动教育的智识基础，为劳动者提供劳动知识和劳动方法。体育是其他各育的身体基础，以体成德，以体增智，以体健美，以体促劳。美育是智育与德育的桥梁，以美活智，以美养德，以美健体，以美助劳。劳动教育是各育的综合运用和凝结，以劳立德，以劳增智，以劳强体，以劳育美。"五育并举"教育以全面性与融通性，协同推进社会主义建设者和接班人的培养。构建德智体美劳全面发展的培养体系，不仅要基于每育的内在规律与特点全部开设，发挥每一育的独特功能，而且要基于五育的融通性，强调五育之间的内在关联与整合，优化五育结构，突出综合素质与综合能力，实现五育有机一体，促进学生自由、全面、协同与融合式最优发展。

第三，劳动教育在新时代教育方针中得到有力凸显，得到显著加强。党中央高度重视劳动教育的重要性。2018 年，习近平总书记在全国教育大会上强调要努力建构德智体美劳全面发展的培养体系，"要在学生中弘扬劳动精神，教育引导学生崇尚劳动、尊重劳动，懂得劳动最光荣、劳动最崇高、劳动最伟大、劳动最美丽的道理，长大后能够辛勤劳动、诚实劳动、创造性劳动"①。劳动教育成了新时代教育方针的一大亮点。2020年3月，中共中央、国务院颁布了《关于全面加强新时代大中小学劳动教育的意见》。为了落实《关于全面加强新时代大中小学劳动教育的意见》，2020年7月，教育部印发了《大中小学劳动教育指导纲要（试行）》。2020年可被称为"劳动教育年"。《关于全面加强新时代大中小学劳动教育的意见》这一重要文件的内容分为五个方面：充分认识新时代培养社会主义建设者和接班人对加强劳动教育的新要求；全面构建体现时代特征的劳动教育体系；广泛开展劳动教育实践活动；着力提升劳动教育支撑保障能力；切实加强劳动教育的组织实施。它确立了劳动教育五大基本原则：把握育人导向；遵循教育规律；体现时代特征；强化综合实施；坚持因地制宜。该文件明确指出，"劳动教育是中国特色社会主义教育制度的重要内容，直接决定社会主义建设者和接班人的劳动精神面貌、劳动价值取向和劳动技能水平"，"全党全社会必须高度重视，采取有效措施切实加强劳动教育"。②《大中小学劳动教育指导纲要（试行）》的内容包括

---

① 习近平：《坚持中国特色社会主义教育发展道路　培养德智体美劳全面发展的社会主义建设者和接班人》，载《人民日报》，2018-09-11。

② 新华社：《中共中央　国务院关于全面加强新时代大中小学劳动教育的意见》，载《人民日报》，2020-03-27。

五个方面：劳动教育性质和基本理念；劳动教育目标和内容；劳动教育途径、关键环节和评价；学校劳动教育的规划与实施；劳动教育条件保障与专业支持。该文件提出了劳动教育的四大基本理念：强化劳动观念，弘扬劳动精神；强调身心参与，注重手脑并用；继承优良传统，彰显时代特征；发挥主体作用，激发创新创造。该文件针对大中小学不同学段的特点，针对普通院校与职业院校不同类型的学校，分别提出了侧重点不同的劳动教育要求。① 党的劳动教育方针不仅在政策层面上得到快速落实，在具体实践层面也得到了有序推进。大中小学纷纷响应党的劳动教育方针，积极筹备、开展与推进劳动教育实践。

(三)新时代教育方针的意义与价值

新时代教育方针，"是十八大以来中国特色社会主义教育理论建设取得的最新成果，是新中国成立以来党的教育方针中有关教育目的的表述的最新概括，是马克思主义人的全面发展理论在当代中国的最新发展，具有重大的理论意义和实践意义"②。

首先，新时代的教育方针实现了党的教育方针从四育到

---

① 教育部：《教育部关于印发〈大中小学劳动教育指导纲要（试行）〉的通知》，参见中华人民共和国教育部网站，2020-07-15。

② 石中英：《努力培养德智体美劳全面发展的社会主义建设者和接班人》，载《中国高校社会科学》，2018(6)。

五育的提升，即从培养德智体美的社会主义建设者和接班人到培养德智体美劳的社会主义建设者和接班人。劳动教育在教育方针中地位得到了空前的提高，深化了马克思的人的全面教育发展理论。

其次，新时代的教育方针，继承、发扬和深化了党一贯坚持的劳动与教育相结合的教育方针，把教育和生产劳动相结合的教育方法论思想，升华成了劳动与教育一体的教育本体论思想。新时代教育方针中，劳动不仅仅是教育的一种方式，更是上升为中国特色社会主义教育理论的重要内容，与德育、智育、体育、美育具有同样重要的地位。

最后，新时代的教育方针对我国教育改革与发展具有重大的指导意义。它为新时代我国的教育为谁培养人、培养什么样的人以及如何培养人指明了方向，是我国新时代教育事业发展的指南针。

三、教育优先发展战略思想

新时代教育优先发展战略，是改革开放以来我党一贯坚持的教育优先发展战略的继承与发展，也是新时代我国发展战略的重要组成部分。党的十八大以来，以习近平同志为核心的党中央始终坚持把优先发展教育事业作为推动党和国家各项事业发展的重要先手棋，始终坚持"教育第一"，把教育摆在前所未有的战略高度。习近平总书记在党的十九大报告中明确指出："建设教育强国是中华民族伟大复兴的基础工程，必须把教育事业放在优先位置，深化教育改革，加快教育现代化，办好人民满意的教育。"[①]2018年全国教育大会上，习近平总书记再次强调，坚持优先发展教育事业，首次明确了教育是"国之大计""党之大计"的战略定位。他指出："党的十九大从新时代坚持和发展中国特色社会主义的战略高度，作出了优先发展教育事业、加快教育现代化、建设教育强国的重大部署。教育是民族振兴、社会进步的重要基石，是功在当代、利在千秋的德政工程，对提高人民综合素质、促进人的全面发展、增强中华民族创新创造活力、实现中华民族伟大复兴具有决定性意义。教育是国之大计、党之大计。"[②]

（一）新时代教育优先发展战略思想提出的背景

十一届三中全会以来，党中央一贯坚持教育优先发展战略，

---

① 习近平：《决胜全面建成小康社会 夺取新时代中国特色社会主义伟大胜利——在中国共产党第十九次全国代表大会上的报告》，载《人民日报》，2017-10-28。

② 习近平：《坚持中国特色社会主义教育发展道路 培养德智体美劳全面发展的社会主义建设者和接班人》，载《人民日报》，2018-09-11。

为新时代教育优先发展战略奠定了坚实的历史基础。中国共产党新时代教育优先发展战略，既是对以往的教育优先发展战略的继承，也是基于新时代背景对以往教育优先发展战略的重要发展。教育优先发展战略，是中国特色社会主义的重要组成部分。改革开放以来，党中央一直重视教育事业的优先发展。1988 年，邓小平同志提出了"科学技术是第一生产力"①的著名论断。1992 年，邓小平南方谈话时又指出："经济发展得快一点，必须依靠科技和教育。"②江泽民在党的十四大报告中也明确指出："科技进步、经济繁荣和社会发展，从根本上说取决于提高劳动者的素质，培养大批人才。我们必须把教育摆在优先发展的战略地位，努力提高全民族的思想道德和科学文化水平，这是实现我国现代化的根本大计。"③1993 年 2 月，中共中央、国务院印发的《中国教育改革和发展纲要》明确指出："40 多年来，我国教育经历了曲折的发展历程，为发展社会主义教育事业积累了宝贵经验。初步明确了建设有中国特色社会主义教育体系的主要原则：第一，教育是社会主义现代化建设的基础，必须坚持把教育摆在优先发展的战略地位。"④1994 年

---

① 《邓小平文选》第三卷，274 页，北京，人民出版社，1993。
② 同上书，377 页。
③ 《江泽民文选》第一卷，233 页，北京，人民出版社，2006。
④ 中共中央、国务院：《中国教育改革和发展纲要》，参见中华人民共和国教育部网站，1993-02-13。

6月，江泽民在全国教育工作会议上指出："在整个社会主义现代化建设的过程中，教育优先发展的战略地位必须始终坚持，不能动摇。"[1]2006年8月，胡锦涛在中共中央政治局第三十四次集体学习时强调："必须坚定不移地实施科教兴国战略和人才强国战略，切实把教育摆在优先发展的战略地位，推动我国教育事业全面协调可持续发展，努力把我国建设成为人力资源强国，为全面建设小康社会、实现中华民族的伟大复兴提供强有力的人才和人力资源保证。"[2]不论是邓小平、江泽民还是胡锦涛，中国共产党主要领导人都把教育摆在优先发展的战略地位。

中国特色社会主义进入了新时代，为教育优先发展战略提供了新的时代背景，注入了新的时代内涵。如果说新时代之前党的教育优先发展战略的主题是"富起来"，那么进入新时代后，教育优先发展战略的主题则是"强起来"。"富起来"，主要是试图通过优先发展教育，来促进社会经济的发展和国家的富裕。"强起来"，则主要是以优先发展教育，来促进民族、国家与社会的全面强盛。新时代的社会主要矛盾，已转化为人民日益增长的美好生活需要和不平衡不充分的发展之间的矛盾。教育不

① 江泽民：《在全国教育工作会议上的讲话》，载《人民论坛》，1994(9)。
② 新华社：《胡锦涛在中共中央政治局第三十四次集体学习时强调 坚持把教育摆在优先发展战略地位 努力办好让人民群众满意的教育》，载《人民教育》，2006(18)。

仅具有重要的民生改善价值，而且本身是人民美好生活的重要内容。在中国共产党领导的社会主义新时代，我们不仅要富裕起来，更要强盛起来。中华民族伟大复兴的中国梦，是我们新时代的重要奋斗目标。教育优先发展战略不仅要服务于科学技术与社会经济发展，让国家富起来，而且要服务于全方位的中华民族的伟大复兴，让国家强盛起来。因此，中国特色社会主义新时代为教育优先发展战略提供了鲜明的时代背景。

我国的国情为新时代教育优先发展战略提供了现实背景。虽然我国经济总量已位居世界第二，但我国仍是世界上最大的发展中国家，并长期处于社会主义初级阶段，这一基本国情决定了我国的各种教育资源历史积累不足，地区间教育发展还不平衡，学前教育、职业教育、继续教育仍是教育体系中的突出短板。① 我国已是教育大国，但仍不是教育强国。我国虽然在教育现代化道路上取得了很大进步，但离教育完全现代化仍有不少距离。教育现代化建设与教育强国建设的现实需要，为新时代教育优先发展战略提供了现实基础。

（二）新时代教育优先发展战略思想的基本内涵与主要特点

进入中国特色社会主义新时代以来，习近平总书记多次强

---

① 安钰峰：《始终把教育摆在优先发展的战略地位——学习习近平总书记关于教育的重要论述的思考》，载《学校党建与思想教育》，2019(23)。

调坚持教育优先发展战略。2013 年 9 月 26 日，习近平总书记在联合国"教育第一"全球倡议行动一周年纪念活动上发表视频贺词，明确指出："中国将坚定实施科教兴国战略，始终把教育摆在优先发展的战略位置，不断扩大投入，努力发展全民教育、终身教育，建设学习型社会，努力让每个孩子享有受教育的机会，努力让 13 亿人民享有更好更公平的教育，获得发展自身、奉献社会、造福人民的能力。"①2017 年 10 月，习近平总书记在党的十九大报告中也明确指出："建设教育强国是中华民族伟大复兴的基础工程，必须把教育事业放在优先位置，深化教育改革，加快教育现代化，办好人民满意的教育。"②2018 年 9 月，习近平总书记在全国教育大会上，再次强调坚持优先发展教育事业。新时代教育优先发展战略具有丰富而深刻的内涵，主要体现在以下几个方面。

首先，新时代教育优先发展战略以助力中国梦的实现为主旨。"中国梦的本质是国家富强、民族振兴、人民幸福……国家富强，就是要全面建成小康社会，并在此基础上建设富强民主文明和谐美丽的社会主义现代化强国；民族振兴，就是要使中

---

① 新华社：《习近平主席在联合国"教育第一"全球倡议行动一周年纪念活动上发表视频贺词》，载《人民日报》，2013-09-27。

② 习近平：《决胜全面建成小康社会　夺取新时代中国特色社会主义伟大胜利——在中国共产党第十九次全国代表大会上的报告》，载《人民日报》，2017-10-28。

华民族更加坚强有力地自立于世界民族之林，为人类作出新的更大的贡献；人民幸福，就是要坚持以人民为中心，增进人民福祉，促进人的全面发展，朝着共同富裕方向稳步前进。"①新时代教育优先发展战略，就是要从战略的高度优先发展教育，为中国梦的实现奠基。中国梦的实现需要以中国知识创新为基础；需要以中国精神弘扬为动力；需要以中国文化复兴为依托；需要以中国人才培养为支撑。② 中国知识的创新、中国精神的弘扬、中国文化的复兴和中国人才的培养，都离不开教育的优先发展。习近平总书记高度肯定教育的重大价值与意义。他认为教育是传承文明和知识、促进人类进步、创造美好生活的根本途径。从人类社会发展的角度讲，教育决定着人类的今天和未来；从国家发展的角度讲，教育是对中华民族伟大复兴具有决定性意义的事业。"两个一百年"奋斗目标的实现、中华民族伟大复兴中国梦的实现，从根本上讲靠人才、靠教育。③ 习近平总书记在第十二届全国人民代表大会第一次会议上的讲话中，明确指出："实现中国梦必须弘扬中国精神。这就是以爱国主义为核心的民族精神，以改革创新为核心的时代精神。这种精神是

①　中共中央宣传部：《习近平新时代中国特色社会主义思想学习纲要》，53 页，北京，学习出版社、人民出版社，2019。

②　朱旭东、宋萑等：《新时代中国教师队伍建设的顶层设计》，2～5 页，北京，北京师范大学出版社，2018。

③　陈宝生：《学习习近平教育思想体会》，参见中华人民共和国教育部网站，2017-09-29。

凝心聚力的兴国之魂、强国之魂。爱国主义始终是把中华民族坚强团结在一起的精神力量，改革创新始终是鞭策我们在改革开放中与时俱进的精神力量。全国各族人民一定要弘扬伟大的民族精神和时代精神，不断增强团结一心的精神纽带、自强不息的精神动力，永远朝气蓬勃迈向未来。"①

其次，新时代教育优先发展战略以教育现代化与教育强国的实现为重要目标。2019年年初，中共中央、国务院印发了《中国教育现代化2035》，随后中共中央办公厅、国务院办公厅又印发了《加快推进教育现代化实施方案（2018—2022年）》，这些政策文件既是教育优先发展战略的具体体现，又是对教育优先发展战略目标的政策落实行动；既体现了我国教育优先发展战略注重中长期规划，又体现了注重短期教育发展战略目标的落实。《中国教育现代化2035》以习近平新时代中国特色社会主义思想为指导，提出了推进教育现代化的八大基本理念——更加注重以德为先，更加注重全面发展，更加注重面向人人，更加注重终身学习，更加注重因材施教，更加注重知行合一，更加注重融合发展，更加注重共建共享；明确了推进教育现代化的基本原则——坚持党的领导、坚持中国特色、坚持优先发展、坚持服务人民、坚持改革创新、坚持依法治教、坚持统筹推进；

---

① 习近平：《在第十二届全国人民代表大会第一次会议上的讲话》，参见新华网，2013-03-17。

提出了 2035 年主要发展目标——建成服务全民终身学习的现代教育体系、普及有质量的学前教育、实现优质均衡的义务教育、全面普及高中阶段教育、职业教育服务能力显著提升、高等教育竞争力明显提升、残疾儿童少年享有适合的教育、形成全社会共同参与的教育治理新格局。

为了确保教育优先发展，《中国教育现代化 2035》明确指出："健全保证财政教育投入持续稳定增长的长效机制，确保财政一般公共预算教育支出逐年只增不减，确保按在校学生人数平均的一般公共预算教育支出逐年只增不减，保证国家财政性教育经费支出占国内生产总值的比例一般不低于 4％。"①《加快推进教育现代化实施方案（2018—2022 年）》提出了推进教育现代化的十项重点任务：一是实施新时代立德树人工程；二是推进基础教育巩固提高；三是深化职业教育产教融合；四是推进高等教育内涵发展；五是全面加强新时代教师队伍建设；六是大力推进教育信息化；七是实施中西部教育振兴发展计划；八是推进教育现代化区域创新试验；九是推进共建"一带一路"教育行动；十是深化重点领域教育综合改革。② 教育现代化是中国特色社会主义现代化的重要组成部分。教育强国是教育现代化

---

① 新华社：《中共中央、国务院印发〈中国教育现代化 2035〉》，参见中华人民共和国中央人民政府网站，2019-02-23。

② 新华社：《中共中央办公厅、国务院办公厅印发〈加快推进教育现代化实施方案（2018—2022 年）〉》，参见中华人民共和国中央人民政府网站，2019-02-23。

的集中体现。新时代教育强国具有双重内涵，即本体论和价值论内涵。"新时代教育强国的本体论内涵指教育的平衡发展与全面强盛，它包括基础教育强国、高等教育强国、技术教育强国、全民教育强国、民办教育强国和教师教育强国等；新时代教育强国的价值论内涵指教育的四大重要价值，即普遍惠民的民生价值、助推转型与升级的经济价值、提升创造力的科技价值与增强文化自信的文化价值。"①

再次，新时代教育优先发展战略是立德树人的本质要求。"要使教育承担好立德树人的根本任务，更好地培育社会主义核心价值观，更有效地进行理想信念教育，更深入地弘扬中华优秀传统文化、革命文化、社会主义先进文化，党和国家必须加强各级学校的能力建设，优化素质教育育人环境，全面提高教师队伍的素质与能力，这要求政府和社会持续加大教育投入，坚持优先发展教育事业。"②为了更好地实现立德树人，就必须坚持优先发展教育事业，加大对教育的人力、物力、财力等各方面的投入，使教育优先发展战略落到实处。

最后，新时代教育优先发展战略是改善民生的必然选择。随着中国特色社会主义进入新时代，人民日益增长的良好教育

---

① 朱旭东、李育球：《新时代教育强国的新内涵建构》，载《重庆高教研究》，2018(3)。

② 教育部课题组：《深入学习习近平关于教育的重要论述》，68页，北京，人民出版社，2019。

需求同教育发展不平衡不充分之间的矛盾成为主要矛盾。优先发展教育战略，需要加大教育投入的力度，尤其是农村地区、西部地区和偏远落后的地区。新时代教育优先发展战略需要致力于教育的公平与卓越发展，需要大力推进教育供给侧改革，为人民提供更多更公平更有质量的教育供给。

新时代教育优先发展战略是由新时代实现中国梦的历史使命决定的，它体现了三大基本特点。

第一，横向比较，相对西方国家教育优先发展战略，我们的新时代教育优先发展战略具有中国社会主义特色。在国际竞争日趋激烈的今天，许多国家都把教育当作优先发展战略，但这种战略主要为其国家霸权服务。而我们的教育优先发展战略与此有本质区别。新时代教育优先发展战略，坚持的是中国共产党的领导，举的是中国特色社会主义大旗，走的是社会主义道路，倡导的是"全球命运共同体"理念，实施的是中国梦与世界梦美美与共的战略。

第二，纵向比较，新时代的教育优先发展战略体现出一种新的发展范式。之前的教育优先发展战略主要是一种科技与经济发展主导范式，它重点着眼于教育的硬实力价值。科技是第一生产力，而教育又是科技发展的重要推动力，是经济发展的重要引擎。教育为科技与经济的发展培养必需的人才。作为一种全面发展的范式，新时代教育优先发展战略超越了这种科技与经济发展的主导范式。它不仅要从经济硬实力，还要从文化软实力，从新时代中国梦的全面实现这一历史使命来构建教育优先发展战略。

第三，新时代教育优先发展战略，体现了政治性、科学性与人文性的有机统一。新时代教育优先发展战略以实现中国梦为旨归，把教育发展放在"国之大计、党之大计"的战略高度。新时代教育优先发展战略，在战略目标定位和推进目标实现的路径、方法与措施上都体现了科学性。它注重长期目标与短期目标的有机结合，善于抓重点积极稳步推进教育现代化。新时代教育优先发展战略，不仅体现了严谨的科学性，同时也彰显了浓厚的人文性。《中国教育现代化2035》提出的推进教育现代化的八大基本理念，集中体现了以人为本、以德为先的人文性。

(三)新时代教育优先发展战略思想的意义与价值

新时代教育优先发展战略思想具有双重价值论内涵，即本体性价值与功能性价值。本体性价值是指新时代教育优先发展战略以满足人民日益增长的教育美好生活需要为内在目的。这种改善民生、增进幸福的价值本身就是中国梦本质的重要内涵。功能性价值是指新时代教育优先发展战略促进中国梦实现的价值。中国梦是物质文明、政治文明、精神文明、社会文明与生态文明的五位一体协调发展，是国家繁荣昌盛、社会和谐文明、人民富裕幸福、生态健康文明的有机统一。教育优先发展战略，不仅对人民富裕幸福具有重要意义，对实现国家繁荣昌盛、社会和谐文明、生态健康文明也具有重要价值。概言之，对中国梦的全面实现具有重要的意义。

新时代教育优先发展战略的提出，使我国教育改革取得了显著成就。"党的十八大以来，以习近平同志为核心的党中央高度重视教育事业，坚持把教育摆在优先发展战略地位，对教育工作作出一系列重大决策部署，扎实实施教育惠民举措，人民群众获得感明显增强，促使教育为社会主义现代化建设提供有力的人力支持和知识贡献。"[1]在教育优先发展战略下，我国教育事业全面发展，教育公平状况不断改善，教育质量不断提高，中西部和农村教育明显改善。我国教育事业的短板——学前教育也得到了稳步发展。全国学前教育毛入学率从 2015 年的 75％稳步提升至 2020 年的 85.20％；全国普惠性幼儿园覆盖率从 2016 年的 67.26％提升至 2020 年的 84.74％。全国九年义务教育的巩固率从 2015 年的 93.00％提升至 2020 年的 95.20％。全国高中阶段的毛入学率从 2015 年的 87.00％提升至 2020 年的 91.20％。高等教育毛入学率从 2015 年的 40.00％提升至 2020 年的 54.40％。[2]

---

[1]　陈宝生：《优先发展教育事业》，载《人民日报》，2018-01-08。

[2]　教育部发展规划司：《2020 年全国教育事业统计主要结果》，参见中华人民共和国教育部网站，2021-03-01。

四、扎根中国大地办教育思想

中国共产党坚持马克思主义指导思想，强调办教育要遵循教育规律，要从实际出发，具体问题具体分析。2018 年全国教育大会上，习近平总书记明确指出，要坚持扎根中国大地办教育。这一思想的提出具有深刻的理论基础与社会背景。

(一)新时代扎根中国大地办教育思想提出的背景

首先，习近平新时代中国特色社会主义思想，为扎根中国大地办教育思想奠定了理论基础。以习近平同志为主要代表的中国共产党人，坚持把马克思主义基本原理同中国具体实际相结合、同中华优秀传统文化相结合，坚持毛泽东思想、邓小平理论、"三个代表"重要思想、科学发展观，深刻总结并充分运用党成立以来的历史经验，从新的实际出发，创立了习近平新时代中国特色社会主义思想。掌握马克思主义思想方法和工作方法是新时代坚持和发展中国特色社会主义能力建设的重要内容。辩证唯物主义与历史唯物主义是马克思主义思想和工作方法。从这个意义上说，扎根中国大地办教育论断的提出，是运用马克思主义思想和工作方法，思考办什么样的教育和如何办教育的产物。

其次，中国特色社会主义进入新时代，为扎根中国大地办教育思想提供了时代背景。扎根中国大地办教育，前提是深入了解新时代的中国是个什么样的中国，因此新时代中国特色社会主义的特征与现实情况，为扎根中国大地办教育提供了广阔的社会背景。2014年4月1日，习近平总书记在布鲁日欧洲学院的演讲中指出："观察和认识中国，历史和现实都要看，物质和精神也都要看。中华民族5000多年文明史，中国人民近代以来170多年斗争史，中国共产党90多年奋斗史，中华人民共和国60多年发展史，改革开放30多年探索史，这些历史一脉相承，不可割裂。脱离了中国的历史，脱离了中国的文化，脱离了中国人的精神世界，脱离了当代中国的深刻变革，是难以正确认识中国的。"[1]"当今中国最鲜明的时代主题，就是实现'两个一百年'奋斗目标、实现中华民族伟大复兴的中国梦。"[2]

再次，扎根中国大地办大学的理念，是扎根中国大地办教育思想的先声。2005年9月，时任中共浙江省委书记的习近平对浙江大学的发展道路作出重要指示，他决定把省委常委会放

---

① 习近平：《在布鲁日欧洲学院的演讲》，参见新华网，2014-04-01。

② 新华社：《习近平在中国政法大学考察时强调 立德树人 德法兼修 抓好法治人才培养 励志勤学 刻苦磨炼 促进青年成长进步》，载《人民日报》，2017-05-04。

在浙江大学召开，专题研究浙江省如何支持浙江大学办成世界一流大学的问题。他强调，浙江大学要建设世界一流大学，必须从中国实际出发，走自己的路，坚持社会主义办学方向和办学目标，积极探索建设中国特色世界一流大学的道路。2014年5月4日，他在考察北京大学时强调："办好中国的世界一流大学，必须有中国特色。没有特色，跟在他人后面亦步亦趋，依样画葫芦，是不可能办成功的。这里可以套用一句话，越是民族的越是世界的。世界上不会有第二个哈佛、牛津、斯坦福、麻省理工、剑桥，但会有第一个北大、清华、浙大、复旦、南大等中国著名学府。我们要认真吸收世界上先进的办学治学经验，更要遵循教育规律，扎根中国大地办大学。"①从某种意义上说，扎根中国大地办大学思想，就是扎根中国大地办教育思想的雏形。

最后，在向世界学习办教育的现实过程中，存在着简单移植与水土不服的教育现象，这为扎根中国大地办教育提供了现实问题依据。我国教育事业的发展不仅要敞开胸怀，走向世界，不断学习与交流，而且要在借鉴与学习过程中深入扎根中国大地，为中国教育事业的发展探索有效路径与方法，为世界教育贡献中国智慧与中国力量。

① 习近平：《青年要自觉践行社会主义核心价值观——在北京大学师生座谈会上的讲话（2014年5月4日）》，参见新华网，2014-05-05。

(二)新时代扎根中国大地办教育思想的基本内涵与主要特点

想要办好中国教育，就必须扎根中国大地。新时代扎根中国大地办教育，具有丰富的内涵。要理解其内涵，关键在于理解要扎根什么样的中国，在于全面而深刻地把握中国的本质特征。概括地讲，新时代要扎根"价值中国"，在办教育中追求价值的人民性；扎根"文化中国"，在办教育中追求文化的民族性；扎根"道路中国"，坚定走中国特色社会主义的办教育道路；扎根"实践中国"，追求办教育实践的科学性；扎根"发展中国"，要肩负起办教育的时代使命。

"价值中国"即从价值追求角度理解新时代的中国。"为人民谋幸福，是中国共产党人的初心。"[①]中国共产党始终坚持价值的人民性，即始终同人民在一起，为人民的利益而努力奋斗，这就决定了中国共产党领导下中国教育发展坚持为人民服务的价值取向。从价值立场角度看，新时代扎根中国大地办教育，就是要坚持中国共产党的领导，要以为人民谋幸福为价值取向，深入了解人民对教育美好生活的向往，急人民之所急，忧人民之所忧，想人民之所想，盼人民之所盼。全心全意为人民，办

① 中共中央宣传部：《习近平新时代中国特色社会主义思想学习纲要》，40页，北京，学习出版社、人民出版社，2019。

好人民满意的教育。只有坚持为人民谋幸福的价值取向，才能办好人民满意的教育，才能彰显扎根中国大地办教育的初心。只有坚持"价值中国"的立场，才能真正实现立德树人的教育根本任务。

"文化中国"，即从文化视角理解新时代中国。中国文化有自己独特的民族性。文化是教育的本质属性。中国教育文化也具有显著的民族性。从文化角度看，新时代扎根中国大地办教育，意味着要深入中华民族博大精深的文化，意味着要坚定文化自信。用中华民族优秀传统文化滋养人；用中国特色社会主义先进文化引导人；把社会主义核心价值观有机地融入教育实践中。只有扎根"文化中国"办教育，才能办好中国的教育；也只有扎根"文化中国"办教育，办的才是有中国特色的教育。

"道路中国"，即从道路来看，我们要坚定走中国特色社会主义道路。"中国特色社会主义道路是实现社会主义现代化、创造人民美好生活的必由之路，是实现中华民族伟大复兴的必由之路。这一道路，既坚持以经济建设为中心，又全面推进经济、政治、文化、社会、生态文明建设以及其他各方面的建设；既坚持四项基本原则，又坚持改革开放；既不断解放和发展社会生产力，又逐步实现全体人民共同富裕、促进人的全面发展。"①新时

---

① 中共中央宣传部：《习近平新时代中国特色社会主义思想学习纲要》，31 页，北京，学习出版社、人民出版社，2019。

代扎根"道路中国"办教育，意味着我们的教育事业，要坚定中国共产党的领导，坚定走中国特色社会主义道路，充分发挥社会主义道路优势、制度优势，办社会主义教育，培养德智体美劳全面发展的社会主义建设者和接班人。扎根中国大地办教育，必须扎根"道路中国"。只有扎根"道路中国"，才能立社会主义之德、树社会主义建设者和接班人；只有扎根"道路中国"，才能全面实现我国教育现代化、全面建成教育强国；只有扎根"道路中国"，才能确保我国教育发展的正确方向，才能为中国梦的实现奠定坚实的基础。

"实践中国"，即从实践角度看，中国正在稳步地推进伟大的改革开放实践。新时代扎根"实践中国"办教育，意味着既要遵循教育的普遍规律，又要从实际出发，根据中国教育的具体国情与具体问题，坚持马克思主义的具体问题具体分析的方法论，采用科学的方法，深化教育改革，以全面推进教育现代化建设，实现真正的教育强国。在扎根"实践中国"办教育的过程中，我们既要注重宏观的顶层设计和长远规划，又要注重微观的深度实践和分步落实。在教育实践中，充分调动群众的智慧与力量，广开言路，勇于探索，采取先行先试的科学方式，大力推进教育改革。扎根"实践中国"办教育，重在一个"实"字。"习近平总书记指出，谋事要实，就是要从实际出发谋划事业和工作，使点子、政策、方案符合实际情况、符合客观规律、符合科学精神，不好高骛远，不脱离实际。"①

"发展中国"，即从发展阶段角度看，中国已进入新时代。"从发展阶段看，党的十八大以来，改革开放和社会主义现代化建设取得历史性成就，我国发展站到了新的历史起点上，中国特色社会主义进入新的发展阶段。"②新时代下社会的主要矛盾已经转化为人民日益增长的美好生活需要和不平衡不充分的发展之间的矛盾，实现中国梦是新时代重要的奋斗目标。扎根"发展中国"办教育，意味着要深入理解新时代教育的主要矛盾，要满足人民日益增长的教育美好生活需要和不平衡不充分的教育发展之间的矛盾，要提供更多更公平更好的教育资源，以满足人民的需要。同时，要努力推进教育现代化，建设教育强国，为中国梦的全面实现奠定坚实基础。

新时代扎根中国大地办教育，虽然是以隐喻方式提出的重要教育思想论断，但它不仅具有丰富而深刻的内涵，而且具有集科学性、人文性与政治性为一体的鲜明特点。

首先，新时代扎根中国大地办教育，彰显着充分的科学性。扎根中国大地办教育，强调遵循教育本身的普遍规律，一切从实际出发，采取科学有效的方法办教育；强调科学务实精神，稳扎稳打，有序有效地稳步推进教育改革与发展。习近平总书

---

① 唐洲雁：《谋事要实，成就梦想的成事之基》，载《光明日报》，2015-07-08。

② 中共中央宣传部：《习近平新时代中国特色社会主义思想学习纲要》，13页，北京，学习出版社、人民出版社，2019。

记指出："每个时代总有属于它自己的问题，只要科学地认识、准确地把握、正确地解决这些问题，就能够把我们的社会不断推向前进。"①扎根中国大地办教育，就是要科学地认识、准确地把握、正确地解决新时代的教育问题，以推进新时代教育现代化与教育强国建设。科学务实精神，不仅要坚持问题导向，还要重视调查研究。习近平总书记指出："调查研究是谋事之基、成事之道，没有调查就没有发言权，没有调查就没有决策权。"②新时代扎根中国大地办教育，就是要对中国的教育问题进行充分而深入的调查研究，在调查研究基础上，制定正确的教育政策，推进教育改革实践健康、持续的发展。在如何办中国教育方面，扎根"实践中国""发展中国"办教育，集中体现了办教育的科学性。

其次，新时代扎根中国大地办教育，彰显着浓厚的人文性。教育不仅是知识的传递，更是人的养成。文化是养成人的重要营养。扎根"价值中国""文化中国"办教育，集中体现了新时代扎根中国大地办教育的人文性。它决定了为谁办教育、办什么样的教育，它彰显了扎根中国大地办教育的文化之魂。文化是教育的底色。新时代扎根中国大地办教育，凸显了中国的文化特色，以优秀的中华民族传统文化滋养人，以中国特色社会主

---

① 中共中央宣传部：《习近平新时代中国特色社会主义思想学习纲要》，248 页，北京，学习出版社、人民出版社，2019。

② 同上书，249 页。

义文化塑造人，以中国文化养成德智体美劳全面发展的社会主义建设者和接班人。

最后，新时代扎根中国大地办教育，彰显着鲜明的政治性。新时代办教育，不仅要扎根"实践中国""发展中国"与"文化中国"，还要扎根"价值中国"与"道路中国"。为人民办满意的教育，是扎根中国大地办教育的人民立场的集中体现；坚持中国共产党的领导，坚持走中国特色社会主义道路，是扎根中国大地办教育的政治立场的集中体现。扎根中国大地办教育，是人民性与党性的有机统一。

(三)新时代扎根中国大地办教育思想的意义与价值

习近平总书记在全国教育大会上明确指出，"要坚持扎根中国大地办教育"。这是新时代对教育事业规律性的深化认识，更是引领我国教育事业发展、办好中国特色社会主义教育的"指南针""定盘星"。[①] 扎根中国大地办教育思想对新时代中国教育现代化推进与教育强国建设，具有重要的理论与实践价值。

理论方面，扎根中国大地办教育思想，以具有丰富而深刻内涵的隐喻方式，高度凝练的话语，蕴含着新时代办教育的目的论、价值论与方法论，回答了新时代为谁办教育、办什么样

---

① 教育部课题组：《深入学习习近平关于教育的重要论述》，82 页，北京，人民出版社，2019。

的教育、如何办中国教育等根本性问题。新时代办教育，要扎入为社会主义现代化建设、中国梦的实现的目的之根；要扎入为人民谋幸福、满足人民日益增长的教育美好生活需要的价值之根；要扎入为弘扬中华民族优秀文化传统、增强文化自信的文化之根；要扎入遵循教育事业普遍规律与中国教育特殊国情相结合的科学方法之根。教育是国之大计、党之大计。教育事业，不仅是科学的事业，也是人文的事业，还是具有政治性的事业。扎根中国大地办教育，就是要科学、人文、政治三管齐下，三位一体，全面推进我国教育事业的全面、健康、持续的发展。这对引领新时代我国教育事业发展，具有重要的理论指导价值。

实践方面，扎根中国大地办教育思想对我国新时代教育发展具有重大和深远的指导意义。在党的全面领导下，我国的教育改革和教育实践正在如火如荼地推进。扎根中国大地办教育，以高屋建瓴的指导思想，极具亲和力和感召力的大众化话语，引领、激励着一批又一批的教育实践者以科学的精神、人文的态度与坚定的正确政治立场，在教育改革事业中不断前进，为中国教育现代化和教育强国建设不懈奋斗。扎根中国大地办教育，不仅对教育实践者具有重要的引领价值，而且对教育改革实践中出现的问题具有诊断价值，对一些"不接地气"的教育现象具有反思批判的价值。扎根中国大地办教育，对中国的教育事业可持续发展与教育强国的实现，具有保驾护航的重要价值。

五、以人民为中心发展教育思想

以人民为中心发展教育，是十八大以来党的重要教育思想。2018 年全国教育大会上，习近平总书记明确提出"坚持以人民为中心发展教育"。坚持以人民为中心发展教育思想，是中国共产党执政为民的内在要求，也是中国共产党为人民服务的体现。

(一)新时代以人民为中心发展教育思想提出的背景

其一，马克思主义关于共产党的人民性、教育的人民性思想以及马克思主义群众历史观为新时代以人民为中心发展教育思想奠定了理论基础。坚持以人民为中心发展教育，不是无源之水、无本之木，作为马克思主义教育思想的最新发展，它具有深厚的理论底蕴。《共产党宣言》指出，共产党人"没有任何同整个无产阶级的利益不同的利益"[①]。为人民服务，为人民谋利益，是共产党的宗旨。《中国共产党章程》中也明确规定："党除了工人阶级和最广大人民群众的利益，没有自己特殊的利益。

---

① 《马克思恩格斯选集》第一卷，413 页，北京，人民出版社，2012。

党在任何时候都把群众利益放在第一位。"①"中国共产党人的初心和使命，就是为中国人民谋幸福，为中华民族谋复兴。"②中国共产党具有人民性的本质，在教育中也体现为教育的人民性。中国共产党领导的教育事业发展始终是为人民服务的。马克思主义的群众历史观认为人民是历史创造的主体。教育的发展也离不开人民的创造。这些思想为新时代以人民为中心发展教育思想奠定了坚实的理论基础。

其二，新时代中国特色社会主义理论为坚持以人民为中心发展教育思想提供了直接的思想来源。坚持以人民为中心，是新时代坚持和发展中国特色社会主义的根本立场。它包括永远把人民对美好生活的向往作为奋斗目标，依靠人民创造历史伟业，朝着实现全体人民共同富裕不断迈进，群众路线是党的生命线和根本工作路线。③ 习近平新时代中国特色社会主义思想坚持以人民为中心，直接决定了新时代教育发展也要以人民为中心。

其三，改革开放以来，在中国共产党的领导下，我国的教育发展取得了长足的进步，这为新时代坚持以人民为中心发展

---

① 《中国共产党章程》，19～20页，北京，人民出版社，2017。

② 习近平：《决胜全面建成小康社会　夺取新时代中国特色社会主义伟大胜利——在中国共产党第十九次全国代表大会上的报告》，载《人民日报》，2017-10-28。

③ 中共中央宣传部：《习近平新时代中国特色社会主义思想学习纲要》，40～46页，北京，学习出版社、人民出版社，2019。

教育思想积累了丰富的实践经验。此外，虽然我国已取得巨大的教育发展，但离教育现代化仍有不小的距离，还未全面实现教育强国，教育中还存在不少问题，例如教育发展不平衡问题，农村教育发展问题等；学前教育、农村义务教育和职业教育仍是短板。整体来说，还未能满足人民日益增长的教育美好生活的需要，这些现实问题的解决，仍需要继续坚持以人民为中心发展教育。

（二）新时代以人民为中心发展教育思想的基本内涵与主要特点

如何理解新时代以人民为中心发展教育思想的内涵？不同学者有不同的理解。有学者认为，以人民为中心发展教育是马克思主义群众史观在新时代教育改革和实践中的创新发展。它具有三大核心内涵：教育发展为了人民；教育发展依靠人民；教育发展成果由人民共享。① 也有学者认为，"坚持以人民为中心发展教育是以人民为中心思想在教育领域的具体体现，是社会主义办教育的出发点和落脚点。为增强人民的教育获得感，国家不断在更高水平上保障幼有所育、学有所教，让教育成果惠及全体人民，让每个孩子都能享有公平而有质量的教育，让

---

① 刘复兴、邢海燕：《坚持以人民为中心发展教育》，载《中国高等教育》，2019(6)。

每个人都有人生出彩的机会，是坚持以人民为中心发展教育的核心内涵"①。还有学者认为，以人民为中心发展教育具有三重内涵：办好人民满意的教育是其本质规定；公平而有质量的教育是其基本标准；建设教育强国是其总体目标。② 这些理解都很有道理，下面主要从奋斗目标、依靠力量、工作路线、成果分享四个方面论述以人民为中心发展教育思想的基本内涵。

首先，新时代以人民为中心发展教育，需要以满足人民日益增长的对教育美好生活的需求为奋斗目标。这种美好的教育需求，具体包括五大方面：成学之教、成人之教、成业之教、成己之教、幸福之教。③ 满足人的学习的需求；满足人的身心健康的需求；满足人的谋生需求；满足人的终身发展需求；满足人的终身幸福生活的需求。这种教育奋斗目标集中体现在社会主义教育现代化和教育强国建设上。实现教育现代化，实现教育强国，从根本上说就是对人民教育需求的满足，就是办人民满意的教育。

其次，新时代以人民为中心发展教育，需要依靠人民的力量。要满足人民日益增长的对教育美好生活的需求，要不断推

---

① 杨兆山：《习近平"坚持以人民为中心发展教育"论述精髓探析》，载《东北师大学报（哲学社会科学版）》，2020(5)。

② 刘剑虹：《习近平以人民为中心教育发展观的生成逻辑、基本内涵和时代意蕴》，载《高等教育研究》，2020(4)。

③ 教育部课题组：《深入学习习近平关于教育的重要论述》，54～55 页，北京，人民出版社，2019。

进中国特色社会主义教育现代化，要实现教育强国，就需要不断深化教育改革。教育改革是一项非常复杂、十分艰巨的工程，它需要依靠人民的力量，需要充分尊重人民的首创精神，充分发挥人民的教育智慧。"尊重人民群众首创精神，须在深化办学体制、管理体制、经费投入体制、招生考试制度改革、深化人才培养模式等方面尊重基层探索，善于从人民的创造性实践中总结发展经验，不断提炼升华，努力形成可复制、可推广的教育改革创新发展的经验。"①"对幸福生活的追求是推动人类文明进步最持久的力量。进入新时代，人民对美好生活的向往更加强烈，期盼有更好的教育、更稳定的工作……更丰富的精神文化生活，期盼孩子们能成长得更好、工作得更好、生活得更好。"②人民对教育美好生活的追求是推动教育持续发展的不竭动力。

再次，新时代以人民为中心发展教育，需要坚持群众路线。"坚持群众路线，核心的问题是党要始终保持同人民群众的血肉联系，一刻也不脱离群众。"③新时代党领导的教育发展，要深入群众中去，听取群众的教育心声，深入了解群众的教育需求，深入调查群众面对的教育困难和问题，需要深刻、全面地了解

① 刘复兴、邢海燕：《坚持以人民为中心发展教育》，载《中国高等教育》，2019(6)。

② 中共中央宣传部：《习近平新时代中国特色社会主义思想学习纲要》，41页，北京，学习出版社、人民出版社，2019。

③ 同上书，46页。

群众的所急、所困、所苦、所忧和所盼。要善于从群众中寻求解决问题的路径和方法，使得教育政策形成与执行具有广泛、充分的民意基础。践行群众路线，办好人民满意的教育，需要在实际工作中正确认识和处理好五个关系：正确处理远和近的关系，干部始终要保持与人民群众的血肉联系、鱼水深情；正确处理上和下的关系，坚持对上负责和对下负责的一致性，吃透上情、摸清下情，结合实际创造性地推进教育改革发展；正确处理多和少的关系，更加关注教育相对落后地区和特殊群体；正确处理大和小的关系，既要从全局出发，善于观大势、谋大事，维护教育改革发展的全局，又要切实重视那些关系群众切身利益的"小事"；正确处理内和外的关系，自觉相信主动依靠群众推进教育改革发展。要多交群众朋友，多听群众意见，充分发挥广大师生员工的积极性主动性创造性，善于调动全社会力量关心支持教育事业；要真心诚意拜人民为师，向群众学习，尊重基层首创精神，充分发现、大力推广先进典型，深入推进教育管理体制、办学体制和人才培养体制改革，促进教育事业不断迈上新台阶。①

最后，新时代以人民为中心发展教育，其成果由全民共享。人人都具有享有优质、公平的教育成果的权利。这意味着以人

---

① 袁贵仁：《办好人民满意教育——群众路线的实践与思考》，载《人民日报》，2013-12-27。

民为中心发展教育，不仅需要把教育做大做强，提供更多更好的优质教育资源，而且需要把教育发展的更多更好的成果分配得更公平更正义，从而让人民切切实实地体会到以人民为中心发展的教育，是全民共享的教育，是全民的共同福祉。教育发展成果的全民共享，是以人民为中心发展教育的最突出表现。

新时代以人民为中心发展教育思想，具有两个主要特点。第一，新时代以人民为中心发展教育思想，充分体现了党性、人民性与政治性高度一致性的特点。中国共产党是全心全意为人民服务的执政党；是为人民谋幸福，为中华民族谋复兴的执政党；是以人民为中心发展教育的领导者。新时代以人民为中心发展教育思想，既体现了中国共产党的党性，也彰显了中国共产党的人民性，还凸显了中国共产党的政治性立场。第二，新时代以人民为中心发展教育思想，充分彰显了中国共产党领导下的教育先进性与优越性。相对西方的教育，以人民为中心发展教育充分彰显了中国特色社会主义制度的优越性。

(三)新时代以人民为中心发展教育思想的意义与价值

新时代以人民为中心发展教育思想，具有重要的理论意义与实践价值。

理论方面，发展教育是当代世界共同的主题。以人民为中心发展教育思想，充分体现了中国的社会主义特色。它具有全民性，具有最广泛的群众基础，充分彰显了中国共产党领导教育发展的为人民谋幸福的价值立场，依靠人民的群众历史观立场，群众路线的工作方法立场。

实践方面，以人民为中心发展教育，有利于充分调动人民群众参与教育发展的积极性，有利于充分激发人民群众的聪明才智，为办好人民满意的教育贡献智慧和力量，有利于促进新时代教育向更公平更有质量的方向健康、持续地发展。

六、新时代"好老师"思想

中国特色社会主义进入新时代以来，以习近平同志为核心的党中央提出了一系列关于教师的重要思想。2013 年 9 月 9 日，习近平总书记在向全国广大教师致慰问信中，提出了"三个树立"：牢固树立中国特色社会主义理想信念，牢固树立终身学习理念，牢固树立改革创新意识。[①] 2014 年 9 月 9 日，习近平总书记到北京师范大学看望师生，提出了"四有好老师"：有理想信念、有道德情操、有扎实学识、有仁爱之心。[②] 2016 年 9 月

---

① 新华社：《习近平向全国广大教师致慰问信》，载《人民日报》，2013-09-10。
② 习近平：《做党和人民满意的好老师——同北京师范大学师生代表座谈时的讲话》，载《人民日报》，2014-09-10。

9日，习近平总书记到自己的母校北京市八一学校看望师生时，提出了"四个引路人"："广大教师要做学生锤炼品格的引路人，做学生学习知识的引路人，做学生创新思维的引路人，做学生奉献祖国的引路人"。[①] 2016 年 12 月，习近平总书记在全国高校思想政治工作会议上强调，高校教师要努力成为先进思想文化的传播者、党执政的坚定支持者，更好担起学生健康成长指导者和引路人的责任，并提出了"四个相统一"：坚持教书和育人相统一，坚持言传和身教相统一，坚持潜心问道和关注社会相统一，坚持学术自由和学术规范相统一。[②] 这些重要的论断，构成了新时代党的关于"好老师"的基本思想。

(一)新时代"好老师"思想提出的背景

首先，中国特色社会主义进入新时代，为新时代"好老师"思想提供了新的时代背景。百年大计，教育为本；教育大计，教师为本。兴国必先强师。为推进中国特色社会主义教育现代化，为建设教育强国，为满足人民日益增长的对美好教育生活的需要，为实现中华民族的伟大复兴，党和人民需要更多更高素质

[①] 新华社：《习近平在北京市八一学校考察时强调　全面贯彻落实党的教育方针　努力把我国基础教育越办越好》，载《人民日报》，2016-09-10。

[②] 人民网：《习近平在全国高校思想政治工作会议上强调　把思想政治工作贯穿教育教学全过程　开创我国高等教育事业发展新局面》，载《人民日报》，2016-12-09。

的教师。这种高素质教师应有更高的政治觉悟、更高的文化意识、更高的学识、更高的教育情怀、更高的育人水平。2014 年 9 月 9 日，习近平总书记在北京师范大学师生代表座谈会上指出："今天的学生就是未来实现中华民族伟大复兴中国梦的主力军，广大教师就是打造这支中华民族'梦之队'的筑梦人。"①

其次，改革开放以来，中国教育发展取得了巨大进展，教师队伍建设也蓬勃发展，但整体而言，教师队伍建设有待加强，尤其是农村地区和偏远地区，教师资源还相对紧缺，整体水平亟待提高。

最后，新时代需要坚定道路自信、理论自信、制度自信与文化自信，这对教师的理想信念、学识素养、文化自信等方面提出了新的要求。"教师是人类灵魂的工程师，是人类文明的传承者，承载着传播知识、传播思想、传播真理，塑造灵魂、塑造生命、塑造新人的时代重任。"②时代重任赋予了教师新的内涵和更高的标准。

(二)新时代"好老师"思想的基本内涵与主要特点

新时代对教师提出了更高的要求，"好老师"应时代而生。

---

① 习近平：《做党和人民满意的好老师——同北京师范大学师生代表座谈时的讲话》，载《人民日报》，2014-09-10。

② 习近平：《坚持中国特色社会主义教育发展道路　培养德智体美劳全面发展的社会主义建设者和接班人》，载《人民日报》，2018-09-11。

新时代"好老师"思想主要由"三个树立""四有好老师""四个引路人"和"四个相统一"论述构成。这四个论述相互支撑，内在关联，互为一体。它具有丰富而深刻的内涵。它从根本上把握了新时代好老师的三个基本属性：政治属性、道德属性与专业属性。

首先，新时代的好老师，是能坚定政治立场的好老师。"三个树立"中，首先是树立中国特色社会主义理想信念。"四有好老师"中，首个也是"有理想信念"。何谓中国特色社会主义理想信念？其本质是要坚定中国特色社会主义道路自信、理论自信、制度自信和文化自信。也就是说，新时代的教师，需要坚信中国特色社会主义道路是实现社会主义现代化、创造人民美好生活、实现中华民族伟大复兴的必由之路；坚信中国特色社会主义理论体系是指导党和人民实现中华民族伟大复兴的正确理论，是立足时代前沿、与时俱进的科学理论；坚信中国特色社会主义制度是当代中国发展进步的根本制度保障，是具有明显制度优势、强大自我完善能力的先进制度；坚信中国特色社会主义文化积淀着中华民族最深沉的精神追求，代表着中华民族独特的精神标识，是激励全党全国各族人民奋勇前进的强大精神力量。[1] 坚持道路自信、理论自信、制度自信与文化自信，

---

[1] 中共中央宣传部：《习近平新时代中国特色社会主义思想学习纲要》，31～33 页，北京，学习出版社、人民出版社，2019。

这是新时代下好老师传道授业解惑中，不断提升自我的源头活水，也是好老师追求崇高的教育事业理想的不竭动力。

其次，新时代的好老师，是有道德境界的好老师。"四有好老师"明确指出，好老师要有道德情操，要有仁爱之心。"四个引路人"中，要"做学生锤炼品格的引路人"，"做学生奉献祖国的引路人"。只有有道德情操的老师，才能教出有道德的学生，才能实现立德树人的根本任务。新时代好老师的道德境界应具有时代的高度、人性的深度。新时代的好老师应把社会主义核心价值观融进、贯穿于自己的教育事业中，用高尚的社会主义道德情操处理好自己与他人、社会、民族和国家之间的关系，把自己教书育人的事业与中华民族伟大复兴的时代使命密切联系在一起，为实现中国梦培养生力军。做一名无愧于时代的好老师，才能真正从内心提升自身存在的认同感、意义感和幸福感。新时代好老师，不仅需要道德境界的时代高度，还需要道德境界的人性深度。教师道德境界的人性深度，来源于爱，来源于对学生的个体生命与成长之爱，来源对自己立德树人的事业的爱，这种爱使自身的教育实践充满了人性的温度。时代之爱与人性之爱的有机结合，是教师不断提升道德境界与情操修为的内核。

最后，新时代的好老师，是有过硬的专业素质的好老师。这具体体现在三个方面：其一，具有扎实的学识。好老师应掌握全面、系统的学科知识和育人的通识知识，并把扎实的知识转化成为丰富的教育智慧。其二，具有学习精神与好学善学的习惯。新时代好老师要牢固树立终身学习的理念，牢固树立改革创新的意识。"做学生学习知识的引路人，做学生创新思维的引路人。"这是一个知识爆炸的时代，知识更新速度越来越快；这也是一个追求创新与卓越的时代，改革与创新相辅相成。好老师应不断学习，以学立身，以学促教，把自己打造成终身学习型教师。教育是创新的事业，每个学生都是独特的个体，不可复制，因此，教育实践是充满了智慧挑战的创造性事业，好老师需要在教育事业中不断学习，不断摸索，不断改革创新。在改革创新中不断学习，在学习中不断改革创新。其三，具有教育的辩证方法论，即"四个统一"，坚持教书和育人相统一，坚持言传和身教相统一，坚持潜心问道和关注社会相统一，坚持学术自由和学术规范相统一。也就是说，好老师不仅是"学师"还是"人师"；不仅是"布道者"，还是"示范者"；不仅是"问道者"，还是"大先生"。这其实也是知识与美德的统一，言说与行动的统一，学术与社会的统一，自由与自律的统一。

由"三个树立""四有好老师""四个引路人"和"四个相统一"基本论述构成的新时代"好老师"思想，不仅具有丰富而深刻的内涵，而且体现了两大特点。

第一，新时代"好老师"思想，是时代性、政治性与教育性三位一体的重要教育思想。"好老师"思想站在时代的高度，对什么是新时代的好老师，如何做新时代的好老师做了深刻、全面、系统的回答。新时代的好老师，一定是中国特色社会主义的好老师；一定是立德树人的好老师；一定是以人民为中心的好老师；一定是扎根中国大地的好老师。

第二，新时代"好老师"思想，集中体现了教师全专业属性[①]，即教师的学科专业性、学习专业性、教授专业性与伦理道德专业性。新时代的好老师要有扎实的学识，主要体现了教师的学科专业性。新时代的好老师，要牢固树立终身学习理念，要做学生学习知识的引路人，要做学生创新思维的引路人，主要体现了教师的学习专业性。新时代好老师，要牢固树立改革创新意识，要坚持教书和育人相统一，要坚持言传和身教相统一，主要体现了教师的教授专业性。新时代的好老师，要树立中国特色社会主义理想信念，要有道德情操、要有仁爱之心，要做学生锤炼品格的引路人，要做学生奉献祖国的引路人等，主要体现了教师的道德伦理专业性。

(三)新时代"好老师"思想的意义与价值

新时代"好老师"思想，是新时代教师队伍建设的重要指导

---

①　朱旭东：《论教师的全专业属性》，载《教育发展研究》，2017(10)。

思想。2018 年 1 月，中共中央、国务院发布了《关于全面深化新时代教师队伍建设改革的意见》，文件明确指出："教师承担着传播知识、传播思想、传播真理的历史使命，肩负着塑造灵魂、塑造生命、塑造人的时代重任，是教育发展的第一资源，是国家富强、民族振兴、人民幸福的重要基石……推动教师成为先进思想文化的传播者、党执政的坚定支持者、学生健康成长的指导者。"[①]该文件充分体现了"好老师"思想，确立了教师地位的超优先性，主要表现在："第一资源"的价值性；"党管教师"的政治性；"教师工作"的优先性；"师德位置"的首要性。[②] 不仅如此，新时代"好老师"思想还具有重要的理论与实践价值。

理论方面，新时代"好老师"思想，以朴实、精练的语言表达了丰富、深刻的教育思想。它系统地回答了中国特色社会主义进入新时代以后，需要什么样的老师，什么样的老师是好老师，如何做好老师等教师发展与教师队伍建设的基本问题。它既是对传统优秀的教师思想的继承与发扬，又是对我党关于教师思想的高度概括与精辟总结。它为建构有中国特色的教师哲学与教师理论指明了方向。

---

① 《中共中央 国务院关于全面深化新时代教师队伍建设改革的意见》，载《人民日报》，2018-02-01。

② 朱旭东、宋萑等：《新时代中国教师队伍建设的顶层设计》，序言 2 页，北京，北京师范大学出版社，2018。

实践方面，新时代"好老师"思想对我国的教师专业发展与教师队伍建设具有重要的指导意义。新时代"好老师"思想，从教师的政治立场、德性基础、专业素质，以高度凝练的语言揭示了新时代教师全专业发展的标准、方向与方法。它将对我国教师的专业发展和立德树人实践产生深远的影响。

第二章 | 新时代中国特色社会主义的
教育现代化建设

本章聚焦新时代提升教育现代化水平的政策举措和政策创新，主要围绕坚持党对教育工作的全面领导、坚持社会主义办学方向、落实立德树人教育工作根本任务、深入推进教育现代化、大力推进教育信息化、建设高素质专业化创新型教师队伍和扩大教育对外开放七个方面的内容展开。

一、坚持党对教育工作的全面领导

(一)办好教育的根本保证

习近平总书记指出:"加强党对教育工作的全面领导,是办好教育的根本保证。教育部门和各级各类学校的党组织要增强'四个意识'、坚定'四个自信',坚定不移维护党中央权威和集中统一领导,自觉在政治立场、政治方向、政治原则、政治道路上同党中央保持高度一致。"①2018 年 3 月,党中央成立中央教育工作领导小组,其目的就是加强对教育工作的集中统一领导,推动和改进教育工作。

"中国共产党的领导是中国特色社会主义最本质的特征。没有共产党,就没有新中国,就没有新中国的繁荣富强。坚持中国共产党这一坚强领导核心,是中华民族的命运所系。中国共产党的领导,就是支持和保证人民实现当家作主。我们必须坚持党总揽全局、协调各方的领导核心作用,通过人民代表大会制度,保证党的路线方针政策和决策部署在国家工作中得到全

---

① 习近平:《论坚持党对一切工作的领导》,277 页,北京,中央文献出版社,2019。

面贯彻和有效执行。""要不断加强和改善党的领导，善于使党的主张通过法定程序成为国家意志，善于使党组织推荐的人选通过法定程序成为国家政权机关的领导人员，善于通过国家政权机关实施党对国家和社会的领导，善于运用民主集中制原则维护党和国家权威、维护全党全国团结统一。""中国共产党的领导是包括各民主党派、各团体、各民族、各阶层、各界人士在内的全体中国人民的共同选择，是中国特色社会主义最本质的特征。"[1]"中国共产党是中国特色社会主义事业的领导核心，所以必须加强和改善党的领导，充分发挥党总揽全局、协调各方的领导核心作用。"[2]

坚持党的领导是由我们党的性质决定的。中国共产党是中国工人阶级的先锋队，同时是中国人民和中华民族的先锋队，是中国特色社会主义事业的领导核心。2013 年 11 月 12 日，中国共产党第十八届中央委员会第三次全体会议通过的《中共中央关于全面深化改革若干重大问题的决定》提出，紧紧围绕坚持党的领导、人民当家作主、依法治国有机统一深化政治体制改革，加快推进社会主义民主政治制度化、规范化、程序化，建设社会主义法治国家，发展更加广泛、更加充分、更加健全的人民民主。紧紧围绕提高科学执政、民主执政、依法执政水平，深

---

① 《习近平谈治国理政》第二卷，18～19 页，北京，外文出版社，2017。

② 习近平：《论坚持党对一切工作的领导》，5 页，北京，中央文献出版社，2019。

化党的建设制度改革，加强民主集中制建设，完善党的领导体制和执政方式，保持党的先进性和纯洁性，为改革开放和社会主义现代化建设提供坚强政治保证。坚持党的领导，贯彻党的基本路线，不走封闭僵化的老路，不走改旗易帜的邪路，坚定走中国特色社会主义道路，始终确保改革正确方向。在党的领导下，以经济社会发展重大问题和涉及群众切身利益的实际问题为内容，在全社会开展广泛协商，坚持协商于决策之前和决策实施之中。完善党和国家领导体制，坚持民主集中制，充分发挥党的领导核心作用。

全面深化改革必须加强和改善党的领导。全面深化改革总目标是完善和发展中国特色社会主义制度、推进国家治理体系和治理能力现代化。"完善和发展中国特色社会主义制度"规定了根本方向，"推进国家治理体系和治理能力现代化"规定了在根本方向指引下完善和发展中国特色社会主义制度的鲜明指向。两句话都讲，才是完整的、全面的。①

坚持党对一切工作的领导是历史和人民的选择。在革命、建设、改革的各个历史时期，人民都选择了中国共产党。坚持党对一切工作的领导，也是实现中华民族伟大复兴的根本保证。习近平总书记指出："中国共产党人的初心和使命，就是为中国

---

① 中共中央宣传部：《习近平新时代中国特色社会主义思想三十讲》，97页，北京，学习出版社，2018。

人民谋幸福，为中华民族谋复兴。"①

中国特色社会主义最本质的特征是中国共产党领导，中国特色社会主义制度的最大优势是中国共产党领导。这一重要论断，丰富发展了马克思主义建党学说，深刻反映了对党的领导和中国特色社会主义这一基本关系的认识达到了新高度。② 党的十八大以来，人民生活不断改善。全面从严治党成效卓著。我们取得了改革开放和社会主义现代化建设的历史性成就，这些成就是全方位的、开创性的，是党中央坚强领导的结果。

"党政军民学，东西南北中，党是领导一切的。""坚持党中央集中统一领导，确立和维护党的领导核心，是全党全国各族人民的共同愿望，是推进全面从严治党、提高党的创造力凝聚力战斗力的迫切要求，是保持党和国家事业发展正确方向的根本保证。""党中央制定的理论和路线方针政策，是全党全国各族人民统一思想、统一意志、统一行动的依据和基础。"③党是最高的政治领导力量，各个领域、各个方面都必须坚定自觉地坚持党的领导。历史和事实都证明，中国共产党的领导是中国特色社会主义制度的最大优势。坚持党的领导，是党和国家的根

---

① 习近平：《决胜全面建成小康社会　夺取新时代中国特色社会主义伟大胜利——在中国共产党第十九次全国代表大会上的报告》，载《人民日报》，2017-10-28。

② 中共中央宣传部：《习近平新时代中国特色社会主义思想三十讲》，74～75 页，北京，学习出版社，2018。

③ 《习近平谈治国理政》第二卷，20～21 页，北京，外文出版社，2017。

本所在、命脉所在，是全国各族人民的利益所系、幸福所系。加强和改善党的领导，就是要牢牢把握加强党的执政能力建设、先进性和纯洁性建设这条主线，主动提高党的建设的科学化水平。

坚持党的领导，必须始终坚持党总揽全局、协调各方的领导核心地位。中央委员会、中央政治局、中央政治局常委会，是党的领导决策核心。党中央作出的决策部署，各部门、各方面党组织都要贯彻落实。各方面党组织都要对党委负责，自觉向党委报告重大工作和重大情况。各地区各部门党委要加强向党中央报告工作。① 党中央是大脑和中枢，党中央必须有定于一尊、一锤定音的权威。党的地方组织的根本任务是确保党中央决策部署贯彻落实。党组在党的组织体系中具有特殊地位，要贯彻落实党中央和上级党组织决策部署。每个党员特别是领导干部都要强化党的意识和组织观念，自觉做到思想上认同组织、政治上依靠组织、工作上服从组织、感情上信赖组织。② 只有党中央有权威，才能把全党牢固凝聚起来，进而把全国各族人民紧密团结起来，形成万众一心、无坚不摧的磅礴力量。如果党中央没有权威，党的理论和路线方针政策可以随

① 中共中央宣传部：《习近平总书记系列重要讲话读本》，103～104 页，北京，学习出版社、人民出版社，2016。

② 习近平：《切实贯彻落实新时代党的组织路线　全党努力把党建设得更加坚强有力》，载《人民日报》，2018-07-05。

意不执行，大家各自为政、各行其是，想干什么就干什么，想不干什么就不干什么，党就会变成一盘散沙，就会成为自行其是的"私人俱乐部"，党的领导就会成为一句空话。①

（二）各级党委的重要职责

教育是国之大计、党之大计。② 各级党委要把加强对教育工作的全面领导当成重要职责，把教育改革发展纳入议事日程，党政主要负责同志要熟悉教育、关心教育、研究教育。要建立健全党委统一领导、党政齐抓共管、部门各负其责的教育领导体制。③ 建设教育强国是中华民族伟大复兴的基础工程，必须把教育事业放在优先位置。④ 坚持把优先发展教育事业作为推动党和国家各项事业发展的重要先手棋，不断使教育同党和国家事业发展要求相适应、同人民群众期待相契合、同我国综合国力和国际地位相匹配。全面落实教育优先发展战略，在经济社会发展规划上优先安排教育、财政资金投入上优先保障教育、公共资源配置上优先满足教育和人力资源开

---

① 《习近平谈治国理政》第二卷，21页，北京，外文出版社，2017。

② 习近平：《坚持中国特色社会主义教育发展道路 培养德智体美劳全面发展的社会主义建设者和接班人》，载《人民日报》，2018-09-11。

③ 习近平：《论坚持党对一切工作的领导》，277页，北京，中央文献出版社，2019。

④ 习近平：《决胜全面建成小康社会 夺取新时代中国特色社会主义伟大胜利——在中国共产党第十九次全国代表大会上的报告》，45页，北京，人民出版社，2017。

发需要。① 中国将坚定实施科教兴国战略，始终把教育摆在优先发展的战略位置，不断扩大投入，努力发展全民教育、终身教育，建设学习型社会，努力让每个孩子享有受教育的机会，努力让13亿人民享有更好更公平的教育，获得发展自身、奉献社会、造福人民的能力。② 人民群众对美好生活的需求，对"更好的教育"的期待就是党的奋斗目标。

各级党政领导和分管教育的领导干部要始终坚持教育优先发展战略。各级党委都要把教育改革发展纳入议事日程，党政主要负责同志要熟悉教育、关心教育、研究教育。高校党委对学校工作实行全面领导，承担管党治党、办学治校主体责任，把方向、管大局、作决策、保落实。

加强党对教育工作的政治领导。以习近平新时代中国特色社会主义思想为党全面领导教育工作的指导思想。以习近平新时代中国特色社会主义思想为指导，全面贯彻党的十九大和十九届二中、三中、四中、五中全会精神，坚定实施科教兴国战略、人才强国战略，紧紧围绕统筹推进"五位一体"总体布局和协调推进"四个全面"战略布局，坚定"四个自信"，在党的坚强领导下，全面贯彻党的教育方针，坚持马克思主义指导地位，

---

① 习近平：《坚持中国特色社会主义教育发展道路 培养德智体美劳全面发展的社会主义建设者和接班人》，载《人民日报》，2018-09-11。

② 新华社：《习近平主席在联合国"教育第一"全球倡议行动一周年纪念活动上发表视频贺词》，载《人民日报》，2013-09-27。

坚持中国特色社会主义教育发展道路，坚持社会主义办学方向，立足基本国情，遵循教育规律，坚持改革创新，以凝聚人心、完善人格、开发人力、培育人才、造福人民为工作目标，培养德智体美劳全面发展的社会主义建设者和接班人，加快推进教育现代化、建设教育强国、办好人民满意的教育。[①]

加强党对教育工作的组织领导。党的领导在教育系统能不能有效实现，取决于教育系统党的组织体系健不健全，党的建设抓得好不好。从巡视情况看，教育系统党建工作力度和党组织功能发挥层层递减、越往下声音越小工作越薄弱的现象比较突出，导致党的教育政策和党中央关于教育工作的重大决策部署在相关地方、部门和领域得不到及时有效贯彻。地方各级党委和教育部门党组织要切实履行好管党治党的主体责任，加强各级各类学校党的领导和党的建设工作，支持学校党组织讨论决定学校重大问题，履行好把方向、管大局、作决策、抓班子、带队伍、保落实的领导职责，保证党的路线方针政策及上级党组织决定不折不扣得到贯彻执行。要建立健全坚持和加强党的领导的组织体系、制度体系、工作机制，形成落实党的领导纵到底、横到边、全覆盖的工作格局。要加快推进民办学校党的组织和党的工作全覆盖，确保党的教育方针在民办学校得到贯彻。[②] 加强

---

① 习近平：《坚持中国特色社会主义教育发展道路 培养德智体美劳全面发展的社会主义建设者和接班人》，载《人民日报》，2018-09-11。

② 习近平：《论坚持党对一切工作的领导》，277～278页，北京，中央文献出版社，2019。

教育系统党的组织建设为教育综合改革发展提供坚强的组织保障。党中央层面成立的教育工作领导小组是党领导教育工作的核心组织。面对日益严峻复杂的国际形势，面对诸多不确定因素，要始终加强教育系统党的组织建设，要始终保持战略定力和政治定力，坚持党对教育工作的全面领导。党在教育领域的基层组织建设主要体现为学校党建工作，把党的政治建设摆在首位，实施基层党建质量提升攻坚行动，全面加强中小学、高校、民办学校、中外合作办学基层党建工作，发挥大中小学党组的政治核心功能。高等教育是一个国家发展水平和发展潜力的重要标志，因此高校要坚持和完善党委领导下的校长负责制。只有坚持党对高校工作的领导，才能办好中国特色社会主义大学。中小学校党组织是党在学校中全部工作和战斗力的基础，要发挥政治核心作用，全面负责学校党的思想、组织、作风、反腐倡廉和制度建设。

加强党对教育工作的思想领导。思想政治工作是学校各项工作的生命线，各级党委、各级教育主管部门、学校党组织都必须紧紧抓在手上。思想政治工作决不是单纯一条线的工作，而应该是全方位的，无处不在、无时不在的，融入式、嵌入式、渗入式的，不能搞成两张皮。高明的学校领导首先应该是高超的思想政治工作者，善于运用一切场合、一切载体、一切方式来做思想政治工作，并能带动所有教职员工和学生共同来做思想政治工作。要精心培养和组织一支会做思想政治工作的政工队伍，把思想政治工作做在日常、做到个人。做好学校思想政治工作，既要管好课堂，也要管好课外，既要管好网下，也要管好网上，坚决防范和清除各种错误政治思潮、分裂主义、宗教活动对学校的侵蚀。要加强校报校刊和网络治理，严明教学纪律，牢牢掌握意识形态工作领导权，用马克思主义占领高校意识形态阵地。①

教育方针是党领导教育工作的根本指针。新修订的《中华人民共和国教育法》第五条规定："教育必须为社会主义现代化建设服务、为人民服务，必须与生产劳动和社会实践相结合，培养德智体美劳全面发展的社会主义建设者和接班人。"这是国家教育基本法对国家教育方针的权威性表述，与 1995 年版本相比，增加的内容有"为人民服务"，"和社会实践"相结合，社会主义建设者和接班人的培养从原来的"德、智、体等方面"修订为"德智体美劳"全面发展。教育法在修订前后都始终强调教育为社会主义现代化建设服务，都以培养"社会主义建设者和接班人"为教育目标，都视党为社会主义现代化建设事业的领导核心。党的领导是中国特色社会主义的本质特征，贯彻落实党的教育方针，本质上就是坚持党的领导。党的十八大以来，习近平

---

① 习近平：《论坚持党对一切工作的领导》，279 页，北京，中央文献出版社，2019。

总书记特别强调，立德树人是学校教育的根本任务，要加强劳动教育，培养德智体美劳全面发展的社会主义建设者和接班人，要做好德育和大中小学思想政治工作。思想政治工作是学校各项工作的生命线，各级党委、各级教育主管部门、学校党组织都必须紧紧抓在手上。思想政治工作从根本上说是做人的工作，是做学生的工作。中小学德育工作的总体目标就是要培养学生爱党、爱国、爱人民的国家意识和社会责任意识。高校思想政治工作关系高校培养什么样的人、如何培养人以及为谁培养人这个根本问题。要坚持把立德树人作为中心环节，把思想政治工作贯穿教育教学全过程，实现全程育人、全方位育人。

习近平总书记的系列重要讲话为各级党组织加强对教育工作的领导提供了方向指引和路径遵循。各级党委都要把教育改革发展纳入议事日程，党政主要负责同志要熟悉教育、关心教育、研究教育。各级党委和政府要为学校办学安全托底，解决学校后顾之忧，维护老师和学校应有的尊严，保护学生生命安全。① 习近平总书记建议各地党委书记和有关部门党组书记多到学校视察、指导，要求他们同教师和学生加强联系、加强交流。

---

① 习近平：《坚持中国特色社会主义教育发展道路　培养德智体美劳全面发展的社会主义建设者和接班人》，载《人民日报》，2018-09-11。

（三）治学办校的重要工作

各级各类学校党组织要把党建工作作为办学治校的重要工作，把抓好学校党建工作作为办学治校的基本功，把党的教育方针全面贯彻到学校工作各方面。学校党建工作不能玩虚功、搞花架子、做表面文章，必须抓得实而又实、严而又严。要坚持新时代党的组织路线，坚持正确用人导向，把政治过硬、品行优良、业务精通、锐意进取的优秀干部选配到各类学校领导岗位上来。要发挥基层党组织作用，使基层党组织成为师生最贴心、最信赖的组织依靠，成为学校教书育人的坚强战斗堡垒，把教师和学生党员的先锋模范作用发挥好，把广大教职员工和学生最广泛地凝聚团结起来。①

加强学校党建工作，发挥政治核心作用。党在教育领域的基层组织建设主要体现为学校党建工作，要发挥好大中小学党组织的政治核心作用。

一是发挥好中小学基层党组织的政治核心作用。中小学基层党组织要把握学校发展方向，参与决定重大问题并监督实施，支持和保证校长依法行使职权，领导学校德育和思想政治工作，培育和践行社会主义核心价值观，维护各方合法权益，推动学

---

① 习近平：《论坚持党对一切工作的领导》，278～279 页，北京，中央文献出版社，2019。

校健康发展。中小学的党建工作要与教育教学业务同部署同落实同考评。

2016年9月，中央组织部、教育部党组联合印发《关于加强中小学校党的建设工作的意见》，该文件指出，加强中小学校党的建设，对于全面贯彻党的教育方针、保证社会主义办学方向、落实立德树人根本任务、办好人民满意的教育，具有重要意义。中小学校党组织是党在学校中全部工作和战斗力的基础，发挥政治核心作用，全面负责学校党的思想、组织、作风、反腐倡廉和制度建设，把握学校发展方向，参与决定重大问题并监督实施，支持和保证校长依法行使职权，领导学校德育和思想政治工作，培育和践行社会主义核心价值观，维护各方合法权益，推动学校健康发展。按照与教育管理体制相适应、管党建管业务相结合的原则，健全完善中小学校党建工作管理体制。全面提升中小学校党组织建设水平，加大党组织组建力度，推进党组织和党的工作全覆盖。把抓好德育和思想政治工作作为中小学校党组织重要任务，抓好学生德育工作，建立党组织主导、校长负责、群团组织参与、家庭社会联动的德育工作机制。该文件要求，切实加强对中小学校党建工作的领导，健全有关部门和学校党组织抓党建述职评议考核制度，构建责任明晰、协调推进的工作格局，对中小学校党建工作不抓不管、出现严重问题的，严肃问责追究。配强工作力量，保证党建工作经费，加强基础保障。健全城乡中小学校党组织互联互帮机制，促进共同发展。

二是高校坚持和完善党委领导下的校长负责制。办好我国高等教育，必须坚持党的领导，牢牢掌握党对高校工作的领导权，使高校成为坚持党的领导的坚强阵地。高校党委对学校工作实行全面领导，承担管党治党、办学治校主体责任，把方向、管大局、作决策、保落实。高校党委要坚持和完善党委领导下的校长负责制，抓好基层党组织建设，把党建和思想政治工作优势转化为高校发展优势。党委要保证高校正确办学方向，掌握高校思想政治工作主导权，保证高校始终成为培养社会主义建设者和接班人的坚强阵地。

2020 年 4 月 22 日，教育部等八部门联合发出《关于加快构建高校思想政治工作体系的意见》。该文件的指导思想是"以习近平新时代中国特色社会主义思想为指导，全面贯彻党的教育方针，坚持和加强党的全面领导，坚持社会主义办学方向，以立德树人为根本，以理想信念教育为核心，以培育和践行社会主义核心价值观为主线，以建立完善全员、全程、全方位育人体制机制为关键，全面提升高校思想政治工作质量"。该文件从加强党的全面领导和加强基层党的建设等方面提出了高校思想政治工作的组织领导和实施保障要求。具体包括：要把高校思想政治工作摆到重要位置，切实加强组织领导和工作指导。各高校党委要全面统筹各领域、各环节、各方面的资源和力量，力戒形式主义、官僚主义，加强体制机制、项目布局、队伍建设、条件保障等方面的系统设计，定期分析高校思想政治领域情况，研究解决重大问题，协调推进重点任务落实，党委主要负责同志落实领导责任，分管领导落实直接责任。党委书记是思想政治工作第一责任人，校长和其他班子成员履行"党政同责、一岗双责"。高校领导班子成员要主动进课堂、进班级、进宿舍、进食堂、进社团、进讲座、进网络，深入一线联系学生。强化院系党组织政治功能，加强班子建设、健全集体领导机制、提高议事决策水平。发挥党支部战斗堡垒和党员先锋模范作用，优化支部设置，实施教师党支部书记"双带头人"培育工程，建强党支部书记队伍。严格党的组织生活各项制度，着重加强教师党支部和学生党支部建设、发展党员和党员教育管理工作。加强教师党支部与学生党支部共建，鼓励校企、校地党支部共同开展组织生活。落实党建带团建制度，做好推优入党工作。

三是加强和完善党对职业学校、民办学校的领导。立足思想建党、推进制度治党，开展覆盖全部公办学校、民办学校、职业学校的基层党组织建设，出台文件规范和指引民办高校、中外合作办学中党的建设和思想政治工作。

2016年4月18日，中央全面深化改革领导小组第二十三次会议审议通过《关于加强民办学校党的建设工作的意见（试行）》。该文件指出，支持和规范民办教育发展，要坚持和加强党对民办学校的领导，设立民办学校要做到党的建设同步谋划、党的组织同步设置、党的工作同步开展，确保民办学校始终坚持社会主义办学方向。①

民办学校党组织是党在民办学校中的战斗堡垒，发挥政治核心作用，主要体现在六个方面：①保证政治方向。宣传执行党的理论和路线方针政策，宣传执行党中央、上级党组织和本级党组织的决议，引导学校全面贯彻党的教育方针，依法办学、规范办学、诚信办学，坚决反对否定和削弱党的领导，反对西方所谓"普世价值"等错误思潮传播，反对各种腐朽价值观念。②凝聚师生员工。把思想政治工作贯穿学校工作各方面，贯穿教育教学全过程，密切联系、热忱服务师生员工，关心和维护师生正当权益，统一思想、凝聚人心、化解矛盾、增进感情，激发教职工主人翁意识和工作热情。③推动学校发展。支持学校董（理）事会和校长依法依章行使职权，开展工作，参与学校改革发展稳定和事关师生员工切身利益的重大事项决策，帮助学校健全章程和各项管理制度，促进学校提高教育质量、培养合格人才。④引领校园文化。坚持用社会主义核心价值观塑造

① 新华社：《习近平主持召开中央全面深化改革领导小组第二十三次会议》，载《人民日报》，2016-04-19。

校园文化，加强社会公德、职业道德、家庭美德、个人品德教育，开展精神文明创建活动，组织丰富多彩的文化活动，推动形成良好的校风教风学风。⑤参与人事管理和服务。参与学校各类人才选拔、培养和管理工作，在教职工考评、职称评聘等方面提出意见建议，主动联系，关心关爱，调动教职工的积极性和创造性。⑥加强自身建设。完善组织设置和工作机制，加强党组织班子成员和党务干部管理，做好发展党员和党员教育管理服务工作，严格落实组织生活制度，认真贯彻民主集中制，强化党组织日常监督和党员民主监督，抓好党风廉政建设。领导学校工会、共青团等群团组织和教职工大会（代表大会），做好统一战线工作。

二、坚持社会主义办学方向

（一）立党立国的根本指导思想

马克思主义是立党立国的根本指导思想，是我国教育最鲜亮的底色。中国共产党是用马克思主义武装起来的政党，马克思主义是中国共产党人理想信念的灵魂。① 坚定理想信念，坚

---

① 《习近平谈治国理政》第三卷，74页，北京，外文出版社，2020。

守共产党人精神追求，始终是共产党人安身立命的根本。对马克思主义的信仰，对社会主义和共产主义的信念，是共产党人的政治灵魂，是共产党人经受任何考验的精神支柱。① 我们党作为马克思主义政党，讲政治是突出的特点和优势。没有强有力的政治保证，党的团结统一就是一句空话。② 回顾党的奋斗历程可以发现，中国共产党之所以能够历经艰难困苦而不断发展壮大，很重要的一个原因就是我们党始终重视思想建党、理论强党，使全党始终保持统一的思想、坚定的意志、协调的行动、强大的战斗力。当前，改革发展稳定任务之重、矛盾风险挑战之多、治国理政考验之大都是前所未有的。我们要赢得优势、赢得主动、赢得未来，必须不断提高运用马克思主义分析和解决实际问题的能力，不断提高运用科学理论指导我们应对重大挑战、抵御重大风险、克服重大阻力、化解重大矛盾、解决重大问题的能力，以更宽广的视野、更长远的眼光来思考把握未来发展面临的一系列重大问题，不断坚定马克思主义信仰和共产主义理想。全党同志特别是各级领导干部要更加自觉、更加刻苦地学习马克思列宁主义，学习毛泽东思想、邓小平理论、"三个代表"重要思想、科学发展观，学习习近平新时代中国特色社会主义思

---

① 习近平：《推进党的建设新的伟大工程要一以贯之》，载《求是》，2019-10-02。

② 习近平：《论坚持党对一切工作的领导》，81页，北京，中央文献出版社，2019。

想。要深入学、持久学、刻苦学，带着问题学、联系实际学，更好把科学思想理论转化为认识世界、改造世界的强大物质力量。共产党人要把读马克思主义经典、悟马克思主义原理当作一种生活习惯、当作一种精神追求，用经典涵养正气、淬炼思想、升华境界、指导实践。① 教育工作专业性强、规律性强，管教育的领导部门和领导干部更要尊重和钻研教育，多听听老师专家们意见，努力成为教育管理的行家里手。②

在全国教育大会上，习近平强调，在党的坚强领导下，全面贯彻党的教育方针，坚持马克思主义指导地位，坚持中国特色社会主义教育发展道路，坚持社会主义办学方向。③ 马克思主义照亮了人类探索历史规律和寻求自身解放的道路，是我党必须长期坚持的指导思想，是教育系统加强党的领导工作的指导思想。马克思主义是不断发展的开放的理论，始终站在时代前沿。马克思主义同中国共产党的命运、中国人民的命运、中华民族的命运紧紧相连。马克思主义为中国革命、建设、改革提供了强大思想武器。④ 习近平新时代中国特色社会主义思想，

① 《习近平谈治国理政》第三卷，74～75 页，北京，外文出版社，2020。
② 习近平：《论坚持党对一切工作的领导》，277 页，北京，中央文献出版社，2019。
③ 习近平：《坚持中国特色社会主义教育发展道路　培养德智体美劳全面发展的社会主义建设者和接班人》，载《人民日报》，2018-09-11。
④ 习近平：《在纪念马克思诞辰 200 周年大会上的讲话》，载《人民日报》，2018-05-05。

是对马克思列宁主义、毛泽东思想、邓小平理论、"三个代表"重要思想、科学发展观的继承和发展，是马克思主义中国化最新成果，是党和人民实践经验和集体智慧的结晶，是中国特色社会主义理论体系的重要组成部分，是全党全国人民为实现中华民族伟大复兴而奋斗的行动指南，必须长期坚持并不断发展。[1]

这一教育方针体现了马克思主义的指导思想地位，体现了党对教育工作的领导。教育决定着人类的今天，也决定着人类的未来。在学校思想政治理论课教师座谈会上，习近平强调，新时代贯彻党的教育方针，要坚持马克思主义指导地位，贯彻习近平新时代中国特色社会主义思想，坚持社会主义办学方向。[2]

(二)坚持办学正确的政治方向

坚持办学正确的政治方向是高校落实立德树人根本任务，办出中国特色世界一流大学必须要抓好的首要基础性工作。古今中外，关于教育和办学，思想流派繁多，理论观点各异，但在教育必须培养社会发展所需要的人这一点上是有共识的。培

---

① 习近平：《决胜全面建成小康社会　夺取新时代中国特色社会主义伟大胜利——在中国共产党第十九次全国代表大会上的报告》，20 页，北京，人民出版社，2017。

② 习近平：《用新时代中国特色社会主义思想铸魂育人　贯彻党的教育方针落实立德树人根本任务》，载《人民日报》，2019-03-19。

养社会发展所需要的人，具体来说，就是培养社会发展、知识积累、文化传承、国家存续、制度运行所要求的人。所以，古今中外，每个国家都是按照自己的政治要求来培养人的，世界一流大学都是在服务自己国家发展中成长起来的。我国社会主义教育就是要培养社会主义建设者和接班人。要坚持不懈培育和弘扬社会主义核心价值观，引导广大师生做社会主义核心价值观的坚定信仰者、积极传播者、模范践行者。要把中国特色社会主义道路自信、理论自信、制度自信、文化自信转化为办好中国特色世界一流大学的自信。只要我们在培养社会主义建设者和接班人上有作为、有成效，我们的大学就能在世界上有地位、有话语权。要把立德树人的成效作为检验学校一切工作的根本标准，真正做到以文化人、以德育人，不断提高学生思想水平、政治觉悟、道德品质、文化素养，做到明大德、守公德、严私德。①

基础教育阶段坚持办学正确的政治方向，就是要抓好教材建设的国家事权。随着中国特色社会主义进入新时代，我国基础教育站在新的历史起点上，迈入了全面提高质量的新阶段。面向新时代新要求，基础教育宣传工作要提升理想信念引导力，引导基础教育战线深入学习习近平新时代中国特色社会主义思想，用科学理论武装头脑，进一步树牢"四个意识"，坚定"四个

---

① 习近平：《在北京大学师生座谈会上的讲话》，载《人民日报》，2018-05-03。

自信"，做到"两个维护"。马克思主义是党和国家的指导思想，也是教材工作的指导思想。教材作为教育教学的基本依据，是各学科的基本知识规范和知识体系，反映了各学科的一般原理及其在国家经济社会发展中的具体实践。教材在阐述各学科的基本原理时，应自觉运用马克思主义立场观点方法，符合马克思主义关于自然界、人类社会、人类思维发展的一般规律。

《国家教育事业发展"十三五"规划》指出，不仅要切实加强党对教育工作的领导权，坚持正确的政治方向，掌握教育领域意识形态工作的主导权，更要着力加强教育系统党的思想建设、组织建设、作风建设、反腐倡廉建设、制度建设，增强政治意识、大局意识、核心意识、看齐意识，强化基层党组织的创造力、凝聚力、战斗力，为教育综合改革发展提供坚强的政治保证和组织保障。党的十九届五中全会指出，深入开展习近平新时代中国特色社会主义思想学习教育，推进马克思主义理论研究和建设工程。推动理想信念教育常态化制度化，加强党史、新中国史、改革开放史、社会主义发展史教育，加强爱国主义、集体主义、社会主义教育，弘扬党和人民在各个历史时期奋斗中形成的伟大精神，推进公民道德建设，实施文明创建工程，拓展新时代文明实践中心建设。①

① 本书编写组：《党的十九届五中全会〈建议〉学习辅导百问》，32 页，北京，学习出版社、党建读物出版社，2020。

(三)坚持中国特色社会主义教育发展道路

新时代中国特色社会主义教育必须坚持党的领导。加强教育系统党的建设是新时代党的建设总要求的重要组成部分,中国特色社会主义教育的本质就是要加强党的领导,落实党的建设总要求。改革开放以来,我们坚持理论创新,正确回答了什么是社会主义、怎样建设社会主义,建设什么样的党、怎样建设党,实现什么样的发展、怎样发展等重大课题,不断根据新的实践推出新的理论,为我们制定各项方针政策、推进各项工作提供了科学指导。[①] 我们要坚持我国教育现代化的社会主义方向,坚持教育公益性原则,把教育公平作为国家基本教育政策,大力推进教育体制改革创新。[②]

经过长期努力,中国特色社会主义进入新时代,我们党一定要有新气象新作为。新时代党的建设总要求是:坚持和加强党的全面领导,坚持党要管党、全面从严治党,以加强党的长期执政能力建设、先进性和纯洁性建设为主线,以党的政治建设为统领,以坚定理想信念宗旨为根基,以调动全党积极性、主动性、创造性为着力点,全面推进党的政治建设、思想建设、组织建设、作风建设、纪律建设,把制度建设贯穿其中,深入

---

① 《习近平谈治国理政》第二卷,343 页,北京,外文出版社,2017。
② 《习近平谈治国理政》第三卷,348 页,北京,外文出版社,2020。

推进反腐败斗争，不断提高党的建设质量，把党建设成为始终走在时代前列、人民衷心拥护、勇于自我革命、经得起各种风浪考验、朝气蓬勃的马克思主义政党。[1] 办好新时代中国特色社会主义教育事业，关键在党。《国家教育事业发展"十三五"规划》指出，不仅要切实加强党对教育工作的领导权，坚持正确的政治方向，掌握教育领域意识形态工作的主导权，更要着力加强教育系统党的思想建设、组织建设、作风建设、反腐倡廉建设、制度建设，增强政治意识、大局意识、核心意识、看齐意识，强化基层党组织的创造力、凝聚力、战斗力，为教育综合改革发展提供坚强的政治保证和组织保障。

当代中国的伟大社会变革，不是简单延续我国历史文化的母版，不是简单套用马克思主义经典作家设想的模板，不是其他国家社会主义实践的再版，也不是国外现代化发展的翻版，不可能找到现成的教科书。我国哲学社会科学应该以我们正在做的事情为中心，从我国改革发展的实践中挖掘新材料、发现新问题、提出新观点、构建新理论，加强对改革开放和社会主义现代化建设实践经验的系统总结，加强对发展社会主义市场经济、民主政治、先进文化、和谐社会、生态文明以及党的执政能力建设等领域的分析研究，加强对党中央治国理政新理念

---

① 习近平：《决胜全面建成小康社会　夺取新时代中国特色社会主义伟大胜利——在中国共产党第十九次全国代表大会上的报告》，61～62页，北京，人民出版社，2017。

新思想新战略的研究阐释，提炼出有学理性的新理论，概括出有规律性的新实践。构建中国特色哲学社会科学是一个系统工程，是一项极其繁重的任务，要加强顶层设计，统筹各方面力量协同推进。①

坚持党的全面领导，是教育事业发展的"定海神针"。加强党对教育工作的全面领导是办好教育的根本保证，必须牢牢掌握党对教育工作的领导权，把党的政治领导、思想领导、组织领导贯穿学校教育管理全过程，使教育领域成为坚持党的领导的坚强阵地。习近平总书记关于教育的重要论述，明确了党是教育事业发展的核心领导力量，党的领导是办好中国教育的最大政治优势，牢牢掌握党对教育工作的领导权是新时代中国教育发展的根本要求。只有坚持党对教育事业的全面领导，才能在更高水平上实现教育战线思想上、政治上、行动上的团结统一，自觉在政治立场、政治方向、政治原则、政治道路上同党中央保持高度一致，确保党的教育方针政策在各级各类学校得到贯彻落实。② 党的十八大以来，我国教育事业全面发展，中西部和农村教育明显加强，教育质量进一步提高，教育公平进一步加强，人民对教育的满意度、获得感进一步提高。教育战线取得的历史性成就，是党中央坚强领导的结果。新时代中国

① 《习近平谈治国理政》第二卷，344、346 页，北京，外文出版社，2017。
② 陈宝生：《新时代建设教育强国的根本指针》，载《求是》，2020(9)。

特色社会主义教育的进一步发展，必须继续坚持党的领导。国家"十四五"规划指出，全面贯彻党的教育方针，坚持立德树人，加强师德师风建设，培养德智体美劳全面发展的社会主义建设者和接班人。①

三、落实立德树人教育工作根本任务

培养什么人，如何培养人，历来是党和国家教育的根本问题。党的十八大以来，以习近平同志为核心的党中央，要求全面贯彻党的教育方针，坚持教育为社会主义现代化建设服务、为人民服务，把立德树人作为教育的根本任务，培养德智体美劳全面发展的社会主义建设者和接班人。

（一）继承和发展教育方针

2021 年 4 月 29 日，第十三届全国人大常委会审议通过关于修改《中华人民共和国教育法》的决定，将第三条修改为："国家坚持中国共产党的领导，坚持以马克思列宁主义、毛泽东思想、邓小平理论、'三个代表'重要思想、科学发展观、习近平新时

---

① 本书编写组：《党的十九届五中全会〈建议〉学习辅导百问》，38 页，北京，学习出版社、党建读物出版社，2020。

代中国特色社会主义思想为指导，遵循宪法确定的基本原则，发展社会主义的教育事业。"将第五条修改为："教育必须为社会主义现代化建设服务、为人民服务，必须与生产劳动和社会实践相结合，培养德智体美劳全面发展的社会主义建设者和接班人。"无论是老版本的教育法，还是新修订的教育法，都强调了教育"为社会主义现代化"服务，都以"培养社会主义建设者和接班人"为教育目标。党是社会主义现代化建设事业的领导核心，党的领导是中国特色社会主义的本质特征，贯彻落实国家教育方针，本质上就是坚持党的领导。

教育系统各级党组织都将贯彻教育方针作为领导教育工作的重要抓手。办好中国的事情，关键在党。做好教育工作，关键在党。各级党委和宣传思想部门、组织部门、教育部门要加强对高校党的建设工作的领导和指导，坚持党的教育方针，坚持社会主义办学方向，加强和改进思想政治工作，切实把党要管党、从严治党落到实处。①

各级各类学校党组织都应该把党的教育方针全面贯彻到学校工作各方面。要将贯彻落实党的教育方针纳入政府督导评价体系。2017 年 5 月 31 日，国务院办公厅印发《对省级人民政府履行教育职责的评价办法》，该文件要求将省级人民政府贯彻执

---

① 人民网：《习近平就高校党建工作作出重要指示强调　坚持立德树人思想引领　加强改进高校党建工作》，载《人民日报》，2014-12-30。

行党的教育方针情况纳入评价体系。贯彻执行党的教育方针情况主要包括：全面贯彻党的教育方针，加强和改善党对教育工作的领导，加强和改进教育系统党的建设，落实全面从严治党和党风廉政建设主体责任，加强教育系统领导班子建设，加强和改进学校思想政治工作，把握党对学校意识形态工作的领导权、主导权，维护教育系统安全稳定等。要将贯彻落实党的教育方针纳入教育对外开放工作。中共中央办公厅、国务院办公厅印发的《关于做好新时期教育对外开放工作的若干意见》强调，要全面贯彻党的教育方针，以服务党和国家工作大局为宗旨，统筹国内国际两个大局、发展安全两件大事，坚持扩大开放，做强中国教育，推进人文交流，不断提升我国教育质量、国家软实力和国际影响力，为实现中华民族伟大复兴的中国梦提供有力支撑。新时代贯彻党的教育方针，要坚持马克思主义指导地位，贯彻习近平新时代中国特色社会主义思想，坚持社会主义办学方向，落实立德树人的根本任务，坚持教育为人民服务、为中国共产党治国理政服务、为巩固和发展中国特色社会主义制度服务、为改革开放和社会主义现代化建设服务，扎根中国大地办教育，同生产劳动和社会实践相结合，加快推进教育现代化、建设教育强国、办好人民满意的教育，努力培养担当民族复兴大任的时代新人，培养德智体美劳全面发展的社会主义建设者和接班人。我们党立志于中华民族千秋伟业，必须培养一代又一代拥护中国共产党领导和我国社会主义制度、立志为中国特色社会主义事业奋斗终身的有用人才。在这个根本问题上，必须旗帜鲜明、毫不含糊。①

党的教育方针从"全面发展"到党的十七大强调"德育为先"，再到党的十八大把立德树人作为学校教育的根本任务，将"立德树人"的定位置于"全面发展"之上，或者说，用"立德树人"统率"全面发展"，这是对党的教育方针的重大发展，是党的教育理论创新的最新成果。党的十八大以来，以习近平同志为核心的党中央，关于立德树人和培养目标的一系列论述，突出强调了德性成长对人的全面发展的促进和保障作用，体现了党对教育规律的深刻认识。

（二）推动实施新一轮课程改革

2014年，教育系统开始全面深化新一轮的课程改革，以落实立德树人教育根本任务。同年4月，教育部印发的《关于全面深化课程改革　落实立德树人根本任务的意见》明确了课程改革政策举措的意义、指导思想、总体要求和主要改革内容。课程是教育思想、教育目标和教育内容的主要载体，集中体现国家意志和社会主义核心价值观，是学校教育教学活动的基本依据，

---

① 习近平：《用新时代中国特色社会主义思想铸魂育人　贯彻党的教育方针落实立德树人根本任务》，载《人民日报》，2019-03-19。

直接影响人才培养质量。全面深化课程改革，整体构建符合教育规律、体现时代特征、具有中国特色的人才培养体系，建立健全综合协调、充满活力的育人体制机制，落实立德树人根本任务，是贯彻党的十八大和十八届三中全会精神的重大举措，是提高国民素质、建设人力资源强国的战略行动。当前，高校和中小学课程改革从总体上看，整体规划、协同推进不够，与立德树人的要求还存在一定差距。主要表现在：重智轻德，单纯追求分数和升学率，学生的社会责任感、创新精神和实践能力较为薄弱；高校、中小学课程目标有机衔接不够，部分学科内容交叉重复，课程教材的系统性、适宜性不强；与课程改革相适应的考试招生、评价制度不配套，制约着教学改革的全面推进；教师育人意识和能力有待加强，课程资源开发利用不足，支撑保障课程改革的机制不健全。这些困难和问题直接影响着立德树人的效果，必须引起高度重视。

立德树人是整个教育的根本任务，包含在德育、体育、美育、劳动教育之中，包含在各门课程之中，包含在课内课外活动之中。教育部门深入推进立德树人工程，认真做好五个"统筹"，即统筹设计品德、语文、历史、体育、艺术五个学科；统筹不同学段的学科知识体系；统筹课标、教材、教师、教学和考试五个环节；统筹教育专家、教育管理干部、教研人员、一线教师、社会力量等资源；统筹课堂、校园、家庭、社会等教育环境，实现立体育人。

(三)全面落实教材建设国家事权

2017 年 7 月 3 日，国务院办公厅发布《关于成立国家教材委员会的通知》，指出为贯彻落实《关于加强和改进新形势下大中小学教材建设的意见》，进一步做好教材管理有关工作，国务院决定成立国家教材委员会。国家教材委员会的主要职责是：指导和统筹全国教材工作，贯彻党和国家关于教材工作的重大方针政策，研究审议教材建设规划和年度工作计划，研究解决教材建设中的重大问题，指导、组织、协调各地区各部门有关教材工作，审查国家课程设置和课程标准制定，审查意识形态属性较强的国家规划教材。国家教材委员会办公室设在教育部，由教育部教材局承担办公室工作。

2019 年 12 月 16 日，经国家教材委员会全体会议审议通过，报中央教育工作领导小组同意，教育部印发《中小学教材管理办法》《职业院校教材管理办法》等。

《中小学教材管理办法》指出，中小学教材建设是国家事权，要强化政治方向和价值导向，体现党和国家意志，坚持马克思主义指导地位，体现马克思主义中国化要求，体现党和国家对教育的基本要求，体现国家和民族基本价值观，体现人类文化知识积累和创新成果。《中小学教材管理办法》还指出，全面贯彻党的教育方针，落实立德树人根本任务，扎根中国大地，站稳中国立场，充分体现社会主义核心价值观，加强爱国主义、集体主义、社会主义教育，引导学生坚定道路自信、理论自信、制度自信、文化自信，成为担当中华民族复兴大任的时代新人。《中小学教材管理办法》明确了国家教材管理体制，即在国家教材委员会指导和统筹下，中小学教材实行国家、地方和学校分级管理。国家实行中小学教材审定制度，未经审定的教材，不得出版、选用。国务院教育行政部门牵头负责全国中小学教材建设的整体规划和统筹管理，制定基本制度规范，组织制定国家课程方案和课程标准，组织开展国家课程教材的编写指导和审核，组织编写国家统编教材，指导监督各省（区、市）教材管理工作。省级教育行政部门牵头负责本地区中小学教材管理，指导监督市、县和学校课程教材工作。

《职业院校教材管理办法》指出，职业院校教材必须体现党和国家意志。坚持马克思主义指导地位，体现马克思主义中国化要求，体现中国和中华民族风格，体现党和国家对教育的基本要求，体现国家和民族基本价值观，体现人类文化知识积累和创新成果。全面贯彻党的教育方针，落实立德树人根本任务，扎根中国大地，站稳中国立场，充分体现社会主义核心价值观，加强爱国主义、集体主义、社会主义教育，引导学生坚定道路自信、理论自信、制度自信、文化自信，成为担当中华民族复兴大任的时代新人。中等职业学校思想政治、语文、历史课程教材和高等职业学校思想政治理论课教材，以及其他意识形态属性较强的教材和涉及国家主权、安全、民族、宗教等内容的教材，实行国家统一编写、统一审核、统一使用。专业课程教材在政府规划和引导下，注重发挥行业企业、教科研机构和学校的作用，更好地对接产业发展。职业院校教材实行分级管理，教育行政部门牵头负责，有关部门、行业、学校和企业等多方参与。国务院教育行政部门负责全国职业院校教材建设的统筹规划、宏观管理、综合协调、检查督导，制定基本制度规范，组织制定中等职业学校公共基础课程方案和课程标准、职业院校专业教学标准等国家教学标准，组织编写国家统编教材，宏观指导教材编写、选用，组织国家规划教材建设，督促检查政策落实。出版管理、市场监督管理等有关部门依据各自职责分工，做好教材管理有关工作，加强对教材出版资质的管理，依法严厉打击教材盗版盗印，规范职业院校教材定价和发行工作。

(四)加强和改进高校思想政治工作

高等教育领域，以"大思政"落实党和国家的教育方针，并出台了系列高校思政教育政策和思政工作队伍建设文件。高校思想政治工作关系高校培养什么样的人、如何培养人以及为谁培养人这个根本问题。要坚持把立德树人作为中心环节，把思想政治工作贯穿教育教学全过程，实现全程育人、全方位育人，努力开创我国高等教育事业发展新局面。① 我国有独特的历史、独特的文化、独特的国情，决定了我国必须走自己的高等教育发展道路，扎实办好中国特色社会主义高校。我国高等教育发展方向要同我国发展的现实目标和未来方向紧密联系在一起，为人民服务，为中国共产党治国理政服务，为巩固和发展中国特色社会主义制度服务，为改革开放和社会主义现代化建设服务。我国高等教育肩负着培养德智体美劳全面发展的社会主义事业建设者和接班人的重大任务，必须坚持正确政治方向。高校立身之本在于立德树人。只有培养出一流人才的高校，才能够成为世界一流大学。办好我国高校，办出世界一流大学，必须牢牢抓住全面提高人才培养能力这个核心点，并以此来带动高校其他工作。② 高等教育坚持以马克思主义为指导思想，贯彻落实国家教育方针，也体现了党对教育工作的领导。高校只有抓住培养社会主义建设者和接班人这个根本才能办好，才能办出中国特色世界一流大学。③ 高校要把马克思主义作为必修课，成为马克思主义学习、研究、宣传的重要阵地。习近平总书记在与北京大学师生座谈时指出，马克思主义是我们立党立国

---

① 习近平：《把思想政治工作贯穿教育教学全过程　开创我国高等教育事业发展新局面》，载《人民日报》，2016-12-09。

② 《习近平谈治国理政》第二卷，376～377 页，北京，外文出版社，2017。

③ 习近平：《在北京大学师生座谈会上的讲话》，载《人民日报》，2018-05-03。

的根本指导思想，也是中国大学最鲜亮的底色。做好高校思想政治工作，要因事而化、因时而进、因势而新。要遵循思想政治工作规律，遵循教书育人规律，遵循学生成长规律，不断提高工作能力和水平。要用好课堂教学这个主渠道，思想政治理论课要坚持在改进中加强，提升思想政治教育亲和力和针对性，满足学生成长发展需求和期待，其他各门课都要守好一段渠、种好责任田，使各类课程与思想政治理论课同向同行，形成协同效应。①

在 2016 年召开的全国高校思想政治工作会议上，习近平总书记强调，我们的高校是党领导下的高校，是中国特色社会主义高校。办出中国特色世界一流大学，要坚持办学正确政治方向。高校要坚持办学正确政治方向，要建设高素质教师队伍，要形成高水平人才培养体系。人才培养，关键在教师，要做好建设政治素质过硬、业务能力精湛、育人水平高超的高素质教师队伍这一大学建设的基础性工作。要从培养社会主义建设者和接班人的高度，考虑大学师资队伍的素质要求、人员构成、培训体系。② 长期以来，高校思想政治工作队伍兢兢业业、甘于奉献、奋发有为，为高等教育事业发展作出了重要贡献。要拓展选拔视野，抓好教育培训，强化实践锻炼，健全激励机制，整体推进高校党政干部和共青团干部、思想政治理论课教师和

---

① 《习近平谈治国理政》第二卷，378 页，北京，外文出版社，2017。
② 习近平：《在北京大学师生座谈会上的讲话》，载《人民日报》，2018-05-03。

哲学社会科学课教师、辅导员班主任和心理咨询教师等队伍建设，保证这支队伍后继有人、源源不断。①

2020 年 4 月 22 日，教育部等八部门印发《关于加快构建高校思想政治工作体系的意见》，明确了高校思想政治工作的目标是贯彻党的教育方针、完成立德树人教育根本任务，"健全立德树人体制机制，把立德树人融入思想道德、文化知识、社会实践教育各环节，贯通学科体系、教学体系、教材体系、管理体系，加快构建目标明确、内容完善、标准健全、运行科学、保障有力、成效显著的高校思想政治工作体系。"该文件从指导思想和目标任务、理论武装体系、学科教学体系、日常教育体系、管理服务体系等九个方面提出了 30 条具体举措。以立德树人为根本，以理想信念教育为核心，以培育和践行社会主义核心价值观为主线，以建立完善全员、全程、全方位育人体制机制为关键，全面提升高校思想政治工作质量。通过加强政治引领，厚植爱国情怀，强化价值引导，完善理论武装体系，通过办好思想政治理论课，强化哲学社会科学育人作用，全面推进所有学科课程思政建设，充分发挥科研育人功能，从四个方面完善学科教学体系。通过深化实践教育，繁荣校园文化，加强网络育人，促进心理健康，完善日常教育体系。通过建设高水平教师队伍，打造高素质思想政治工作和党务工作队伍，加大马克

---

① 《习近平谈治国理政》第二卷，379～380 页，北京，外文出版社，2017。

思主义学者和青年马克思主义者培养力度，完善队伍建设体系。通过构建科学测评体系，完善推进落实机制，健全督导问责机制，完善评估督导体系。切实实现党对教育工作的全面领导，落实立德树人教育工作根本任务。

四、深入推进教育现代化

(一)破除教育体制机制障碍

目前，我们的教育总体上符合我国国情、适应经济社会发展需要，但也存在一些突出问题和短板，特别是教育的压力普遍前移，学前教育、基础教育普遍存在超前教育、过度教育现象，既有损学生身心健康成长，也加重家庭经济和精力负担；高等教育经历了量的快速扩张，质的提升矛盾越来越突出；教育重知识、轻素质状况尚未得到根本扭转，教风、学风亟待进一步净化；党对教育领域的领导和党的建设、思想政治工作亟待加强。解决这些问题，迫切需要深化教育体制改革。2017年，中共中央办公厅、国务院办公厅印发《关于深化教育体制机制改革的意见》，提出的总要求是，遵循教育规律、人才成长规律，着力形成充满活力、富有效率、更加开放、有利于高质量发展的教育体制机制。坚决破除制约教育事业发展的体制机制障碍，健全立德树人落实机制，扭转不科学的教育评价导向。深化办学体制和教育管理改革，充分激发教育事业发展生机活力。提升教育服务经济社会发展能力。扩大教育开放，提升我国教育世界影响力。①

有什么样的评价指挥棒，就有什么样的办学导向。教育的指挥棒在中小学实际上是考试分数和升学率，在高校主要是科研论文，关于德育、素质教育的应有地位和科学评价体系没有真正确立起来。这是一个必须解决的老大难问题。要坚决克服唯分数、唯升学、唯文凭、唯论文、唯帽子的顽瘴痼疾，从根本上解决教育评价指挥棒问题，扭转教育功利化倾向。②

教育评价事关教育发展方向，要全面贯彻党的教育方针，坚持社会主义办学方向，落实立德树人根本任务，遵循教育规律，针对不同主体和不同学段、不同类型教育特点，改进结果评价，强化过程评价，探索增值评价，健全综合评价，着力破除唯分数、唯升学、唯文凭、唯论文、唯帽子的顽瘴痼疾，建立科学的、符合时代要求的教育评价制度和机制。③ 我国教育

---

① 《习近平谈治国理政》第三卷，347～351 页，北京，外文出版社，2020。
② 《习近平谈治国理政》第三卷，348 页，北京，外文出版社，2020。
③ 新华社：《习近平主持召开中央全面深化改革委员会第十四次会议强调 依靠改革应对变局开拓新局　扭住关键鼓励探索突出实效》，载《人民日报》，2020-07-01。

评价改革主要围绕七个主要方面展开，分别是教师评价、综合素质评价、考试招生、科研评价、学校评价、课程评价、学科专业评价。聚焦三个评价对象，即学生（包括综合素质、考试招生）、教师（包括科研）和学校（包括课程、学科专业）。

从政策文本来看，2012 年以来，以 2020 年 10 月中共中央、国务院印发的《深化新时代教育评价改革总体方案》为集成，涉及教育评价的创新政策主要有：《教育部关于建立健全中小学师德建设长效机制的意见》《教育部关于加强和改进普通高中学生综合素质评价的意见》《国务院关于深化考试招生制度改革的实施意见》《教育部关于深入推进教育管办评分离　促进政府职能转变的若干意见》《关于深化中小学教师职称制度改革的指导意见》《国务院办公厅关于印发对省级人民政府履行教育职责的评价办法的通知》《中共中央　国务院关于全面深化新时代教师队伍建设改革的意见》《关于分类推进人才评价机制改革的指导意见》《教育部办公厅关于开展清理"唯论文、唯帽子、唯职称、唯学历、唯奖项"专项行动的通知》《关于开展清理"唯论文、唯职称、唯学历、唯奖项"专项行动的通知》。

如果说教育评价是指挥棒，那么考试招生制度就是评价学生、教师和学校的指挥棒。《国务院关于深化考试招生制度改革的实施意见》指出，考试招生制度是国家基本教育制度。改革开放 30 多年来，我国考试招生制度不断改进完善，初步形成了相对完整的考试招生体系，为学生成长、国家选才、社会公平作出了历史性贡献，对提高教育质量、提升国民素质、促进社会纵向流动、服务国家现代化建设发挥了不可替代的重要作用。这一制度总体上符合国情，权威性、公平性社会认可，但也存在一些社会反映强烈的问题，主要是唯分数论影响学生全面发展，一考定终身使学生学习负担过重，区域、城乡入学机会存在差距，中小学择校现象较为突出，加分造假、违规招生现象时有发生。为此，该文件提出了四个方面的基本原则，即坚持育人为本，遵循教育规律；着力完善规则，确保公平公正；体现科学高效，提高选拔水平；加强统筹谋划，积极稳妥推进。

针对学生的教育评价政策中，高中阶段学生的评价是关键一环，向下引导基础教育，向上衔接高等教育。《教育部关于加强和改进普通高中学生综合素质评价的意见》指出，综合素质评价是对学生全面发展状况的观察、记录、分析，是发现和培育学生良好个性的重要手段，是深入推进素质教育的一项重要制度。全面实施综合素质评价，有利于促进学生认识自我、规划人生，积极主动地发展；有利于促进学校把握学生成长规律，切实转变人才培养模式；有利于促进评价方式改革，转变以考试成绩为唯一标准评价学生的做法，为高校招生录取提供重要参考。评价内容要依据党的教育方针，反映学生全面发展情况和个性特长，注重考察学生社会责任感、创新精神和实践能力。《国务院办公厅关于新时代推进普通高中育人方式改革的指导意见》重申了综合素质评价的制度原则、具体内容。"把综合素质评价作为发展素质教育、转变育人方式的重要制度，强化其对促进学生全面发展的重要导向作用。强化对学生爱国情怀、遵纪守法、创新思维、体质达标、审美能力、劳动实践等方面的评价。要从城乡学校实际出发，完善综合素质评价实施办法，以省为单位建立学生综合素质评价信息管理系统，统一评价档案样式，建立健全信息确认、公示投诉、申诉复议、记录审核等监督保障与诚信责任追究制度。要客观真实、简洁有效记录学生突出表现，对在学生综合素质评价中造假的，要依规依纪严肃追究相关人员责任。"

教师评价坚持师德师风第一标准，突出教育教学实绩，强化一线教学和学生工作，以人才和科研评价深化教师评价改革。《深化新时代教育评价改革总体方案》指出教师评价的改革目标是引导教师潜心育人的评价制度更加健全。坚持把师德师风作为第一标准。把师德表现作为教师资格定期注册、业绩考核、职称评聘、评优奖励首要要求，强化教师思想政治素质考察，推动师德师风建设常态化、长效化。健全教师荣誉制度，发挥典型示范引领作用。全面落实新时代幼儿园、中小学、高校教师职业行为准则，建立师德失范行为通报警示制度。对出现严重师德师风问题的教师，探索实施教育全行业禁入制度。把认真履行教育教学职责作为评价教师的基本要求，引导教师上好每一节课、关爱每一个学生。各级各类学校要明确领导干部和教师参与学生工作的具体要求。改进高校教师科研评价。根据不同学科、不同岗位特点，坚持分类评价，推行代表性成果评价，探索长周期评价，完善同行专家评议机制，注重个人评价与团队评价相结合。推进人才称号回归学术性、荣誉性。切实精简人才"帽子"，优化整合涉教育领域各类人才计划。

《深化新时代教育评价改革总体方案》要求以推进落实立德树人根本任务改革学校评价。坚持把立德树人成效作为根本标准。加快完善各级各类学校评价标准，将落实党的全面领导、坚持正确办学方向、加强和改进学校党的建设以及党建带团建队建、做好思想政治工作和意识形态工作、依法治校办学、维护安全稳定作为评价学校及其领导人员、管理人员的重要内容，健全学校内部质量保障制度，坚决克服重智育轻德育、重分数轻素质等片面办学行为，促进学生身心健康、全面发展。完善幼儿园评价，重点评价幼儿园科学保教、规范办园、安全卫生、队伍建设、克服小学化倾向等情况。改进中小学校评价，义务教育学校重点评价促进学生全面发展、保障学生平等权益、引领教师专业发展、提升教育教学水平、营造和谐育人环境、建设现代学校制度以及学业负担、社会满意度等情况。普通高中主要评价学生全面发展的培养情况。国家制定普通高中办学质量评价标准，突出实施学生综合素质评价、开展学生发展指导、优化教学资源配置、有序推进选课走班、规范招生办学行为等内容。健全职业学校评价，重点评价职业学校(含技工院校，下同)德技并修、产教融合、校企合作、育训结合、学生获取职业资格或职业技能等级证书、毕业生就业质量、"双师型"教师(含技工院校"一体化"教师，下同)队伍建设等情况，扩大行业企业参与评价，引导培养高素质劳动者和技术技能人才。改进高等学校评价，推进高校分类评价，引导不同类型高校科学定位，办出特色和水平。探索建立应用型本科评价标准，突出培养相应专业能力和实践应用能力。改进本科教育教学评估、学科评估、师范院校评价、高校经费使用绩效评价、高校国际交流合作评价和服务全民终身学习情况评价。

党政评价着重推进科学履行职责。《对省级人民政府履行教育职责的评价办法》提出，对省级人民政府履行教育职责的评价由国务院教育督导委员会统筹领导，国务院教育督导委员会办公室组织实施。评价工作坚持以提高教育教学质量为中心，遵循依法依规、突出重点、客观公正、注重实效的原则。评价的内容主要包括：省级人民政府贯彻执行党的教育方针情况，落实教育法律、法规、规章和政策情况，各级各类教育发展情况，统筹推进本行政区域教育工作情况，加强教育保障情况，学校规范办学行为情况。《深化新时代教育评价改革总体方案》提出了三个方面的具体内容。一是完善党对教育工作全面领导的体制机制。要求各级党委认真落实领导责任，建立健全党委统一领导、党政齐抓共管、部门各负其责的教育领导体制，履行好把方向、管大局、作决策、保落实的职责，把思想政治工作作为学校各项工作的生命线紧紧抓在手上，贯穿学校教育管理全过程，牢固树立科学的教育发展理念，坚决克服短视行为、功利化倾向。完善定期研究教育工作机制，建立健全党政主要负责同志深入教育一线调研、为师生上思政课、联系学校和年终述职必述教育工作等制度。二是完善政府履行教育职责评价。对省级政府主要考核全面贯彻党的教育方针和党中央关于教育工作的决策部署、落实教育优先发展战略、解决人民群众普遍关心的教育突出问题等情况，既评估最终结果，也考核努力程度及进步发展。三是坚决纠正片面追求升学率倾向。各级党委和政府要坚持正确政绩观，不得下达升学指标或以中高考升学率考核下一级党委和政府、教育部门、学校和教师，不得将升学率与学校工程项目、经费分配、评优评先等挂钩，不得通过任何形式以中高考成绩为标准奖励教师和学生，严禁公布、宣传、炒作中高考"状元"和升学率。对教育生态问题突出、造成严重社会影响的，依规依法问责追责。

（二）建设高质量教育体系

建设高质量教育体系，需要着重在以下几方面加强。

第一，全面贯彻党的教育方针，坚持立德树人，加强师德师风建设，培养德智体美劳全面发展的社会主义建设者和接班人。第二，健全学校家庭社会协同育人机制，提升教师教书育人能力素质，增强学生文明素养、社会责任意识、实践本领，重视青少年身体素质和心理健康教育。第三，坚持教育公益性原则，深化教育改革，促进教育公平，推动义务教育均衡发展和城乡一体化，完善普惠性学前教育和特殊教育、专门教育保障机制，鼓励高中阶段学校多样化发展。第四，加大人力资本投入，增强职业技术教育适应性，深化职普融通、产教融合、校企合作，探索中国特色学徒制，大力培养技术技能人才。第五，提高高等教育质量，分类建设一流大学和一流学科，加快培养理工农医类专业紧缺人才。第六，提高民族地区教育质量和水平，加大国家通用语言文字推广力度。第七，支持和规范民办教育发展，规范校外培训机构。发挥在线教育优势，完善终身学习体系，建设学习型社会。[①]

树立科学的教育质量观，培养德智体美劳全面发展的社会

① 本书编写组：《党的十九届五中全会〈建议〉学习辅导百问》，38 页，北京，学习出版社、党建读物出版社，2020。

主义建设者和接班人，这是基础教育、高等教育、职业教育都肩负的重要任务。新时代以来，特别是近几年围绕学前教育、义务教育、高中教育、高等教育、职业教育的系列教育质量政策文件的发布，标志着全面提升教育质量的政策改革稳步推进。

2018年11月7日，《中共中央 国务院关于学前教育深化改革规范发展的若干意见》指出，学前教育是终身学习的开端，是国民教育体系的重要组成部分，是重要的社会公益事业。党的十八大以来，我国学前教育事业快速发展，资源迅速扩大、普及水平大幅提高、管理制度不断完善，"入园难"问题得到有效缓解。同时也要看到，由于底子薄、欠账多，目前学前教育仍是整个教育体系的短板，发展不平衡不充分问题十分突出，"入园难""入园贵"依然是困扰老百姓的烦心事之一。主要表现为：学前教育资源尤其是普惠性资源不足，政策保障体系不完善，教师队伍建设滞后，监管体制机制不健全，保教质量有待提高，存在"小学化"倾向，部分民办园过度逐利、幼儿安全问题时有发生。该文件提出，到2020年，广覆盖、保基本、有质量的学前教育公共服务体系基本建成，学前教育管理体制、办园体制和政策保障体系基本完善。幼儿园办园行为普遍规范，保教质量明显提升。建立普通高等学校学前教育专业质量认证和保障体系，幼儿园教师队伍综合素质和科学保教能力得到整体提升，幼儿园教师社会地位、待遇保障进一步提高，职业吸引力明显增强。强化对幼儿园教职工资质和配备、收费行为、安全防护、卫生保健、保教质量、经费使用以及财务管理等方面的动态监管，完善年检制度。健全质量评估监测体系。国家制定幼儿园保教质量评估指南，各省（自治区、直辖市）完善幼儿园质量评估标准，健全分级分类评估体系，建立一支立足实践、熟悉业务的专业化质量评估队伍，将各类幼儿园全部纳入质量评估范畴，定期向社会公布评估结果。

2019年6月23日，《中共中央　国务院关于深化教育教学改革全面提高义务教育质量的意见》指出，义务教育质量事关亿万少年儿童健康成长，事关国家发展，事关民族未来。要坚持立德树人，着力培养担当民族复兴大任的时代新人。树立科学的教育质量观，深化改革，构建德智体美劳全面培养的教育体系，健全立德树人落实机制，着力在坚定理想信念、厚植爱国主义情怀、加强品德修养、增长知识见识、培养奋斗精神、增强综合素质上下功夫。坚持德育为先，教育引导学生爱党爱国爱人民爱社会主义；坚持全面发展，为学生终身发展奠基；坚持面向全体，办好每所学校、教好每名学生；坚持知行合一，让学生成为生活和学习的主人。要坚持"五育"并举，全面发展素质教育。突出德育实效，提升智育水平，强化体育锻炼，增强美育熏陶。加强劳动教育，通过优化教学方式，加强教学管理，完善作业考试辅导，促进信息技术与教育教学融合应用，强化课堂主阵地作用，切实提高课堂教学质量。

国务院办公厅印发的《关于新时代推进普通高中育人方式改革的指导意见》提出要统筹推进普通高中新课程改革和高考综合改革，全面提高普通高中教育质量。坚决扭转片面应试教育倾向，切实提高育人水平，为学生适应社会生活、接受高等教育和未来职业发展打好基础，努力培养德智体美劳全面发展的社会主义建设者和接班人。提高作业设计质量，精心设计基础性作业，适当增加探究性、实践性、综合性作业。科学设置试题难度，命题要符合相应学业质量标准，体现不同考试功能。加强命题能力建设，优化命题人员结构，加快题库建设，建立命题评估制度，提高命题质量。要树立正确政绩观和科学教育质量观，完善对学校和教师的考核激励办法，严禁给学校下达升学指标或单纯以升学率评价及奖惩学校和教师。

《教育部关于全面提高高等教育质量的若干意见》提出高等教育要走以质量提升为核心的内涵式发展道路。《中国特色新型高校智库建设推进计划》提出要改进科研评价，牢固树立质量第一的评价导向，实施科学合理的分类评价标准，把解决国家重大需求的实际贡献作为核心标准，完善以贡献和质量为导向的绩效评估办法，建立以政府、企业、社会等用户为主的评价机制。《教育部关于加快建设高水平本科教育 全面提高人才培养能力的意见》指出我国高等教育正处于内涵发展、质量提升、改革攻坚的关键时期和全面提高人才培养能力、建设高等教育强国的关键阶段。本科生是高素质专门人才培养的最大群体，本科阶段是学生世界观、人生观、价值观形成的关键阶段，本科教育是提高高等教育质量的最重要基础。总体目标是经过 5 年的努力，协同育人机制更加健全，现代信息技术与教育教学深度融合，高等学校质量督导评估制度更加完善，大学质量文化建设取得显著成效。坚持完善机制，持续改进。以创新人才培养机制为重点，形成招生、培养与就业联动机制，完善专业动态调整机制，健全协同育人机制，优化实践育人机制，强化质量评价保障机制，形成人才培养质量持续改进机制。坚持分类指导，特色发展。推动高校分类发展，引导各类高校发挥办学优势，在不同领域各展所长，建设优势特色专业，提高创新型、复合型、应用型人才培养质量，形成全局性改革成果。坚持德才兼修。把立德树人的成效作为检验学校一切工作的根本标准，加强理想信念教育，厚植爱国主义情怀，把社会主义核心价值观教育融入教育教学全过程各环节，全面落实到质量标准、课堂教学、实践活动和文化育人中，帮助学生正确认识历史规律、准确把握基本国情，掌握科学的世界观、方法论。提升思政工作质量。加强高校思想政治工作体系建设，深入实施高校思想政治工作质量提升工程，建立健全系统化育人长效机制，一体化构建内容完善、标准健全、运行科学、保障有力、成效显著的高校思想政治工作质量体系。因课制宜选择课堂教学方式方法，科学设计课程考核内容和方式，不断提高课堂教学质量。加强对毕业设计（论文）选题、开题、答辩等环节的全过程管理，对形式、内容、难度进行严格监控，提高毕业设计（论文）质量。高度重视并加强毕业生就业工作，提升就业指导服务水平，定期发布高校就业质量年度报告，建立就业与招生、人才培养联动机制。加大对教学业绩突出教师的奖励力度，在专业技术职务评聘、绩效考核和津贴分配中把教学质量和科研水平作为同等重要的依据，对主要从事教学工作人员，提高基础性绩效工资额度，保证合理的工资水平。2020 年 11 月 3 日，教育部学位与研究生教育发展中心公布了《第五轮学科评估工作方案》，重申了人才培养质量指标，构建了"思想政治教育成效""培养过程质量""在校生质量""毕业生质量"四维度评价体系，在评估整体导向上突出质量、贡献和特色。

《国务院关于加快发展现代职业教育的决定》指出，当前职业教育还不能完全适应经济社会发展的需要，结构不尽合理，质量有待提高，办学条件薄弱，体制机制不畅。在保障学生技术技能培养质量的基础上，加强文化基础教育，实现就业有能力、升学有基础。行业组织要履行好发布行业人才需求、推进校企合作、参与指导教育教学、开展质量评价等职责，建立行业人力资源需求预测和就业状况定期发布制度。在整合现有项目的基础上实施现代职业教育质量提升计划，推动各地建立完善以促进改革和提高绩效为导向的高等职业院校生均拨款制度，引导高等职业院校深化办学机制和教育教学改革。完善职业教育质量评价制度，定期开展职业院校办学水平和专业教学情况评估，实施职业教育质量年度报告制度。注重发挥行业、用人单位作用，积极支持第三方机构开展评估。

建设高质量教育体系，需要统筹协调社会资源。办好教育事业，家庭、学校、政府、社会都有责任，谁都不是旁观者，谁都不能置身事外。家庭是人生的第一所学校，家长是孩子的第一任老师，要给孩子讲好"人生第一课"，帮助扣好人生第一粒扣子。教育、妇联等部门要统筹协调社会资源支持服务家庭教育。全社会都要担负起青少年成长成才的责任。社会是大课堂，生活是教科书。要健全社会教育资源有效开发配置的政策体系，加大图书馆、博物馆、科技馆、纪念馆、运动场、少年宫、儿童活动中心等公益设施的建设力度，免费向学生开放。① 为此，党中央国务院围绕中华优秀传统文化教育、家庭教育、劳动教育、健康教育、体育美育等出台了系列政策文件。

---

① 习近平：《论坚持党对一切工作的领导》，280 页，北京，中央文献出版社，2019。

2020 年 8 月 31 日，体育总局和教育部联合印发《关于深化体教融合　促进青少年健康发展的意见》，该文件根据"一体化设计、一体化推进"原则提出，目的是贯彻落实习近平总书记关于体育强国建设的重要指示和全国教育大会精神，充分发挥党委领导和政府主导作用，深化具有中国特色体教融合发展，推动青少年文化学习和体育锻炼协调发展，促进青少年健康成长、锤炼意志、健全人格，培养德智体美劳全面发展的社会主义建设者和接班人。2020 年 10 月，中共中央办公厅、国务院办公厅印发《关于全面加强和改进新时代学校体育工作的意见》，提出学校体育是实现立德树人根本任务、提升学生综合素质的基础性工程，是加快推进教育现代化、建设教育强国和体育强国的重要工作，对于弘扬社会主义核心价值观，培养学生爱国主义、集体主义、社会主义精神和奋发向上、顽强拼搏的意志品质，实现以体育智、以体育心具有独特功能。该文件坚持以"改革创新，面向未来；补齐短板，特色发展；凝心聚力，协同育人"为工作原则，提出的主要目标是：到 2022 年，配齐配强体育教师，开齐开足体育课，办学条件全面改善，学校体育工作制度机制更加健全，教学、训练、竞赛体系普遍建立，教育教学质量全面提高，育人成效显著增强，学生身体素质和综合素养明显提升。到 2035 年，多样化、现代化、高质量的学校体育体系基本形成。同时发布的《关于全面加强和改进新时代学校美育工作的意见》指出，美是纯洁道德、丰富精神的重要源泉。美育是审美教育、情操教育、心灵教育，也是丰富想象力和培养创新意识的教育，能提升审美素养、陶冶情操、温润心灵、激发创新创造活力。通过坚持正确方向、坚持面向全体、坚持改革创新，实现美育教育的阶段目标，即：到 2022 年，学校美育取得突破性进展，美育课程全面开齐开足，教育教学改革成效显著，资源配置不断优化，评价体系逐步健全，管理机制更加完善，育人成效显著增强，学生审美和人文素养明显提升。到 2035 年，基本形成全覆盖、多样化、高质量的具有中国特色的现代化学校美育体系。

家庭教育在少年儿童成长过程中具有重要作用，《教育部关于加强家庭教育工作的指导意见》提出，要充分认识加强家庭教育工作的重要意义。家庭是社会的基本细胞。注重家庭、注重家教、注重家风，对于国家发展、民族进步、社会和谐具有十分重要的意义。近年来，经过各地不断努力探索，家庭教育工作取得了积极进展，但还存在认识不到位、教育水平不高、相关资源缺乏等问题，导致一些家庭出现了重智轻德、重知轻能、过分宠爱、过高要求等现象，影响了孩子的健康成长和全面发展。为此，文件从家庭、学校、社会支持、保障措施四个方面形成了相对完整的政策安排。家庭方面，要进一步明确家长在家庭教育中的主体责任。父母要依法履行家庭教育职责，严格遵循孩子成长规律，不断提升家庭教育水平。学校方面，意见指出学校在家庭教育工作中的"指导"功能要强化。中小学幼儿园要建立健全家庭教育工作机制，将家庭教育工作纳入教育行政干部和中小学校长培训内容，将学校安排的家庭教育指导服务计入工作量。丰富学校指导服务内容，发挥好家长委员会作用，共同办好家长学校。社会方面，要构建家庭教育社区支持体系，统筹协调各类社会资源单位，给予困境儿童更多关爱帮扶。保障措施方面，要加强组织领导、科学研究和宣传引导。

五、大力推进教育信息化

当今世界，科技进步日新月异，互联网、云计算、大数据等现代信息技术深刻改变着人类的思维、生产、生活、学习方式，深刻展示了世界发展的前景。因应信息技术的发展，推动教育变革和创新，构建网络化、数字化、个性化、终身化的教育体系，建设"人人皆学、处处能学、时时可学"的学习型社会，培养大批创新人才，是人类共同面临的重大课题。中国坚持不懈推进教育信息化，努力以信息化为手段扩大优质教育资源覆盖面。我们将通过教育信息化，逐步缩小区域、城乡数字差距，大力促进教育公平，让亿万孩子同在蓝天下共享优质教育、通过知识改变命运。①

党的十八大以来，党中央、国务院高度重视信息化工作，2016 年 7 月，中共中央办公厅、国务院办公厅印发的《国家信息化发展战略纲要》是根据新形势对《2006—2020 年国家信息化发展战略》的调整和发展，是规范和指导未来 10 年国家信息化发展的纲领性文件，是国家战略体系的重要组成部分，是信息化领域规划、政策制定的重要依据。《国务院关于积极推进"互联网+"行动的指导意见》《促进大数据发展行动纲要》等有关政策的出台，则为教育领域落实信息化的国家战略提供了参照，教育信息化正迎来重大历史发展机遇。这一时期党对教育信息化工作的领导，主要表现为国家教育部门的系列建设规划、推进教育信息化的系列专题政策文件的出台，主要有 2014 年 11 月教育部、财政部、国家发展改革委、工业和信息化部、中国人民银行印发的《构建利用信息化手段扩大优质教育资源覆盖面有效机制的实施方案》、2016 年 6 月教育部印发的《教育信息化"十三五"规划》、2017 年 12 月教育部印发的《教育部关于数字教育资源公共服务体系建设与应用的指导意见》、2018 年 4 月教育部印发的《教育信息化 2.0 行动计划》等。

---

① 《习近平致国际教育信息化大会的贺信》，载《人民日报》，2015-05-24。

(一)构建面向 2035 的智慧教育生态环境

中共中央办公厅、国务院办公厅印发的《国家信息化发展战略纲要》指出，没有信息化就没有现代化。适应和引领经济发展新常态，增强发展新动力，需要将信息化贯穿我国现代化进程始终，加快释放信息化发展的巨大潜能。要发展信息网络技术，消除不同收入人群、不同地区间的数字鸿沟，努力实现优质文化教育资源均等化。[1] 要加快建成伴随每个人一生的教育，让学习成为每个人的生活习惯和生活方式，实现人人皆学、处处能学、时时可学。[2] 建设学习型社会，突出教育系统内的包容性学习、鼓励家庭和社区学习、促进工作场所学习，在重视正规学习的同时，强调非正规学习。学习超越了"学校""班级""课堂"等传统范畴，指向更加丰富多彩的现实生活场域——家庭、社区、职场、场馆等。2013 年 8 月，国务院印发《"宽带中国"战略及实施方案》，提出要着力深化宽带网络在教育、医疗、就业、社保等民生领域的应用。大力推进信息技术在教育教学中的应用，推进优质教育资源普遍共享，加强网络文明与网络安全教育，引导学生形成良好的用网习惯和正确的网络世界观。国务院关于《促进大数据发展行动纲要》提出，要建立教育文化

---

[1] 习近平：《为建设世界科技强国而奋斗——在全国科技创新大会、两院院士大会、中国科协第九次全国代表大会上的讲话》，载《人民日报》，2016-06-01。

[2] 《习近平谈治国理政》第三卷，348 页，北京，外文出版社，2020。

大数据。完善教育管理公共服务平台，推动教育基础数据的伴随式收集和全国互通共享。建立各阶段适龄入学人口基础数据库、学生基础数据库和终身电子学籍档案，实现学生学籍档案在不同教育阶段的纵向贯通。推动形成覆盖全国、协同服务、全网互通的教育资源云服务体系。探索发挥大数据对变革教育方式、促进教育公平、提升教育质量的支撑作用。中共中央、国务院印发的《中国教育现代化 2035》明确提出，将加快推进信息化时代的教育变革作为我国面向未来的重要战略任务，建设智能化校园、探索新型教学方式、创新教育服务业态、推进教育治理方式变革。现代信息技术与教育教学的融合已是大势所趋，对此，应该保持敏锐的目光与积极的态度，进行科学的判断与理性的反思。

2013 年 1 月出台的《"十二五"国家自主创新能力建设规划》提出，要提高教育领域创新能力：一是加强教育信息化应用体系建设。推动"宽带网络校校通""优质资源班班通""网络学习空间人人通"建设，构建和完善网络教学体系。全面推进教育信息化应用，鼓励有条件的学校推进数字化学习中心、数字化校园、数字化图书馆和虚拟实验室建设，促进课堂互动教学、网络互动学习，提升教育教学技术水平。加快发展开放灵活的教育资源公共服务平台，促进优质教育资源普及共享。加大教育信息化培训力度，推广教师信息化教育技术能力标准，加强教师、技术人员和管理人员专业化培训，提高教师应用信息技术的水平。二是提高教育信息化的技术支撑能力。开发适应多终端共享要求的内容资源、学习工具和资源生成系统，提高教育信息化技术装备水平。加强数字化教学设施、特殊教育技术手段等技术创新。建设教育信息技术集成推广、教育技术装备与系统、教育支撑软件开发等创新平台，提升教学标准评测认证和教育资源质量审定评测能力。三是加强教育管理信息化建设。制定国家教育管理信息标准与编码规范，制定学校信息化管理业务标准与规范等教育信息化标准。搭建安全高效的国家教育管理公共服务平台，建设教育管理信息系统，完善教育基础信息数据库，提高教育管理效率和服务能力。建立健全数字化校园网络信息安全监管机制。

2018年4月印发的《教育信息化2.0行动计划》提出的基本目标是：通过实施教育信息化2.0行动计划，到2022年基本实现"三全两高一大"的发展目标，即教学应用覆盖全体教师、学习应用覆盖全体适龄学生、数字校园建设覆盖全体学校，信息化应用水平和师生信息素养普遍提高，建成"互联网+教育"大平台，推动从教育专用资源向教育大资源转变、从提升师生信息技术应用能力向全面提升其信息素养转变、从融合应用向创新发展转变，努力构建"互联网+"条件下的人才培养新模式、发展基于互联网的教育服务新模式、探索信息时代教育治理新模式。

2019 年 5 月印发的《数字乡村发展战略纲要》提出，深入推动乡村教育信息化。加快实施学校联网攻坚行动，推动未联网学校通过光纤、宽带卫星等接入方式普及互联网应用，实现乡村小规模学校和乡镇寄宿制学校宽带网络全覆盖。发展"互联网+教育"，推动城市优质教育资源与乡村中小学对接，帮助乡村学校开足开好开齐国家课程。

（二）智能时代人才培养模式的创新

人才资源是第一资源，人才竞争是最终的竞争。《国家信息化发展战略纲要》提出，要推进教育信息化，完善教育信息基础设施和公共服务平台，推进优质数字教育资源共建共享和均衡配置，建立适应教育模式变革的网络学习空间，缩小区域、城乡、校际差距。建立网络环境下开放学习模式，鼓励更多学校应用在线开放课程，探索建立跨校课程共享与学分认定制度。完善准入机制，吸纳社会力量参与大型开放式网络课程建设，支撑全民学习、终身教育。要壮大专业人才队伍，构建以高等教育、职业教育为主体，继续教育为补充的信息化专业人才培养体系。在普通本科院校和职业院校中设置信息技术应用课程。推广订单式人才培养，建立信息化人才培养实训基地。支持与海外高水平机构联合开展人才培养。要提升国民信息技能，改善中小学信息化环境，推进信息化基础教育。全面开展国家工作人员信息化培训和考核。实施信息扫盲行动计划，发挥博士服务团、大学生村官、大学生志愿服务西部计划、"三支一扶"等项目的作用，为老少边穷地区和弱势群体提供知识和技能培训。

国务院《关于积极推进"互联网+"行动的指导意见》提出，要探索新型教育服务供给方式，鼓励互联网企业与社会教育机构提供网络化教育服务。鼓励学校利用数字教育资源及教育服务平台，扩大优质教育资源覆盖面，促进教育公平。鼓励学校通过与互联网企业合作等方式，对接线上线下教育资源。推广大规模在线开放课程等网络学习模式，探索建立网络学习学分认定与学分转换等制度，加快推动高等教育服务模式变革。要加快复合型人才培养，面向"互联网+"融合发展需求，鼓励高校根据发展需要和学校办学能力设置相关专业。鼓励各类学校聘请互联网领域高级人才作为兼职教师，加强"互联网+"领域实验教学。要鼓励联合培养培训，实施产学合作专业综合改革项目，鼓励校企、院企合作办学，推进"互联网+"专业技术人才培训。深化互联网领域产教融合，依托高校、科研机构、企业的智力资源和研究平台，建立一批联合实训基地。建立企业技术中心和院校对接机制，鼓励企业在院校建立"互联网+"研发机构和实验中心。要利用全球智力资源，充分利用现有人才引进计划和鼓励企业设立海外研发中心等多种方式，引进和培养一批"互联网+"领域高端人才。完善移民、签证等制度，形成有利于吸引人才的分配、激励和保障机制，为引进海外人才提供有利条件。支持通过任务外包、产业合作、学术交流等方式，充分利用全球互联网人才资源。吸引互联网领域领军人才、特殊人才、紧缺人才在我国创业创新和从事教学科研等活动。

《促进大数据发展行动纲要》提出，加强专业人才培养，创新人才培养模式，建立健全多层次、多类型的大数据人才培养体系。鼓励高校设立数据科学和数据工程相关专业，重点培养专业化数据工程师等大数据专业人才。鼓励采取跨校联合培养等方式开展跨学科大数据综合型人才培养，大力培养具有统计分析、计算机技术、经济管理等多学科知识的跨界复合型人才。鼓励高等院校、职业院校和企业合作，加强职业技能人才实践培养，积极培育大数据技术和应用创新型人才。

《新一代人工智能发展规划》提出，利用智能技术加快推动人才培养模式、教学方法改革，构建包含智能学习、交互式学习的新型教育体系。开展智能校园建设，推动人工智能在教学、管理、资源建设等全流程应用。开发立体综合教学场、基于大数据智能的在线学习教育平台。开发智能教育助理，建立智能、快速、全面的教育分析系统。建立以学习者为中心的教育环境，提供精准推送的教育服务，实现日常教育和终身教育定制化。实施全民智能教育项目，在中小学阶段设置人工智能相关课程，逐步推广编程教育，鼓励社会力量参与寓教于乐的编程教学软件、游戏的开发和推广。

(三)基于信息技术的教师培养与发展

党的十八大以来，我国教育信息化事业实现了前所未有的快速发展，取得了全方位、历史性成就，教师信息技术应用能力明显提升，为新时代教育信息化的进一步发展奠定了坚实的基础。

《新一代人工智能发展规划》提出，要把高端人才队伍建设作为人工智能发展的重中之重，坚持培养和引进相结合，完善人工智能教育体系，加强人才储备和梯队建设，特别是加快引进全球顶尖人才和青年人才，形成我国人工智能人才高地。同时，还要培育高水平人工智能创新人才和团队，加大高端人工智能人才引进力度，建设人工智能学科。

《国家贫困地区儿童发展规划（2014—2020 年）》提出，要推进农村学校信息化建设，大力推进宽带网络校校通、优质资源班班通、网络学习空间人人通。各地要结合实施"宽带中国"战略和贫困村信息化工作，积极推动为贫困地区中小学接入宽带网络。将校内信息基础设施建设列入学校新建、改扩建和薄弱学校改造等项目建设内容。加强教师信息技术应用能力培训，建立面向农村的数字教育资源应用平台，扩大优质数字教育资源共享范围，提升农村学校教学质量。

教育部在《教育信息化 2.0 行动计划》中提出，要规范网络学习空间建设与应用，保障全体教师和适龄学生"人人有空间"，开展校长领导力和教师应用力培训，普及推广网络学习空间应用，实现"人人用空间"。要持续推进"网络学习空间人人通"专项培训。继续开展职业院校和中小学校长、骨干教师的"网络学习空间人人通"专项培训，在中国移动、中国电信、中国联通的支持下，培训 1 万名中小学校长、2 万名中小学教师、3000 名职业院校校长、6000 名职业院校教师，并带动地方开展更大范围的培训。要大力提升教师信息素养。贯彻落实《中共中央　国务院关于全面深化新时代教师队伍建设改革的意见》，推动教师主动适应信息化、人工智能等新技术变革，积极有效开展教育教学。启动"人工智能＋教师队伍建设行动"，推动人工智能支持教师治理、教师教育、教育教学、精准扶贫的新路径，推动教师更新观念、重塑角色、提升素养、增强能力。创新师范生培养方案，完善师范教育课程体系，加强师范生信息素养培育和信息化教学能力培养。实施新周期中小学教师信息技术应用能力提升工程，以学校信息化教育教学改革发展引领教师信息技术应用能力提升培训，通过示范性培训项目带动各地因地制宜开展教师信息化全员培训，加强精准测评，提高培训实效性。继续开展职业院校、高等学校教师信息化教学能力提升培训。深入开展校长信息化领导力培训，全面提升各级各类学校管理者信息素养。

(四)智能技术与教育治理现代化

互联网越来越成为人们学习、工作、生活的新空间，越来越成为获取公共服务的新平台。网信事业要发展，必须贯彻以人民为中心的发展思想。这是党的十八届五中全会提出的一个重要观点。要适应人民期待和需求，加快信息化服务普及，降低应用成本，为老百姓提供用得上、用得起、用得好的信息服务，让亿万人民在共享互联网发展成果上有更多获得感。实施"互联网+教育"……促进基本公共服务均等化……让山沟里的孩子也能接受优质教育。① 网络空间同现实社会一样，既要提倡自由，也要保持秩序。② 《中华人民共和国教育法》第六十六条强调，国家推进教育信息化，加快教育信息基础设施建设，利用信息技术促进优质教育资源普及共享，提高教育教学水平和教育管理水平。《加快推进教育现代化实施方案（2018—2022年）》提出，要着力构建基于信息技术的新型教育教学模式、教育服务供给方式以及教育治理新模式。促进信息技术与教育教学深度融合，支持学校充分利用信息技术开展人才培养模式和

---

① 习近平：《在网络安全和信息化工作座谈会上的讲话》，载《人民日报》，2016-04-26。

② 中共中央宣传部：《习近平总书记系列重要讲话读本》，205页，北京，学习出版社、人民出版社，2016。

教学方法改革，逐步实现信息化教与学应用师生全覆盖。创新信息时代教育治理新模式，开展大数据支撑下的教育治理能力优化行动，推动以互联网等信息化手段服务教育教学全过程。加快推进智慧教育创新发展，设立"智慧教育示范区"，开展国家虚拟仿真实验教学项目等建设，实施人工智能助推教师队伍建设行动。构建"互联网+教育"支撑服务平台，深入推进"三通两平台"建设。

《"十三五"国家信息化规划》提出，开展在线教育普惠行动，促进在线教育发展，建设适合我国国情的在线开放课程和公共服务平台，支持具有学科专业和现代教学技术优势的高等院校开放共享优质课程，提供全方位、高质量、个性化的在线教学服务。支持党校、行政学院、干部学院开展在线教育。创新教育管理制度，推进在线开放课程学分认定和管理制度创新，鼓励高等院校将在线课程纳入培养方案和教学计划。加强对在校教师和技术人员开展在线课程建设、课程应用以及大数据分析等方面培训。缩小城乡学校数字鸿沟，完善学校教育信息化基础设施建设，基本实现各级各类学校宽带网络全面覆盖、网络教学环境全面普及，通过教育信息化加快优质教育资源向革命老区、民族地区、边远地区、贫困地区覆盖，共享教育发展成果。加强对外交流合作，运用在线开放课程公共服务平台，推动国际科技文化交流，优先引进前沿理论、工程技术等领域的优质在线课程。积极推进我国大规模在线开放课程（慕课）走出去，大力弘扬中华优秀传统文化。

2017 年 12 月，《教育部关于数字教育资源公共服务体系建设与应用的指导意见》提出的总体目标是：到 2020 年，基本建成覆盖全国、互联互通、用户统一、共治共享、协同服务的具有中国特色的数字教育资源公共服务体系，基本实现"全国一体系、资源体系通、一人一空间、应用促教学"。全面推进"互联网+教育"，不断提升教育基本公共服务均等化、普惠化、便捷化水平，努力让每个孩子都能享有公平而有质量的教育，加快教育现代化，办好人民满意的教育。

面对教师信息技术应用能力基本具备但信息化教学创新能力不足的难题，教育部提出通过实施教育信息化 2.0 行动计划，到 2022 年基本实现"三全两高一大"的发展目标，即教学应用覆盖全体教师、学习应用覆盖全体适龄学生、数字校园建设覆盖全体学校，信息化应用水平和师生信息素养普遍提高，建成"互联网+教育"大平台，推动从教育专用资源向教育大资源转变、从提升师生信息技术应用能力向全面提升其信息素养转变、从融合应用向创新发展转变，努力构建"互联网+"条件下的人才培养新模式、发展基于互联网的教育服务新模式、探索信息时代教育治理新模式。通过开展教育治理能力优化行动，一是完善教育管理信息化顶层设计，全面提高利用大数据支撑保障教育管理、决策和公共服务的能力，实现教育政务信息系统全面整合和政务信息资源开放共享。二是提高教育管理信息化水平，制定进一步加强教育管理信息化的指导意见，优化教育业务管理信息系统，深化教育大数据应用，全面提升教育管理信息化支撑教育业务管理、政务服务、教学管理等工作的能力。充分利用云计算、大数据、人工智能等新技术，构建全方位、全过程、全天候的支撑体系，助力教育教学、管理和服务的改革发展。三是推进教育政务信息系统整合共享，以"互联互通、信息共享、业务协同"为目标，完成教育政务信息系统整合工作。建立"覆盖全国、统一标准、上下联动、资源共享"的教育政务信息资源大数据，打破数据壁垒，实现一数一源和伴随式数据采集。完善教育数据标准规范，促进政务数据分级分层有效共享，避免数据重复采集，优化业务管理，提升公共服务，促进决策支持。四是推进教育"互联网+政务服务"，连接教育政务信息数据和社会宏观治理数据，建立教育部"互联网+政务服务"网上办事大厅，实现政务服务统一申请、集中办理、统一反馈和全流程监督，分步实施教育政务数据的共享开放，做到事项清单标准化、办事指南规范化、审查工作细则化和业务办理协同化，实现"一张表管理"和"一站式服务"，切实让百姓少跑腿、数据多跑路，增强人民群众获得感。

六、建设高素质专业化创新型教师队伍

新时代党围绕教师队伍出台了系列政策，主要有《中共中央 国务院关于全面深化新时代教师队伍建设改革的意见》《中国教育现代化2035》《关于加强和改进新时代师德师风建设的意见》等政策文件。

（一）教育发展的第一资源

教师是人类历史上最古老的职业之一，也是最伟大、最神圣的职业之一。[①]《中共中央 国务院关于全面深化新时代教师队伍建设改革的意见》指出，百年大计，教育为本；教育大计，教师为本。兴国必先强师，教师队伍建设具有重要意义。教师承担着传播知识、传播思想、传播真理的历史使命，肩负着塑造灵魂、塑造生命、塑造人的时代重任，是教育发展的第一资源，是国家富强、民族振兴、人民幸福的重要基石。面对中国特色社会主义新时代的新方位、新征程、新使命，教师队伍建设还不能完全适应。有的地方对教育和教师工作重视不够，在

---

① 习近平：《做党和人民满意的好老师——同北京师范大学师生代表座谈时的讲话》，载《人民日报》，2014-09-10。

教育事业发展中重硬件轻软件、重外延轻内涵的现象还比较突出，对教师队伍建设的支持力度亟须加大；师范教育体系有所削弱，对师范院校支持不够；有的教师素质能力难以适应新时代人才培养需要，思想政治素质和师德水平需要提升，专业化水平需要提高；教师特别是中小学教师职业吸引力不足，地位待遇有待提高；教师城乡结构、学科结构分布不尽合理，准入、招聘、交流、退出等机制还不够完善，管理体制机制亟须理顺。时代越是向前，知识和人才的重要性就愈发突出，教育和教师的地位和作用就愈发凸显。各级党委和政府要从战略和全局高度充分认识教师工作的极端重要性，把全面加强教师队伍建设作为一项重大政治任务和根本性民生工程切实抓紧抓好。

教师队伍建设需要坚持确保方向、强化保障、突出师德、深化改革、分类施策的基本原则。教师队伍建设的目标任务是经过 5 年左右努力，教师培养培训体系基本健全，职业发展通道比较畅通，事权人权财权相统一的教师管理体制普遍建立，待遇提升保障机制更加完善，教师职业吸引力明显增强。教师队伍规模、结构、素质能力基本满足各级各类教育发展需要。到 2035 年，教师综合素质、专业化水平和创新能力大幅提升，培养造就数以百万计的骨干教师、数以十万计的卓越教师、数以万计的教育家型教师。教师管理体制机制科学高效，实现教师队伍治理体系和治理能力现代化。教师主动适应信息化、人工智能等新技术变革，积极有效开展教育教学。尊师重教蔚然成风，广大教师在岗位上有幸福感、事业上有成就感、社会上有荣誉感，教师成为让人羡慕的职业。

（二）着力提升教师思想政治素质

师德师风是评价教师队伍素质的第一标准。《关于加强和改进新时代师德师风建设的意见》提出，经过 5 年左右努力，基本建立起完备的师德师风建设制度体系和有效的师德师风建设长效机制。教师思想政治素质和职业道德水平全面提升，教师敬业立学、崇德尚美呈现新风貌。教师权益保障体系基本建立，教师安心、热心、舒心、静心从教的良好环境基本形成，师道尊严进一步提振。全社会对教师职业认同度加深，教师政治地位、社会地位、职业地位显著提高，尊师重教蔚然成风。师德师风建设主要聚焦于加强教师队伍思想政治工作、提升教师职业道德素养、贯穿教师管理全过程、营造尊师重教社会氛围四个方面。教师队伍思想政治工作既要坚持思想铸魂，用习近平新时代中国特色社会主义思想武装教师头脑；也要坚持价值导向，引导教师带头践行社会主义核心价值观；还要坚持党建引领，充分发挥教师党支部和党员教师作用。提升教师职业道德素养的主要举措，一是突出课堂育德，在教育教学中提升师德素养。充分发挥课堂主渠道作用，引导广大教师守好讲台主阵地，将立德树人放在首要位置，融入渗透到教育教学全过程，以心育心、以德育德、以人格育人格。二是突出典型树德，持续开展优秀教师选树宣传。大力宣传新时代广大教师阳光美丽、爱岗敬业、甘于奉献、改革创新的新形象。三是突出规则立德，强化教师的法治和纪律教育。以学习《中华人民共和国教师法》、新时代教师职业行为十项准则系列文件等为重点，提高全体教师的法治素养、规则意识，提升依法执教、规范执教能力。将师德师风建设要求贯穿教师管理全过程的主要举措，一是严格招聘引进，把好教师队伍入口。规范教师资格申请认定，完善教师招聘和引进制度，严格思想政治和师德考察，充分发挥党组织的领导和把关作用。二是严格考核评价，落实师德第一标准。将师德考核摆在教师考核的首要位置。三是严格师德督导，建立多元监督体系。完善多方广泛参与、客观公正科学合理的师德师风监督机制。四是严格违规惩处，治理师德突出问题。推动地方和高校落实新时代教师职业行为十项准则等文件规范，制定具体细化的教师职业行为负面清单。营造尊师重教社会氛围主要通过强化地位提升，激发教师工作热情；强化权利保护，维护教师职业尊严；强化尊师教育，厚植校园师道文化；强化各方联动，营造尊师重教氛围等几个方面开展。

《中共中央　国务院关于全面深化新时代教师队伍建设改革的意见》提出，一是要加强教师党支部和党员队伍建设。将全面从严治党要求落实到每个教师党支部和教师党员，把党的政治建设摆在首位，用习近平新时代中国特色社会主义思想武装头脑。坚持党的组织生活各项制度，创新方式方法，增强党的组织生活活力。配齐建强高等学校思想政治工作队伍和党务工作队伍，完善选拔、培养、激励机制，形成一支专职为主、专兼结合、数量充足、素质优良的工作力量。二是要提高思想政治素质。引导教师树立正确的历史观、民族观、国家观、文化观，坚定中国特色社会主义道路自信、理论自信、制度自信、文化自信。引导教师准确理解和把握社会主义核心价值观的深刻内涵，增强价值判断、选择、塑造能力，带头践行社会主义核心价值观。引导广大教师充分认识中国教育辉煌成就，扎根中国大地，办好中国教育。引导广大教师热爱祖国、奉献祖国。创新教师思想政治工作方式方法。三是弘扬高尚师德。健全师德建设长效机制，推动师德建设常态化长效化。实施师德师风建设工程，发掘师德典型、讲好师德故事。

(三)不断提升教师专业素质能力

第一，培养高素质教师队伍。《中国教育现代化2035》提出培养高素质教师队伍，健全以师范院校为主体、高水平非师范院校参与、优质中小学（幼儿园）为实践基地的开放、协同、联动的中国特色教师教育体系。《中共中央　国务院关于全面深化新时代教师队伍建设改革的意见》强调，一是要加大对师范院校支持力度。实施教师教育振兴行动计划，建立以师范院校为主体、高水平非师范院校参与的中国特色师范教育体系，推进地方政府、高等学校、中小学"三位一体"协同育人。二是要支持高水平综合大学开展教师教育。创造条件，推动一批有基础的高水平综合大学成立教师教育学院，设立师范专业，积极参与基础教育、职业教育教师培养培训工作。三是要全面提高中小学教师质量，建设一支高素质专业化的教师队伍。提高教师培养层次，提升教师培养质量。加强中小学校长队伍建设，努力造就一支政治过硬、品德高尚、业务精湛、治校有方的校长队伍。面向全体中小学校长，加大培训力度，提升校长办学治校能力，打造高品质学校。四是要全面提高幼儿园教师质量，建设一支高素质善保教的教师队伍。五是要全面提高职业院校教师质量，建设一支高素质双师型的教师队伍。六是要全面提高高等学校教师质量，建设一支高素质创新型的教师队伍。

第二，优化教师队伍管理。一是要创新和规范教师编制配备，盘活事业编制存量，优化编制结构，向教师队伍倾斜，采取多种形式增加教师总量，优先保障教育发展需要。落实城乡统一的中小学教职工编制标准，有条件的地方出台公办幼儿园人员配备规范、特殊教育学校教职工编制标准。创新编制管理，加大教职工编制统筹配置和跨区域调整力度，省级统筹、市域调剂、以县为主，动态调配。编制向乡村小规模学校倾斜，按照班师比与生师比相结合的方式核定。加强和规范中小学教职工编制管理，严禁挤占、挪用、截留编制和有编不补。实行教师编制配备和购买工勤服务相结合，满足教育快速发展需求。二是要优化义务教育教师资源配置。实行义务教育教师"县管校聘"。深入推进县域内义务教育学校教师、校长交流轮岗，实行教师聘期制、校长任期制管理，推动城镇优秀教师、校长向乡村学校、薄弱学校流动。实行学区（乡镇）内走教制度。

中共中央办公厅、国务院办公厅印发《加快推进教育现代化实施方案（2018—2022年）》提出，深化教师管理制度改革，创新编制管理，修订高等学校、中小学和中职学校岗位设置管理指导意见，分类推进教师职称制度改革。国务院办公厅印发的《乡村教师支持计划（2015—2020年）》指出，要拓展乡村教师补充渠道。鼓励省级人民政府建立统筹规划、统一选拔的乡村教师补充机制。扩大农村教师特岗计划实施规模，重点支持中西部老少边穷岛等贫困地区补充乡村教师。

第三，完善教师资格体系和准入制度。《中共中央　国务院关于全面深化新时代教师队伍建设改革的意见》提出，一是要完善中小学教师准入和招聘制度。完善教师资格考试政策，逐步将修习教师教育课程、参加教育教学实践作为认定教育教学能力、取得教师资格的必备条件。二是要深化中小学教师职称和考核评价制度改革。适当提高中小学中级、高级教师岗位比例，畅通教师职业发展通道。完善符合中小学特点的岗位管理制度，实现职称与教师聘用衔接。进一步完善职称评价标准，建立符合中小学教师岗位特点的考核评价指标体系，坚持德才兼备、全面考核，突出教育教学实绩，引导教师潜心教书育人。三是要健全职业院校教师管理制度。根据职业教育特点，有条件的地方研究制定中等职业学校人员配备规范。四是要深化高等学校教师人事制度改革。积极探索实行高等学校人员总量管理。推动高等学校教师职称制度改革，将评审权直接下放至高等学校，由高等学校自主组织职称评审、自主评价、按岗聘任。2020 年，教育部印发的《教育类研究生和公费师范生免试认定中小学教师资格改革实施方案》指出，为深化教育领域"放管服"改革，规范师范类专业建设，建立师范生教育教学能力考核制度，提升师范生教育教学能力水平，提高师范类专业人才培养质量；引导高水平综合院校举办教师教育，加大投入，整合资源，提升教师来源质量。同时，完善教师资格制度，促进师范生就业，推进免试认定改革，让真正乐教、适教、善教的优秀人才进入教师队伍后备军，努力培养造就党和人民满意的高素质专业化创新型教师队伍。明确了中小学教师资格免试认定范围：招收教育类研究生、公费师范生的高等学校从 2021 年起，可参加免试认定改革。实施免试认定改革的高等学校应根据培养目标分类对本校教育类研究生、公费师范生开展教育教学能力考核，考核合格的 2021 届及以后年份毕业生可凭教育教学能力考核结果，免考国家中小学教师资格考试部分或全部科目。

（四）不断提升教师社会地位

长期以来，广大教师自觉贯彻党的教育方针，教书育人，呕心沥血，默默奉献，为国家发展和民族振兴作出了巨大贡献，赢得了全社会广泛赞誉和普遍尊重。[①] 但是，教师特别是中小学教师职业吸引力不足，地位待遇有待提高的问题依然存在。

《中共中央　国务院关于全面深化新时代教师队伍建设改革的意见》强调，要不断提高教师的地位待遇，真正让教师成为令人羡慕的职业。一是要明确教师的特别重要地位。突显教师职业的公共属性，强化教师承担的国家使命和公共教育服务的职责，确立公办中小学教师作为国家公职人员特殊的法律地位，明确中小学教师的权利和义务，强化保障和管理。各级党委和政府要切实负起中小学教师保障责任，提升教师的政治地位、社会地位、职业地位，吸引和稳定优秀人才从教。二是要完善

---

① 习近平：《做党和人民满意的好老师——同北京师范大学师生代表座谈时的讲话》，载《人民日报》，2014-09-10。

中小学教师待遇保障机制。三是要大力提升乡村教师待遇。深入实施乡村教师支持计划，关心乡村教师生活。四是要维护民办学校教师权益。完善学校、个人、政府合理分担的民办学校教师社会保障机制，民办学校应与教师依法签订合同，按时足额支付工资，保障其福利待遇和其他合法权益，并为教师足额缴纳社会保险费和住房公积金。五是要推进高等学校教师薪酬制度改革。建立体现以增加知识价值为导向的收入分配机制，扩大高等学校收入分配自主权，高等学校在核定的绩效工资总量内自主确定收入分配办法。六是要提升教师社会地位，加大教师表彰力度。建设现代学校制度，体现以人为本，突出教师主体地位，落实教师知情权、参与权、表达权、监督权。

国务院办公厅印发的《乡村教师支持计划（2015—2020 年）》提出，要提高乡村教师生活待遇。全面落实集中连片特困地区乡村教师生活补助政策，依据学校艰苦边远程度实行差别化的补助标准，中央财政继续给予综合奖补。职称（职务）评聘向乡村学校倾斜，乡村教师评聘职称（职务）时不作外语成绩（外语教师除外）、发表论文的刚性要求，坚持育人为本、德育为先，注重师德素养，注重教育教学工作业绩，注重教育教学方法，注重教育教学一线实践经历。建立乡村教师荣誉制度，国家对在乡村学校从教 30 年以上的教师按照有关规定颁发荣誉证书。

教育部等六部门《关于加强新时代乡村教师队伍建设的意

见》强调，要提高乡村教师的地位待遇，让乡村教师享有应有的社会声望。一是提高社会地位，开展多种形式的乡村教师服务慰问活动。二是提高生活待遇，完善乡村教师待遇保障机制，确保平均工资收入水平不低于或高于当地公务员平均工资收入水平。三是完善荣誉制度，国家继续对在乡村学校从教 30 年以上的教师颁发荣誉证书，各地结合实际给予奖励。在各类人才项目、荣誉表彰、评奖评优中，向乡村教师倾斜。

《中国教育现代化 2035》提出，要保障教师工资待遇，健全中小学教师工资长效联动机制，核定绩效工资总量时统筹考虑当地公务员实际收入水平，实现与当地公务员工资收入同步调整，完善中小学教师绩效工资总量核定分配办法和内部分配办法。

2020 年教师节前夕，习近平总书记向全国教师发出慰问时表示，面对突如其来的新冠肺炎疫情，全国广大教师迎难而上，奋战在抗击疫情和"停课不停学、不停教"两条战线上，守护亿万学生身心健康，支撑起世界上最大规模的在线教育，为抗击疫情作出了重要贡献。各级党委和政府要满腔热情关心教师，让教师真正成为最受社会尊重和令人羡慕的职业，在全社会营造尊师重教的良好风尚。①

---

① 新华社：《在教师节到来之际习近平向全国广大教师和教育工作者致以节日祝贺和诚挚慰问 强调不忘立德树人初心 牢记为党育人为国育才使命 不断作出新的更大贡献》，载《人民日报》，2020-09-10。

七、扩大教育对外开放

教育对外开放是我国改革开放事业的重要组成部分，开放办教育是中国特色社会主义教育的应有之意，以开放促改革、促发展，是我国各项事业不断取得新成就的重要法宝。党的十九届五中全会提出，实行高水平对外开放，开拓合作共赢新局面。坚持实施更大范围、更宽领域、更深层次对外开放，依托我国大市场优势，促进国际合作，实现互利共赢。① 推进教育现代化，要坚持对外开放不动摇，加强同世界各国的互容、互鉴、互通。要聚焦世界科技前沿和国内薄弱、空白、紧缺学科专业，同世界一流资源开展高水平合作办学。将我国建成全球主要留学中心和世界杰出青年向往的留学目的地。要增强教育服务国家外交的能力。要大力培养掌握党和国家方针政策、具有全球视野、通晓国际规则、熟练运用外语、精通中外谈判和沟通的国际化人才。要加快建设中国特色海外国际学校。② 不断扩大教育开放，提升我国教育世界影响力。

《中外合作办学条例》明确规定，中外合作办学属于公益性

---

① 本书编写组：《党的十九届五中全会〈建议〉学习辅导百问》，9～10 页，北京，学习出版社、党建读物出版社，2020。

② 《习近平谈治国理政》第三卷，351 页，北京，外文出版社，2020。

事业，是中国教育事业的组成部分。国家对中外合作办学实行扩大开放、规范办学、依法管理、促进发展的方针。国家鼓励引进外国优质教育资源的中外合作办学。国家鼓励在高等教育、职业教育领域开展中外合作办学，鼓励中国高等教育机构与外国知名的高等教育机构合作办学。2013年9月25日，习近平在联合国"教育第一"全球倡议行动一周年纪念活动上发表视频贺词时指出，中国将加强同世界各国的教育交流，扩大教育对外开放，积极支持发展中国家教育事业发展，同各国人民一道努力，推动人类迈向更加美好的明天。

（一）构建中外教育合作交流新格局

习近平主持中央全面深化改革领导小组第十九次会议，审议通过《关于做好新时期教育对外开放工作的若干意见》，这是新中国成立以来第一份全面指导我国教育对外开放事业发展的纲领性文件。《关于做好新时期教育对外开放工作的若干意见》提出的工作原则是围绕中心、服务大局，以我为主、兼容并蓄，提升水平、内涵发展，平等合作、保障安全。工作目标是：到2020年，我国出国留学服务体系基本健全，来华留学质量显著提高，涉外办学效益明显提升，双边多边教育合作广度和深度有效拓展，参与教育领域国际规则制定能力大幅提升，教育对外开放规范化、法治化水平显著提高，更好满足人民群众多样化、高质量教育需求，更好服务经济社会发展全局。

该文件主要从六个方面对做好新时期教育对外开放工作进行了重点部署。一是加快留学事业发展，提高留学教育质量。通过完善"选、派、管、回、用"工作机制，规范留学服务市场，完善全链条留学人员管理服务体系，优化出国留学服务。通过优化来华留学生源国别、专业布局，加大品牌专业和品牌课程建设力度，构建来华留学社会化、专业化服务体系，打造"留学中国"品牌。通过加大留学工作行动计划实施力度，加快培养拔尖创新人才、非通用语种人才、国际组织人才、国别和区域研究人才、来华杰出人才等五类人才。二是完善体制机制，提升涉外办学水平。通过完善准入制度，改革审批制度，开展评估认证，强化退出机制，加强信息公开，建立成功经验共享机制，重点围绕国家急需的自然科学与工程科学类专业建设，引进国外优质资源，全面提升合作办学质量。通过鼓励高等学校和职业院校配合企业走出去，鼓励社会力量参与境外办学，稳妥推进境外办学。三是加强高端引领，提升我国教育实力和创新能力。通过引进世界一流大学和特色学科，开展高水平人才联合培养和科学联合攻关，加强国际前沿和薄弱学科建设；借鉴世界名校先进管理经验，完善内部治理结构，加快建设具有中国特色的现代大学制度，助推一流大学和一流学科建设。通过支持高等学校参与国际重大科学计划和科学工程，建设一批高水平国际合作联合实验室、国际联合研究中心，面向全球引进高层次科技创新人才，促进高校科技国际协同创新。通过选派高等学校优秀青年教师、学术带头人等赴国外高水平机构访学交流，加快引进世界名校师资，完善教师专业标准体系，推进外籍教师资格认证，加快高水平师资队伍建设。四是丰富中外人文交流，促进民心相通。通过整合搭建政府间教育高层磋商、教育领域专业人士务实合作、教师学生友好往来平台，完善中外人文交流机制相关制度，打造一批中外人文交流品牌项目，积极开展国际理解教育，加强人文交流机制建设。通过深化与世界各国语言合作交流，加强在汉语推广和非通用语种学习中的互帮互助，推进与世界各国语言互通，拓展政府间语言学习交换项目，联合更多国家开发语言互通共享课程，促进中外语言互通。通过把讲好中国故事、传播好中国声音作为教育对外开放的重要内容，聚集广大海外留学人员爱国能量，主动宣传祖国发展成就，积极发挥来华留学人员和外籍教师的宣介作用，积极传播中国理念。五是促进教育领域合作共赢。通过加强与国际组织的合作，建立和完善双边多边教育部长会议机制，增进区域教育合作交流，推动大学联盟建设，深入推进友好城市、友好学校教育深度合作，深化双边多边教育合作。通过提升发展中国家在全球教育治理中的发言权和代表性，选拔推荐优秀人才到国际组织任职，完善金砖国家教育合作机制，拓展有关国际组织的教育合作空间，积极参与全球教育治理。通过发挥教育援助在"南南合作"中的重要作用，加大对发展中国家尤其是最不发达国家的支持力度，加快对外教育培训中心和教育援外基地建设，积极开展优质教学仪器设备、整体教学方案、配套师资培训一体化援助，开展教育国际援助，重点投资于人、援助于人、惠及于人。六是实施"一带一路"教育行动，促进沿线国家教育合作。加强教育互联互通、人才培养培训等工作，对接沿线各国发展需求，倡议沿线各国共同行动，实现合作共赢。扩大中国政府奖学金资助规模，设立"丝绸之路"中国政府奖学金，每年资助1万名沿线国家新生来华学习或研修。对在"一带一路"教育合作交流和区域教育共同发展中作出杰出贡献、产生重要影响的国际人士、团队和组织给予表彰。

(二)积极参与和构建全球教育治理

《关于做好新时期教育对外开放工作的若干意见》从布局、治理、理论和监督机制四方面规划了我国积极参与和构建全球教育治理，大力提升教育对外开放治理水平的具体工作要求和路径。一是完善教育对外开放布局。加强与大国、周边国家、发展中国家、多边组织的务实合作，充分发挥教育在"一带一路"建设中的重要作用，形成重点推进、合作共赢的教育对外开放局面。支持东部地区整体提升教育对外开放水平，率先办出中国特色、世界水平的现代教育，支持中西部地区不断扩大教育对外开放的广度和深度，引导沿边地区利用地缘优势，推进与周边国家教育合作交流，形成因地制宜、特色发展的教育对外开放格局。二是健全质量保障。推动亚太区域内双边多边学历学位互认，支持联合国教科文组织建立世界范围学历互认机制。加强与国际组织合作，积极参与国际教育质量标准研究制定。紧密对接《中国制造 2025》，开发与国际先进标准相对接的职业教育课程体系，积极参与制定职业教育国际标准。参与国际学生评估测试，提高我国教育质量评估监测能力。深入推进管办评分离，形成以政府监管、学校自律、社会评价为一体的质量保障体系。三是加强理论支撑。完善国别和区域研究基地布局，加强国际问题研究。支持高等学校、科研机构、社会力量开展教育对外开放战略研究。支持大学智库合作。健全教育对外开放事业发展数据统计和发布机制。建立教育对外开放专家咨询组织，建设研究数据平台，健全决策机制。四是强化监督管理。加强监管体系建设，健全监管制度，形成高效可靠的综合监管体系和监督合力。明确留学中介服务机构的行业监管要求，健全行业评价、投诉处理、信息公开、退出禁入机制，形成健康有序的留学市场。

我国积极承担国际责任，开展教育国际援助，通过提供中国政府奖学金和设立专门奖项，开展短期培训项目，派遣志愿者教师，支持高校对口合作，在联合国教科文组织设立援非信托基金和直接捐赠等形式，帮助发展中国家培养培训专门人才。积极参与教科文组织等联合国机构和其他国际组织多边教育行动，主动在全球教育发展议题上提出新主张、新倡议和新方案，主动参与国际教育规则和标准制定。2012 年，时任联合国秘书长潘基文发起全球教育第一倡议，我国受邀为倡导国之一。积极参与教科文组织《2030 年教育行动框架》的制定，为推动包容、公平的优质教育和全民终身学习作出自己的贡献。2015 年度共有来自 202 个国家和地区的 39.76 万名各类外国留学人员在我国的高等学校、科研院所及其他教学机构中学习；2020 年实现来华留学 50 万人，我国成为亚洲最大的国际学生流动目的地国。

(三)推进共建"一带一路"教育行动

为贯彻落实《关于做好新时期教育对外开放工作的若干意见》和国家发展改革委、外交部、商务部经国务院授权发布的《推动共建丝绸之路经济带和 21 世纪海上丝绸之路的愿景与行动》，教育部于 2016 年 7 月 13 日对外发布了《推进共建"一带一路"教育行动》。

"一带一路"沿线国家教育加强合作、共同行动，既是共建"一带一路"的重要组成部分，又为共建"一带一路"提供人才支撑。《推进共建"一带一路"教育行动》提出，教育交流为沿线各国民心相通架设桥梁，人才培养为沿线各国政策沟通、设施联通、贸易畅通、资金融通提供支撑。中国将一以贯之地坚持教育对外开放，深度融入世界教育改革发展潮流。中国愿意在力所能及的范围内承担更多责任义务，为区域教育大发展作出更大的贡献。《推进共建"一带一路"教育行动》提出的合作愿景，一是推进民心相通。开展更大范围、更高水平、更深层次的人文交流，不断推进沿线各国人民相知相亲。二是提供人才支撑。培养大批共建"一带一路"急需人才，支持沿线各国实现政策互通、设施联通、贸易畅通、资金融通。三是实现共同发展。推动教育深度合作、互学互鉴，携手促进沿线各国教育发展，全面提升区域教育影响力。《推进共建"一带一路"教育行动》提出的合作原则是，育人为本，人文先行；政府引导，民间主体；共商共建，开放合作；和谐包容，互利共赢。

《推进共建"一带一路"教育行动》提出中国将以基础性、支撑性、引领性三方面举措为建议框架，开展三方面重点合作，对接沿线各国意愿，互鉴先进教育经验，共享优质教育资源，全面推动各国教育提速发展。合作的重点一是开展教育互联互通合作。加强教育政策沟通，开展"一带一路"教育法律、政策协同研究，协力推进教育共同体建设。助力教育合作渠道畅通，推进"一带一路"国家间签证便利化，举办沿线国家校长论坛，打造"一带一路"学术交流平台，推进"一带一路"优质教育资源共享。促进沿线国家语言互通，研究构建语言互通协调机制，全力满足沿线国家汉语学习需求。推进沿线国家民心相通，鼓励沿线国家学者开展或合作开展中国课题研究，增进不同国家青少年对其他国家文化的理解。推动学历学位认证标准连通，推动落实联合国教科文组织《亚太地区承认高等教育资历公约》，促进终身学习社会建设，逐步实现就业市场的从业标准一体化，促进教师流动。二是开展人才培养培训合作。实施"丝绸之路"留学推进计划，设立"丝绸之路"中国政府奖学金。实施"丝绸之路"合作办学推进计划，整合资源，积极推进与沿线各国在青年就业培训等共同关心领域的务实合作，倡议沿线国家之间开展高水平合作办学。实施"丝绸之路"师资培训推进计划，开展"丝绸之路"教师培训，促进沿线各国教育资源和教学水平均衡发展。实施"丝绸之路"人才联合培养推进计划，推进沿线国家间的研修访学活动。三是共建丝路合作机制。加强"丝绸之路"人文交流高层磋商，开展沿线国家双边多边人文交流高层磋商。统筹推进"一带一路"教育共同行动。充分发挥国际合作平台作用。实施"丝绸之路"教育援助计划，重点投资于人、援助于人、惠及于人，发挥教育援助在"南南合作"中的重要作用。开展"丝路金驼金帆"表彰工作，对在"一带一路"教育合作交流和区域教育共同发展中作出杰出贡献、产生重要影响的国际人士、团队和组织给予表彰。

此外，《推进共建"一带一路"教育行动》还倡议国内教育领域和社会各界率先垂范、积极行动。一是加强协调推动。加强国内各部门各地方的统筹协调工作，有序开展"一带一路"教育合作交流。二是地方重点推进。突出地方推进共建"一带一路"的主体性、支撑性和落地性，打造教育合作交流区域高地，助力做强本地教育。三是各级学校有序前行。有序与沿线各国学校扩大合作交流。四是社会力量顺势而行。开展更大范围、更深层次、更高水平的"一带一路"教育民间合作交流。五是助力形成早期成果。通过实施高度灵活、富有弹性的合作机制，优先启动各方认可度高、条件成熟的项目，明确时间节点，争取短期内开花结果。

第三章

新时代中国特色社会主义各级各类教育发展(上)

教育是国之大计,党之大计。进入新时代,在以习近平同志为核心的党中央坚强领导下,我国教育事业取得了全方位、开创性的历史性成就,发生了深层次、根本性的历史性变革。基础教育普及水平迈上了新台阶,进入更加注重内涵发展、全面提高育人质量的新阶段;高等教育进入"双一流"建设的全面阶段;职业教育的类型属性特征得以明确;教师教育、特殊教育也取得了前所未有的瞩目成绩。本章共分七个部分,对中国共产党领导下我国学前教育、义务教育、高中教育、高等教育、职业教育、教师教育、特殊教育的事业发展进行了描绘。

一、学前教育事业的发展

学前教育是终身学习的开端，是国民教育体系的重要组成部分，是重要的社会公益事业。办好学前教育、实现"幼有所育"，是党的十九大作出的重大决策部署，是党和政府为老百姓办实事的重大民生工程，关系亿万儿童健康成长，关系社会和谐稳定，关系党和国家事业未来。

(一)学前教育事业迈向公益普惠

1."国十条"全面部署学前教育事业发展

2010 年 7 月 29 日，中共中央、国务院发布《国家中长期教育改革和发展规划纲要（2010—2020 年）》（以下简称《教育规划纲要》），明确了我国教育改革和发展的方向、措施，是指导全国教育改革和发展的纲领性文件。在这个纲领性文件中，党和国家首次把学前教育摆在国计民生的重要位置，并用专章论述了学前教育发展问题，将学前教育作为教育改革发展的八大任务。办好学前教育，关系到亿万儿童的健康成长，关系千家万户的切身利益，关系国家和民族未来。《教育规划纲要》提出了到 2020 年"学前三年毛入园率达 70％"的战略目标，要求"积极发展学前教育，到 2020 年，普及学前一年教育，基本普及学前两年教育，有条件的地区普及学前三年教育"①。2010 年 11 月 21 日，《国务院关于当前发展学前教育的若干意见》颁布，在《教育规划纲要》基础上对我国学前教育事业进行了全面部署与系统设计，提出了十条强有力的政策措施，被称为"国十条"。"国十条"是第一个以国务院名义出台的学前教育工作文件，在中国教育和学前教育发展史上具有里程碑意义。

为了贯彻《教育规划纲要》与"国十条"政策，2011 年，财政部印发《关于加大财政投入支持学前教育发展的通知》，"十二五"期间中央财政安排 500 亿元，实施四大类七个重点项目，支持中西部地区和东部困难地区发展农村学前教育。2011—2013 年，各地以县为单位编制实施了学前教育三年行动计划，资源快速扩大，资源投入不断增加，教师队伍建设逐步增强，"入园难"问题初步得到缓解。2014—2016 年，第二期学前教育三年行动计划实施，重点任务是扩大资源总量、调整资源结构、健全体制机制、提升保教质量，通过这一计划，学前投入持续增加，长期制约改革发展的一些瓶颈问题得以解决，入园率显著提升，"入园难"问题得到进一步缓解。

---

① 中共中央、国务院：《国家中长期教育改革和发展规划纲要（2010—2020 年）》，载《人民日报》，2010-07-30。

2017—2020 年，第三期学前教育行动计划重点任务是基本解决"入园难""入园贵"问题，重点是解决农村地区的学前教育发展问题。

2. 新时代党对"幼有所育"的新要求

2017 年 10 月，习近平在党的十九大报告中将"幼有所育"纳入习近平新时代中国特色社会主义思想和基本方略，作为"七有"重大民生问题之首，强调要"办好学前教育"，使"幼有所育、学有所教"，"努力让每个孩子都能享有公平而有质量的教育"。这是新时代党对学前教育性质的重申，再次肯定了学前教育作为国计民生组成部分的重要价值。

2017 年 12 月 18—20 日，中央经济工作会议在北京召开。在这次被视为 2018 年国家各项工作"风向标"的会议上，按照党的十九大报告关于针对人民群众关心的问题精准施策的要求，首次提出要着力解决五大具体教育问题，着力解决中小学生课外负担重、"择校热"、"大班额"等突出问题，解决好婴幼儿照护和儿童早期教育服务问题。《国家基本公共服务体系"十二五"规划》第三章"基本公共教育"第一节"重点任务"之一是"普惠性学前教育"，正式将普惠性学前教育纳入了国家基本公共教育服务体系，要求建立"政府主导、社会参与、公办民办并举的办园体制，构建覆盖城乡、布局合理的学前教育公共服务体系"。

中央领导多次就学前教育改革发展作出重要指示。2018 年

7月，习近平主持召开中央全面深化改革委员会第三次会议，审议通过了《关于学前教育深化改革规范发展的若干意见》（简称《若干意见》），《若干意见》明确指出推动学前教育深化改革规范发展，是党和政府为老百姓办实事的重要民生工程。2018年5月，李克强主持国务院常务会议，听取了教育部关于学前教育工作的汇报，指出要多渠道增加学前教育资源供给。在2019年《政府工作报告》中，李克强进一步强调无论是公办还是民办幼儿园，只要符合安全标准、收费合理、家长放心，政府都要支持。党中央批准十三届全国人大常委会立法规划，把制定学前教育法作为唯一的教育立法一类项目。可见，党和国家对学前教育的性质定位为我国国民教育体系的重要基石、重要的社会公益事业、广大人民群众关心的重大民生问题。

（二）推动学前教育深化改革规范发展

2018年11月，中共中央、国务院印发了《关于学前教育深化改革规范发展的若干意见》，这是新中国成立以来第一个以党中央和国务院的名义发布的学前教育重要文件。《若干意见》是以习近平同志为核心的党中央对学前教育事业作出的重大战略决策部署，是新时代学前教育深化改革规范发展的行动指南，对切实办好新时代学前教育、更好实现"幼有所育"，满足人民群众对幼儿接受有质量的学前教育的美好期盼，发挥了极为重要的推动作用。①

《若干意见》是针对学前教育快速发展过程中暴露出来的突出问题进行的新的顶层设计。在主要目标上有如下三方面要求。

到 2020 年，全国学前三年毛入园率达到 85％，普惠性幼儿园覆盖率（公办园和普惠性民办园在园幼儿占比）达到 80％。广覆盖、保基本、有质量的学前教育公共服务体系基本建成，学前教育管理体制、办园体制和政策保障体系基本完善。投入水平显著提高，成本分担机制普遍建立。幼儿园办园行为普遍规范，保教质量明显提升。不同区域、不同类型城市分类解决学前教育发展问题，大型、特大型城市率先实现发展目标。

到 2020 年，基本形成以本专科为主体的幼儿园教师培养体系，本专科学前教育专业毕业生规模达到 20 万人以上；建立幼儿园教师专业成长机制，健全培训课程标准，分层分类培训150 万名左右幼儿园园长、教师；建立普通高等学校学前教育专业质量认证和保障体系，幼儿园教师队伍综合素质和科学保教能力得到整体提升，幼儿园教师社会地位、待遇保障进一步提高，职业吸引力明显增强。

到 2035 年，全面普及学前三年教育，建成覆盖城乡、布局合理的学前教育公共服务体系，形成完善的学前教育管理体制、

---

① 《中共中央　国务院关于学前教育深化改革规范发展的若干意见》，载《中华人民共和国国务院公报》，2018(33)。

办园体制和政策保障体系，为幼儿提供更加充裕、更加普惠、更加优质的学前教育。

《若干意见》进一步完善了学前教育政策保障体系，包括资源供给、经费投入、教师队伍建设等政策保障，进一步强化了完善监管体系、规范办园行为、提升保教质量等方面的规定要求。具体包括如下七部分内容。

一是对优化布局与办园结构提出要求。强调构建以普惠性资源为主体的办园体系，大力发展公办园，逐步提高公办园在园幼儿占比，到 2020 年全国原则上达到 50%，同时，积极扶持民办园提供普惠性服务，规范营利性民办园发展，使办园结构和资源供给既充分满足人民群众对普惠性学前教育的强烈愿望，又满足一些家长多样化的选择性需求。

二是对扩大学前教育资源供给提出要求。主要强调四方面的措施：第一，国家继续实施学前教育行动计划，重点支持农村地区、脱贫攻坚地区、新增人口集中地区新建改扩建一批普惠性幼儿园。第二，积极挖潜扩大增量。充分利用乡村公共服务设施、农村中小学闲置校舍等资源举办公办园，鼓励支持街道、村集体和有实力的国有企事业单位举办公办园。第三，规范小区配套幼儿园建设使用并开展专项治理，将小区配套园建成公办园或委托办成普惠性民办园。第四，鼓励社会力量办园，加大力度积极扶持普惠性民办园，要求各省（区、市）进一步完善普惠性民办园认定标准、补助标准及扶持政策。

三是对健全经费投入长效机制提出要求。主要包括三方面的举措：第一，优化经费投入结构，逐步提高学前教育财政投入和支持水平。中央财政继续安排支持学前教育发展专项资金，重点向中西部农村地区和贫困地区倾斜。第二，完善成本分担机制，到2020年各省（区、市）出台并落实公办园生均拨款标准或生均公用经费标准，制定企事业单位、部队、街道、村集体办园和普惠性民办园财政补助政策。根据办园成本、经济发展水平和群众承受能力等因素，合理确定公办园收费标准并建立定期调整机制。民办园收费项目和标准根据办园成本、市场需求等因素合理确定，向社会公示，并接受有关主管部门的监督，坚决抑制过高收费。第三，完善学前教育资助制度，确保接受普惠性学前教育的家庭经济困难幼儿、孤儿和残疾儿童获得资助。

四是对加强教师队伍建设提出要求。主要包括三方面的举措：第一，严格依标配备教职工。要求及时补充公办园教职工，严禁"有编不补"，民办园按照配备标准配足配齐教职工。第二，健全待遇保障机制。认真解决公办园非在编教师待遇问题，明确提出统筹公办园教师工资收入政策、经费支出渠道，确保公办园所聘用教师工资及时足额发放、同工同酬。将公办园中保育员、安保、厨师等服务纳入政府购买服务范围，纳入地方财政预算。有条件的地方可试点实施乡村公办园教师生活补助政策。民办园要参照当地公办园教师工资收入水平，合理确定相应教师的工资收入。各类幼儿园依法依规足额足项为教职工缴纳社会保险和住房公积金。第三，提高教师素质。严把幼儿园教师准入关，全面落实持证上岗制度。健全幼儿园教师培养体系，办好幼儿师范院校，扩大有质量教师供给。出台幼儿园教师培训课程指导标准，实行幼儿园园长、教师定期培训和全员轮训制度，进一步提高教师科学保教素质和能力。

五是对强化监管提出要求。主要有五项措施：第一，完善教育部门主管、各有关部门分工负责的监管机制。充实教育部门学前教育管理机构和管理人员。第二，加强源头监管，严格幼儿园准入管理，严格执行"先证后照"制度。第三，完善过程监管，强化对幼儿园教职工资质和配备、收费行为、安全防护、卫生保健、保教质量等方面的动态监管。第四，强化安全监管，健全幼儿园安全防护体系，提升人防、物防、技防能力。第五，严格依法监管。实行幼儿园责任督学挂牌督导制度。对存在伤害儿童、违规收费等行为的幼儿园，依法依规严肃处理。

六是对规范发展民办园提出要求。强调在坚持鼓励支持社会力量办园的同时，强化规范发展。主要有三项措施：第一，稳妥实施分类管理，明确分类管理政策，确保分类登记平稳实施、有序进行。第二，针对部分民办园过度逐利行为，明确规定了"社会资本不得通过兼并收购、受托经营、加盟连锁、利用可变利益实体、协议控制等方式控制国有资产或集体资产举办的幼儿园、非营利性幼儿园"，"民办园一律不准单独或作为一部分资产打包上市，上市公司不得通过股票市场融资投资营利性幼儿园，不得通过发行股份或支付现金等方式购买营利性幼儿园资产"等规定，填补制度空白，堵住监管漏洞，促进学前教育回归教育本位。第三，分类治理无证办园。将无证园全部纳入监管范围，稳妥做好排查、分类、扶持和治理工作。

七是对提高保教质量提出要求。主要有四项措施：第一，全面改善办园条件，引导幼儿园为幼儿提供有利于激发学习探索、安全、丰富、适宜的玩教具和图书，改善办园条件。第二，坚持保教结合，寓教于乐，防止和纠正幼儿园"小学化"倾向。第三，完善学前教育教研体系，加强园本教研、区域教研。第四、健全质量评估监测体系，将各类幼儿园全部纳入质量评估范畴，定期向社会公布评估结果。①

为落实《若干意见》提出的相关要求，国家有关部委出台了系列政策措施。2018年7月，住房和城乡建设部发布《城市居住

---

① 教育部基础教育司：《中共中央　国务院关于学前教育深化改革规范发展的若干意见有关情况介绍》，参见中华人民共和国教育部网站，2018-11-28。

区规划设计标准》，明确了幼儿园的配套建设要求，指导各地在城市修补、功能完善、老旧小区改造、老工业区更新中补充完善基础教育设施。2019年1月，国务院办公厅发布《关于开展城镇小区配套幼儿园治理工作的通知》，规范小区配套幼儿园建设使用，并对小区配套幼儿园规划、建设、移交、办园等情况进行治理作出部署，要求针对规划、配建、移交、使用不到位等问题，采取补建、改建、新建、置换等措施，确保小区配套园提供普惠性服务。2020年4月，教育部办公厅、住房和城乡建设部办公厅联合印发《关于进一步做好城镇小区配套幼儿园治理工作的通知》，多措并举治理城镇小区配套园存在的规划、建设、移交和使用不到位问题，为扩大普惠性学前教育资源发挥了重要作用，对健全学前教育保障机制，确保如期顺利实现学前教育普及普惠目标具有重要意义。

2019年2月，国家发展改革委、中宣部、教育部等18部门联合印发《加大力度推动社会领域公共服务　补短板　强弱项　提质量　促进形成强大国内市场的行动方案》，提出"扩大城乡普惠性学前教育资源"，要求扩大公办优质学前教育资源覆盖面，充分利用各类资源发展公办园，规范城镇小区配套幼儿园建设；通过购买服务、财政奖补等多种方式支持优质普惠学前教育资源扩容；积极支持多渠道投入学前教育。保障幼儿园教师地位待遇，落实学前教育资助制度，确保普惠性幼儿园的家庭经济困难儿童、孤儿和残疾儿童得到资助；大力发展农村学前教育，每个乡镇原则上至少办好一所公办中心园，鼓励以定向培养方式为贫困地区农村培养幼儿教师。

（三）学前教育事业发展成就

1.“幼有所育”的政策目标确定，学前教育公共服务体系初步建立

学前教育的教育性，即对儿童发展的价值，自 20 世纪 80 年代以来已广为社会公众所认识，但其社会公益性却始终没有得到明确认可。可以说，性质定位不清是长期以来制约我国学前教育健康发展的根本原因，直接导致了政府职责不明、履责不力，影响了学前教育事业发展的价值取向。历史经验已经证明，任何一次公益性的衰减都将为学前教育事业带来难以弥补的重大损失。20 世纪 90 年代中期、2003 年前后，学前教育的两次社会化、市场化探索均造成了学前教育事业的巨大滑坡，学前教育事业“底子薄”、历史“欠账多”的局面，就是学前教育公益性减退的积累和直接结果。① 所以，性质的明确对于学前教育事业发展至关重要。基于此，新时代的国家政策首先对学前教育的性质定位予以明确，明晰了政府在举办学前教育中的

---

① 刘占兰：《学前教育 40 年：走向公益普惠、公平优质》，载《教育家》，2018(32)。

职责与学前教育事业的公益普惠发展方向。

为推进学前教育事业科学发展，2010 年出台的"国十条"在国家层面对学前教育的性质定位作出了明确规定。在"国十条"中，连续用三个"是"和三个"关系"指出学前教育的重要性，即"学前教育是终身学习的开端，是国民教育体系的重要组成部分，是重要的社会公益事业"，"办好学前教育，关系亿万儿童的健康成长，关系千家万户的切身利益，关系国家和民族的未来"，① 明确了学前教育的基本性质，强化了公益性这一核心属性，明确了公益普惠的发展方向，要求把发展学前教育摆在更加重要的位置。

随着社会上对学前教育需求的旺盛，党和政府将办好学前教育作为为老百姓办实事的重要民生工程。《国家基本公共服务体系"十二五"规划》《国家基本公共服务体系"十三五"规划》都将普惠性学前教育纳入了国家基本公共服务范畴。学前教育的性质定位为我国国民教育体系的重要基石、重要的社会公益事业、广大人民群众关心的重大民生问题。

学前教育纳入公共服务范畴，就要求基本建成广覆盖、保基本、有质量的学前教育公共服务体系。《若干意见》把学前教育摆在国计民生的高度，进一步强化了坚持政府主导和坚持公

---

① 《中共中央　国务院关于学前教育深化改革规范发展的若干意见》，载《中华人民共和国国务院公报》，2018(33)。

益普惠的基本方向。这是新时代党对学前教育性质定位的重申，亦是对学前教育作为国计民生重要组成部分的再肯定。从中央到地方，从沿海到内地，从城市到农村，明确学前教育的公益普惠性质、把学前教育纳入社会领域公共服务体系，已经成为各级政府的共识。

2. 学前教育资源规模快速扩大，普及水平稳步提升，"入园难"有效缓解

长期以来，"入园难"与"入园贵"问题凸显了学前教育资源的严重不足。对此，从《教育规划纲要》到"国十条"再到《若干意见》的颁布，我国学前教育事业进入了快速发展期，教育规模快速扩大，普及水平稳步提升，"入园难""入园贵"问题得到有效缓解。

学前教育规模快速扩大。2010年《国务院关于当前发展学前教育的若干意见》颁布实施以来，各地加大了促进学前教育发展的工作力度。从表3-1可以看到，2012年全国幼儿园总数是18.13万所，2019年全国幼儿园总数是28.12万所，总数增加了55.10％。2012—2019年的幼儿园总数保持高位增长，随着"学前教育三年行动计划"的出台，资源迅速扩大，2012年年增长率达到8.69％，2013年是9.54％，之后每年年增长率都基本保持在5.00％以上。

表 3-1　2012—2019 年全国幼儿园总数与年增长率

年份	2012	2013	2014	2015	2016	2017	2018	2019
幼儿园总数/万所	18.13	19.86	20.99	22.37	23.98	25.50	26.67	28.12
年增长率/%	8.69	9.54	5.69	6.57	7.20	6.34	4.59	5.44

数据来源：2012—2019 年《中国教育统计年鉴》。

普及水平稳步提升。学前教育普及率的提升是党领导学前教育事业发展的直接成效。通过三期学前教育三年行动计划的实施，我国学前教育入园率快速提升，在园儿童数迅速增加。从表 3-2 可以看出，2010 年全国在园儿童数为 2976.70 万人，此后逐年增加，2018 年是 4656.42 万人，2019 年是 4714.00 万人，2019 年在园儿童数比 2010 年增长了 58.36％。2019 年全国学前三年毛入园率为 83.40％，比 2010 年提高 26.80 个百分点，年均增长为 2.98 个百分点，有效缓解了"入园难"问题。

表 3-2　2010—2019 年全国在园儿童数和入园率

年份	2010	2011	2012	2013	2014	2015	2016	2017	2018	2019
在园儿童数/万人	2976.70	3424.40	3685.80	3894.70	4050.70	4264.80	4413.90	4600.00	4656.42	4714.00
入园率/%	56.60	62.30	64.50	67.50	70.50	75.00	77.40	79.60	81.70	83.40

数据来源：2010—2019 年《中国教育统计年鉴》。

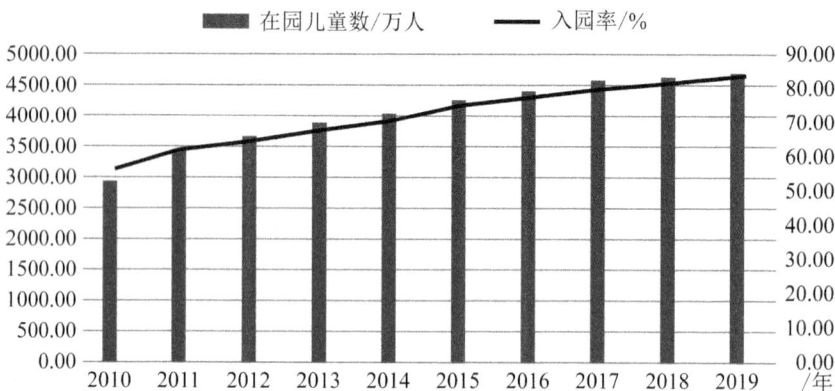

图 3-1　2010—2019 年全国在园儿童数和入园率变化情况

数据来源：2010—2019 年《中国教育统计年鉴》。

3. 学前教育公益普惠程度加强，区域、城乡学前教育差距逐步缩小

学前教育普惠程度不断提高。2010 年之后，我国学前教育的快速发展在相当大程度上是由民间办园力量拉动的结果。在党中央的领导下，中央政府通过一系列政策引领、一揽子重大项目推进，促进地方进一步落实发展学前教育责任，加快构建覆盖城乡的学前教育公共服务体系，推动公办园与普惠性民办园数量不断增长。2018 年，全国共有公办园（含企事业单位办园、军队办园、街道办园和村集体办园）10.07 万所，占37.76%，公办园在园幼儿 2016.60 万人，占 43.30%；共有普惠性民办园 8.20 万所，占民办园总数的 49.50%，普惠性民办园在园幼儿 1386.00 万人，占民办园在园幼儿总数的 52.50%；全国普惠性幼儿园覆盖率（公办园和普惠性民办园在园幼儿占

比)为 73.10％，比 2016 年增长了 5.80 个百分点(从 2016 年才开始统计普惠性幼儿园覆盖率)。[①] 截至 2019 年年底，全国公办园达 10.80 万所，比 2015 年增加了 3.07 万所，普惠性民办园达 9.50 万所，比 2016 年增加了 3.70 万所；普惠园覆盖率达 76.01％，比 2016 年提高 8.70 个百分点，有效缓解了"入园难""入园贵"问题。[②] 全国公办园占比从 2012 年的 31.22％提升到 2019 年的 38.40％，增长了 7.18 个百分点，公办园园所数量增加了 5.14 万所(见表 3-3)。

表 3-3　2012—2019 年全国幼儿园发展规模

年份	2012	2013	2014	2015	2016	2017	2018	2019
幼儿园总数/万所	18.13	19.86	20.99	22.37	23.98	25.50	26.67	28.12
公办园数/万所	5.66	6.51	7.06	7.73	8.56	9.46	10.07	10.80
民办园数/万所	12.47	13.35	13.93	14.64	15.42	16.04	16.60	17.32
公办园占比/%	31.22	32.78	33.64	34.56	35.70	37.40	37.76	38.40

数据来源：2012—2019 年《中国教育统计年鉴》。

区域、城乡差距逐步缩小。经过一系列卓有成效的政策措

---

①　陈宝生：《国务院关于学前教育事业改革和发展情况的报告——2019 年 8 月 22 日在第十三届全国人民代表大会常务委员会第十二次会议上》，载《中华人民共和国全国人民代表大会常务委员会公报》，2019(5)。

②　教育部基础教育司：《确保圆满收官　推进全面提质——"十三五"我国基础教育改革发展成就介绍》，参见中华人民共和国教育部网站，2020-12-10。

施推进，我国已经基本建立覆盖城乡的学前教育公共服务体系，区域、城乡学前教育差距逐步缩小，学前教育公平性程度大大提升。针对贫困、边远和农村地区学前教育资源匮乏的情况，2010年，国家启动"中西部农村学前教育推进项目"，重点支持农村乡镇中心幼儿园建设。项目实施三年，中央财政投入共55.60亿元，在中西部农村地区建设了3149所幼儿园，为63万名适龄幼儿提供了入园机会。2011年，财政部在"十二五"期间实施四大类七个重点项目，支持中西部地区和东部困难地区发展农村学前教育。从区域看，西部地区学前教育发展最快，从2010年到2018年，西部地区幼儿园总数增加了127.50%，在园规模增加了76.30%，中部地区分别是100.60%和65.10%，东部地区分别是27.60%和35.70%。从城乡看，幼儿园数量农村增幅最大，在园规模城市增幅最大，从2010年到2018年，农村地区幼儿园总数增加了61.60%，在园规模增加了26.60%，城市地区分别增加了56.40%和54.60%。在新增资源总量中，农村幼儿园占69.80%、在园幼儿占49.20%，农村学前教育资源得到较快增长。[1]

4. 学前教育教师队伍素质不断提高

2011年教育部及相关部委出台《教师教育课程标准（试

---

[1] 陈宝生：《国务院关于学前教育事业改革和发展情况的报告——2019年8月22日在第十三届全国人民代表大会常务委员会第十二次会议上》，载《中华人民共和国全国人民代表大会常务委员会公报》，2019(5)。

行）》，2012 年颁布《幼儿园教师专业标准（试行）》《幼儿园教师国家级培训计划课程标准》，2013 年颁布《幼儿园教职工配备标准（暂行）》与《中小学教师资格考试暂行办法》，2015 年颁布《幼儿园园长专业标准》，多个标准组合引领职前和职后教师教育，全面提升园长和教师的专业素质。2018 年颁布《中共中央　国务院关于全面深化新时代教师队伍建设改革的意见》《教师教育振兴行动计划（2018—2022 年）》。在上述政策引导、支持和保障下，我国幼儿园教师队伍不断壮大。由表 3-4 可以看出，2019 年，全国共有幼儿园教职工 491.57 万人，其中专任教师 276.31 万人，比 2012 年增长了 1.40 倍。队伍壮大为不断发展的学前教育事业提供了有力支持。

表 3-4　2010—2019 年全国幼儿园教师队伍数量　单位：万人

年份	2010	2011	2012	2013	2014	2015	2016	2017	2018	2019
幼儿园教职工数	184.93	220.44	249.00	282.68	314.22	349.58	381.78	419.29	453.15	491.57
专任教师数	114.42	131.56	147.92	166.35	184.41	205.10	223.21	243.21	258.14	276.31

数据来源：2010—2019 年《中国教育统计年鉴》。

5. 学前教育质量持续提升

近年来，党和政府将提高质量作为学前教育改革的一项重要任务，从幼儿园办园行为规范、保育教育和教师素质提高等方面出台一系列重要政策文件，提升学前教育质量。

一是出台规程和条例，规范幼儿园办园行为。2011 年教育部发布了《关于规范幼儿园保育教育工作防止和纠正"小学化"现象的通知》，全国各地全面开展"小学化"专项治理。2016 年 1 月，修订后的《幼儿园工作规程》正式颁布，从规范幼儿园内部管理的角度为保教质量提供了制度和法规保障。2017 年印发《幼儿园办园行为督导评估办法》，以保证办园行为和规范管理的"底线"。2019 年建立幼儿园责任督学挂牌督导制度，每一所幼儿园都配备有责任督学，实施经常性督导。

二是出台指导性文件，引领保教质量提升方向。2010 年教育部和卫生部联合发布实施《托儿所幼儿园卫生保健管理办法》，2012 年教育部颁布《3—6 岁儿童学习与发展指南》，从保育和教育两个方面，规定托幼机构的卫生保健、疾病预防，以儿童良好发展为导向提出不同年龄段发展目标，保证幼儿身心健康和良好发展。《3—6 岁儿童学习与发展指南》是我国第一个同时面向幼儿园、家庭和全社会发布的学前教育指导性文件，以一整套科学、明确、具体的目标和教育建议来指导教师和家长树立对幼儿发展的合理期望，实施科学的保育和教育。

二、义务教育事业的发展

在全面实现普及九年义务教育目标后，党中央站在新的历史起点上，将义务教育纳入国民经济社会发展总体规划，作为一项重要民生工程给予优先保障，先后采取了一系列重大政策举措，义务教育改革发展取得了显著进展，教育公平迈出了重大步伐，质量和水平不断提高，所有适龄儿童、少年平等接受义务教育权利得到了有效保障，为促进我国经济社会发展、建设人力资源强国、提升全民族素质作出了重要贡献。

（一）义务教育优质均衡政策

义务教育是国家统一实施的所有适龄儿童、少年必须接受的教育，是国家必须予以保障的公益性事业。优质均衡发展是义务教育的本质要求，是现代教育发展的最新趋势，是未来教育发展的方向，也是教育改革发展的一项战略任务。从把义务教育普及作为教育工作的重中之重，到把农村义务教育作为教育工作的重中之重，再到把均衡发展作为义务教育的重中之重，是党的教育思想的升华、党领导教育事业发展的重要战略转变。

1. 教育公平与义务教育均衡发展

21世纪的中国教育打响"普九"最后一场攻坚战时，一些迫切需要回答的新问题便凸显出来："普九"之后，义务教育应该走什么样的道路？当城乡免费义务教育全面普及，从根本上解决了适龄儿童、少年"有学上"问题后，我国区域之间、城乡之间、学校之间办学水平和教育质量的差距逐渐出现，人民群众不断增长的高质量教育需要与供给不足的矛盾不断凸显，推进义务教育均衡发展成为必然选择。

"我们的人民热爱生活，期盼有更好的教育、更稳定的工作、更满意的收入……期盼孩子们能成长得更好、工作得更好、生活得更好。人民对美好生活的向往，就是我们的奋斗目标。"①2012 年 11 月 15 日，刚刚当选中共中央总书记的习近平与中外记者见面，在谈到人民期盼时，首先提到了教育。义务教育是教育工作的重要内容，义务教育均衡发展是"更好的教育"的首要要求。2013 年 9 月，习近平在联合国"教育第一"全球倡议行动一周年纪念活动视频讲话中向世人宣告，努力让 13 亿人民享有更好更公平的教育，获得发展自身、奉献社会、造福人民的能力。② 2016 年教师节，习近平在考察北京市八一学校时指出："教育决定着人类的今天，也决定着人类的未来。基础教育在国民教育体系中处于基础性、先导性地位，必须把握好定位，全面贯彻落实党的教育方针，从多方面采取措施，努力把我国基础教育越办越好。"要"让每一个孩子都对自己有信心、对未来有希望"。③ "每一个"，是一个国家、一个民族对全体人

① 《习近平谈治国理政》第一卷，4 页，北京，外文出版社，2018。

② 新华社：《习近平主席在联合国"教育第一"全球倡议行动一周年纪念活动上发表视频贺词》，载《人民日报》，2013-09-27。

③ 新华社：《习近平在北京市八一学校考察时强调 全面贯彻落实党的教育方针 努力把我国基础教育越办越好》，载《人民日报》，2016-09-10。

民的庄严承诺。在党的教育公平思想引领下，办好每一所学校，让每一个孩子都上好学，让每一个家庭都能享受教育的福祉，成为中国义务教育发展的必然走向。当义务教育均衡发展理念逐渐上升为改革共识并由此产生强大的推动力时，以公众对优质教育资源的高度渴求为出发点，以公平理念为支撑的均衡发展诉求为切入点，站在新的历史起点上，中国义务教育正在从基本均衡到优质均衡迈进的道路上，书写着属于这个新时代的灿烂历史。

优质均衡发展是近十年义务教育发展的主旋律，也是当前乃至未来一段时间党领导中国义务教育事业发展的重要内容。在国家密集政策的推动下，我国义务教育均衡发展成效显著。

2012年，国务院颁布了《国务院关于深入推进义务教育均衡发展的意见》《国务院办公厅关于规范农村义务教育学校布局调整的意见》，进一步对义务教育均衡发展作出战略部署，为义务教育实现更高水平、更高质量的均衡注入了强大动力。《国务院关于深入推进义务教育均衡发展的意见》明确了义务教育均衡发展的目标和任务：每一所学校符合国家办学标准，办学经费得到保障。教育资源满足学校教育教学需要，开齐国家规定课程。教师配置更加合理，提高教师整体素质。学校班额符合国家规定标准，消除"大班额"现象。率先在县域内实现义务教育基本均衡发展，县域内学校之间差距明显缩小。到 2015 年，全国义务教育巩固率达到 93％，实现基本均衡的县（市、区）比例达到 65％。到 2020 年，全国义务教育巩固率达到 95％，实现基本均衡的县（市、区）比例达到 95％。

为了贯彻《国务院关于深入推进义务教育均衡发展的意见》，教育部于 2012 年印发了《县域义务教育均衡发展督导评估暂行办法》，建立和完善了均衡发展督导评估制度，形成了"县级自评、地市复核、省级评估、国家认定"的四级联动督导工作体系，为各地开展义务教育均衡发展督导评估提供了标准和依据。2013 年 5 月，义务教育发展基本均衡县（市、区）督导评估认定工作正式启动。此后，从中央到地方，从沿海到内地，从城市到农村，推动义务教育均衡发展成为各级政府和教育主管部门的共识。

2. 城乡义务教育一体化发展

农村是义务教育发展的薄弱区域，党和政府在推进义务教育优质均衡发展过程中尤为重视农村教育发展，大力推进城乡教育一体化，全面部署新时代义务教育改革发展。

2013 年 3 月 28 日至 4 月 1 日，刘延东在云南、贵州考察时指出："贯彻党的十八大和'两会'精神，基本实现教育现代化，重点难点都在农村。要下更大气力办好农村义务教育，为亿万农村孩子成长成才奠定坚实基础。""只有把占全国 85％的农村中小学办好，才能实现义务教育的均衡发展。"①

2015年8月18日，习近平总书记在中央全面深化改革领导小组第十五次会议上指出："全面改善贫困地区义务教育学校基本办学条件，要落实政府主体责任。要依法依规开展对全面改善贫困地区义务教育薄弱学校基本办学条件工作的专项督导，明确督导内容、程序、结果应用方式，重点监督经费保障、质量管理、进展成效、社会监督等情况，建立评价、激励、问责机制，推动地方政府履行责任，保障工作进度和成效。"②

2016年5月20日，中央全面深化改革领导小组第二十四次会议审议通过《关于统筹推进城乡义务教育一体化改革发展的若干意见》（简称《城乡义务教育一体化改革发展的若干意见》），该文件指出："统筹推进县域内城乡义务教育一体化发展，对缩小城乡教育差距、促进教育公平具有重要意义。"针对城乡教育间的突出问题，习近平指出："在合理规划城乡义务教育学校布局建设、完善城乡义务教育经费保障机制、统筹城乡教育资源配置、提高乡村教育质量、稳定乡村生源、保障随迁子女就学、加强留守儿童关爱保护等方面推出务实管用办法。""加大对乡村

---

① 新华社：《刘延东在云南、贵州调研时强调：一定要把农村义务教育办好》，参见新华网，2013-04-01。

② 新华社：《习近平主持召开中央全面深化改革领导小组第十五次会议强调 增强改革定力保持改革韧劲　扎扎实实把改革举措落到实处》，载《人民日报》，2015-08-19。

特别是老少边穷等地区义务教育扶持力度，让贫困地区的孩子们都有机会接受公平、有质量的义务教育。"①这份长达 6000 多字的文件，站在全面建成小康社会的高度，调动了八个部委的力量，充分彰显出党中央、国务院解决制约义务教育均衡发展瓶颈问题的决心和魄力。

《城乡义务教育一体化改革发展的若干意见》首先分析了义务教育均衡发展的时代问题与重大问题。当前，我国已进入全面建成小康社会的决胜阶段，正处于新型城镇化深入发展的关键时期，这对整体提升义务教育办学条件和教育质量提出了新要求。同时，户籍制度改革、计划生育政策调整、人口及学生流动给城乡义务教育学校规划布局和城镇学位供给带来了巨大挑战。在许多地方，城乡二元结构矛盾仍然突出，乡村优质教育资源紧缺，教育质量亟待提高；城镇教育资源配置不适应新型城镇化发展，大班额问题严重。

《城乡义务教育一体化改革发展的若干意见》提出目标，要求加快推进县域内城乡义务教育学校建设标准统一、教师编制标准统一、生均公用经费基准定额统一、基本装备配置标准统一和"两免一补"政策城乡全覆盖，到 2020 年：城乡二元结构壁垒基本消除，义务教育与城镇化发展、乡村振兴战略基本协调；

① 新华社：《习近平主持召开中央全面深化改革领导小组第二十四次会议强调 坚定改革信心注重精准施策 提高改革效应放大制度优势》，载《人民日报》，2016-05-21。

城乡学校布局更加合理，大班额基本消除，乡村义务教育学校标准化建设取得显著进展，乡村小规模学校（含教学点）达到相应要求；城乡师资配置基本均衡，乡村教师待遇稳步提高、岗位吸引力大幅增强；义务教育普及水平进一步巩固提高，九年义务教育巩固率达到95％；县域义务教育均衡发展和城乡基本公共教育服务均等化基本实现；乡村教育质量明显提升，教育脱贫任务全面完成。

推进教育公平，推动城乡义务教育一体化发展是党中央促进义务教育事业持续健康发展，落实全面建成小康社会的重要之举。2017年，教育部印发《县域义务教育优质均衡发展督导评估办法》，决定建立县域义务教育优质均衡发展督导评估制度，开展义务教育优质均衡发展的县（市、区）督导评估认定工作。《县域义务教育优质均衡发展督导评估办法》从资源配置、政府保障程度、教育质量、社会认可度方面，提出31项具体指标。这不仅意味着我国义务教育发展有了新坐标，而且凸显了"社会认可度"这一指标，充分彰显了鲜明的民生特性。

2019年，教育部在浙江海盐召开全国县域义务教育优质均衡发展督导评估认定启动会，陈宝生赋予了义务教育优质均衡发展"四个工程"的重大意义。他表示，启动优质均衡督导评估，这是一个上台阶的工程，能更好地满足人民群众"上好学"的需求，更好地支撑人才强国、创新驱动等国家重大战略；这是一个抓引领的工程，作为义务教育的龙头和统领，指引我国义务教育的发展；这是一个促内涵的工程，围绕提高质量，推动我国义务教育工作重心尽快从硬件建设转移到内涵发展上来；这是一个贴民心的工程，回应了群众关切，有利于推动解决义务教育突出问题，进一步提高群众教育满意度和获得感。"启动全国县域义务教育优质均衡发展督导评估认定工作，是我国教育发展进程中的一件大事，是加快教育现代化、建设教育强国的一件大事，是义务教育发展史上的一个重要里程碑。"①

什么才是更高质量、更高水平的均衡发展？陈宝生进一步对优质均衡的内涵要义进行了解读："一是全面发展的理念更鲜明。坚持有教无类，五育并举，因材施教，为每一名学生提供适合的教育。二是标准化建设程度更高。补齐短板，解决大校额、大班额问题，加快提档升级，做到'校校达标''项项达标'。三是教师队伍更强。要努力实现教师队伍素质更强、待遇保障更强、管理制度更强。特别要解决好教师和校长交流轮岗等制度，确保城镇薄弱学校、农村学校有更多好老师。四是人民群众更满意。指标合格了，人民群众不满意，这不是真合格；只有指标和人民群众满意度双合格，才是真正的优质均

---

① 柴葳、焦以璇：《义务教育均衡发展的历史新征程——从基本均衡到优质均衡的推进之路》，载《中国教育报》，2019-12-18。

衡。"这"四个更"，成为衡量县域义务教育优质均衡发展的一把标尺。①

(二)深化教育教学改革全面提高义务教育质量

新时代义务教育的"四梁八柱"已基本确立，义务教育已经踏上更加注重内涵发展、全面提高育人质量的新征程。2019年，中共中央、国务院下发了《关于深化教育教学改革全面提高义务教育质量的意见》。这是新中国成立以来，第一次以中共中央、国务院名义出台的聚焦义务教育质量的纲领性文件，是新时代我国深化教育教学改革、全面提高义务教育质量的纲领性文件。

1. 出台背景与改革思路

义务教育质量事关亿万少年儿童健康成长，事关国家发展，事关民族未来。《关于深化教育教学改革全面提高义务教育质量的意见》把提高义务教育质量作为提升国民素质的重要基础工程，作为加快推进教育现代化、建设教育强国、办好人民满意教育的重要举措。这一纲领性文件的出台，有着深刻的历史和时代背景。

一是贯彻习近平总书记和党中央的决策部署。习近平总书

① 柴葳、焦以璇：《义务教育均衡发展的历史新征程——从基本均衡到优质均衡的推进之路》，载《中国教育报》，2019-12-18。

记关于教育的新思想新要求，特别是在全国教育大会和学校思想政治理论课教师座谈会上的重要讲话，为新时代义务教育改革发展指明了方向，必须采取有效措施贯彻落实。

二是回应人民群众的期盼。进入新时代，面对社会主要矛盾的变化，人民群众的教育需求正在由"有学上"向"上好学"加速转变，亟须深化教育教学改革，进一步提高义务教育质量，促进学生全面发展、健康成长，努力办好人民满意的义务教育。

三是深化教育自身改革的需要。我国义务教育实现了全面普及，2018 年义务教育巩固率达到 94.2%，正处于由基本均衡向优质均衡迈进的新阶段。同时，义务教育还存在一些亟待解决的热点难点问题，迫切需要深化教育教学改革，全面提高义务教育质量。

教育部负责人在《关于深化教育教学改革全面提高义务教育质量的意见》新闻发布会上，阐释了文件起草的基本思路：一是注重提高政治站位。更加重视加强党对义务教育教学改革的全面领导，更加突出义务教育的国家意志和法定要求。二是注重强化价值引领。着重引导全党全社会树立正确教育观念，着力构建德智体美劳全面培养的教育体系，健全立德树人落实机制，培养担当民族复兴大任的时代新人。三是注重解决突出问题。围绕全面发展素质教育、提高课堂教学质量、建设高素质专业化教师队伍、深化关键领域改革等方面存在的突出问题，提出一系列有效举措。四是注重形成工作合力。动员全党全社会、各部门各方面力量共同办好义务教育，统筹利用各类社会资源，构建学校、家庭、社会"三位一体"的协同育人格局。①

2. 指导思想与任务要求

《关于深化教育教学改革全面提高义务教育质量的意见》明确提出，坚持以习近平新时代中国特色社会主义思想为指导，全面贯彻党的教育方针，落实立德树人根本任务，遵循教育规律，发展素质教育，培养德智体美劳全面发展的社会主义建设者和接班人。

为此，要做到如下要求。一是坚持"五育"并举，着力解决素质教育落实不到位的问题。该文件在突出德育实效、提升智育水平、强化体育锻炼、增强美育熏陶、加强劳动教育等方面提出了有针对性的举措，以构建德智体美劳全面培养的教育体系。着重引导全党全社会树立正确教育观念，着力构建德智体美劳全面培养的教育体系，健全立德树人落实机制，培养担当民族复兴大任的时代新人。二是强化课堂主阵地作用，着力解决课堂教学质量不高的问题。坚持把课堂教学作为提高义务教育质量的主要环节，既强调创新教学方式方法，促进信息技术与教育教学的深度融合应用，也强化教学规范管理，对作业考

---

① 教育部：《促进学生全面发展健康成长——教育部负责人就〈关于深化教育教学改革全面提高义务教育质量的意见〉答记者问》，参见中华人民共和国教育部网站，2019-07-09。

试辅导等作出制度性安排。三是建设高素质专业化教师队伍，着力强化教师基础作用。坚持把教师队伍作为办好教育的第一资源，该文件在提高教师教育教学能力、优化教师资源配置、依法保障教师权益待遇、加强校长队伍建设等方面提出了改革举措。四是深化关键领域配套改革，着力破除体制机制障碍。全面提高义务教育质量是一项系统工程，要统筹推进课程教材、招生考试、质量评价、教学研究、办学活力、经费投入等关键领域改革，努力为提高义务教育质量创造条件。五是加强组织领导，着力抓好工作落实。办好教育是全党全社会的共同责任，要加强党的全面领导，注重各部门职责落实，重视家庭教育作用，强化考核督导问责，大力营造义务教育持续健康协调发展的良好氛围。①

(三)义务教育事业发展成就

1. 义务教育普及水平跃上新台阶

党的十八大以来，我国义务教育普及水平跃上新台阶。聚焦完成打赢脱贫攻坚战、实现义务教育有保障重大政治任务，国务院办公厅出台《关于进一步加强控辍保学提高义务教育巩固水平的通知》，采取有效措施，强力推进控辍保学工作，确保实

---

① 新华社：《中共中央 国务院关于深化教育教学改革全面提高义务教育质量的意见》，参见中华人民共和国中央人民政府网站，2019-06-23。

现到 2020 年全国九年义务教育巩固率达到 95％的目标，切实保障适龄儿童少年依法接受义务教育。为巩固控辍保学成果，教育部出台措施又进一步健全了义务教育有保障的长效机制，包括联控联保责任机制、定期专项行动机制、应助尽助救助机制、依法控辍治理机制、办学条件保障机制，推动历史性地彻底解决辍学问题。①

2019 年，全国小学净入学率为 99.94％，初中毛入学率为 102.60％，已相当于世界高收入国家平均水平。全国小学毕业生升学率为 99.50％，初中毕业生升学率为 94.50％。九年义务教育巩固率达 94.80％（见表 3-5）。② 经过综合控辍保学努力，截至 2020 年 11 月 30 日，全国义务教育阶段辍学学生由台账建立之初的约 60 万人降至 831 人，其中 20 万建档立卡辍学学生实现动态清零，为实现 2020 年九年义务教育巩固率达到 95％的目标奠定了坚实基础。③ 义务教育历史性地解决了"有学上"问题，教育公平实现了新跨越，正在乘势而上，向更好地实现人民群众"上好学"的愿望迈进。

---

① 教育部基础教育司：《确保圆满收官　推进全面提质——"十三五"我国基础教育改革发展成就介绍》，参见中华人民共和国教育部网站，2020-12-10。

② 教育部：《2019 年全国教育事业发展情况》，参见中华人民共和国教育部网站，2020-08-31。

③ 教育部基础教育司：《确保圆满收官　推进全面提质——"十三五"我国基础教育改革发展成就介绍》，参见中华人民共和国教育部网站，2020-12-10。

表 3-5　2012—2019 年义务教育巩固与普及水平　　　　单位：%

年份	2012	2013	2014	2015	2016	2017	2018	2019
小学学龄儿童净入学率	99.85	99.71	99.81	99.88	99.92	99.91	99.95	99.94
全国初中阶段毛入学率	102.10	104.10	103.50	104.00	104.00	103.50	100.90	102.60
全国小学毕业生升学率	98.30	98.30	98.00	98.20	98.70	98.80	99.10	99.50
初中毕业生升学率	88.40	91.20	95.10	94.10	93.70	94.90	95.20	94.50
九年义务教育巩固率	91.80	92.30	92.60	93.00	93.40	93.80	94.20	94.80

数据来源：2012—2019 年《中国教育统计年鉴》。

2. 义务教育办学条件呈现新面貌

农村学校办学条件大幅改善。以中西部和农村地区学校为重点，扎实推进城乡义务教育一体化发展，有效推动实现城乡统一的义务教育学校建设标准、教师编制标准、生均公用经费基准定额、基本装备配置标准。国务院办公厅出台《全面加强乡村小规模学校和乡镇寄宿制学校建设的指导意见》，大力实施薄弱学校改造工程，全面加强义务教育薄弱环节建设。截至2019 年年底，全国 30.90 万所义务教育学校（含教学点）办学条件达到基本要求，占义务教育学校总数的 99.80%；全国小学、初中、普通高中接入互联网的学校比例分别为 98.43％、99.07％、98.67％；全国 95.30％的县通过了县域义务教育基本均衡发展国家督导评估验收。①

义务教育阶段学校校均规模继续扩大，平均班额相对稳定。2019 年，小学校均规模为 659 人，比上年增加 20 人；初中校均规模为 921 人，比上年增加 26 人。小学平均班额为 38 人，初中为 46 人，均与上年持平。城镇义务教育大班额基本消除。实施消除义务教育大班额计划，指导各地"一县一案"科学制定专项规划，有序扩大城镇教育资源。截至 2019 年年底，全国小学大班额(56 人及以上)10.90 万个，比上年减少 7.00 万个，大班额比例为 3.90％，比上年下降 2.60 个百分点；初中大班额 4.50 万个，比上年减少 4.10 万个，大班额比例为 4.30％，比上年下降 4.30 个百分点。小学和初中超大班额比例已经降到 0.50％以下，分别为 0.20％和 0.30％。② 全国义务教育大班额、超大班额比例分别降至 3.98％和 0.24％，比 2015 年分别下降了 10.10、4.80 个百分点，提前一年完成基本消除大班额(控制在 5％以内)的目标任务。

全国义务教育基本办学条件不断改善，教学仪器设备配置

① 教育部基础教育司：《确保圆满收官　推进全面提质——"十三五"我国基础教育改革发展成就介绍》，参见中华人民共和国教育部网站，2020-12-10。

② 教育部：《2019 年全国教育事业发展情况》，参见中华人民共和国教育部网站，2020-08-31。

水平继续提高。2019 年全国小学生均教学仪器设备值为 1672.00 元，比 2012 年的 585.40 元增加 1086.60 元；全国初中生均教学仪器设备值为 2625.00 元，比 2012 年 1014.50 元增加 1610.50 元（见图 3-2）。

图 3-2 2012—2019 年全国小学、初中生均仪器设备值
数据来源：2012—2019 年《中国教育统计年鉴》。

义务教育阶段信息化基础条件改善明显，信息技术和教育教学的深度融合逐步加强。每百名学生拥有教学用计算机台数，小学由 2012 年的 6.50 台增加到 2019 年的 11.40 台，初中由 2012 年的 8.20 台增加到 2019 年的 15.50 台（见图 3-3）。

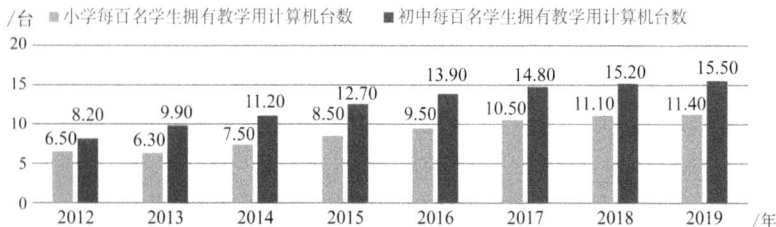

图 3-3 2012—2019 年全国小学、初中每百名学生拥有教学用计算机台数
数据来源：2012—2019 年《中国教育统计年鉴》。

义务教育阶段建立校园网学校比例继续提高，城乡差距逐步缩小。2019 年小学建立校园网学校比例为 68.70％，比 2018 年提高 1.20 个百分点；初中为 77.20％，与 2018 年基本持平。农村小学、初中建网学校比例分别为 65.70％ 和 74.20％，分别比城市学校低 17.30 个和 11.50 个百分点，城乡差距正在逐步缩小。

3. 义务教育教师队伍素质大幅提升

2019 年，义务教育阶段专任教师 1001.60 万人，比上年增加 28.60 万人，增长 2.90％。其中，小学阶段专任教师 626.90 万人，比上年增加 17.70 万人，增长 2.90％，专任教师学历合格率（高中及以上学历）为 99.97％，生师比为 16.9∶1；初中阶段专任教师 374.70 万人，比上年增加 10.80 万人，增长 3.00％，专任教师学历合格率（大专及以上学历）为 99.88％，生师比为 12.9∶1。

义务教育阶段高于规定学历教师比例继续提升，农村学校提升幅度快于城市，城乡差距进一步缩小。2019 年，全国小学阶段大专及以上学历教师比例为 97.30％，比上年提高 0.80 个百分点；其中，城市小学为 99.10％，农村小学为 96.30％，城乡差距为 2.80 个百分点，比上年缩小 0.70 个百分点。全国初中阶段本科及以上学历教师比例达到 87.40％，比上年提高 1.20 个百分点；其中，城市初中为 93.10％，农村初中为

84.00％，城乡相差 9.10 个百分点，比上年缩小 0.50 个百分点(见图 3-4)。

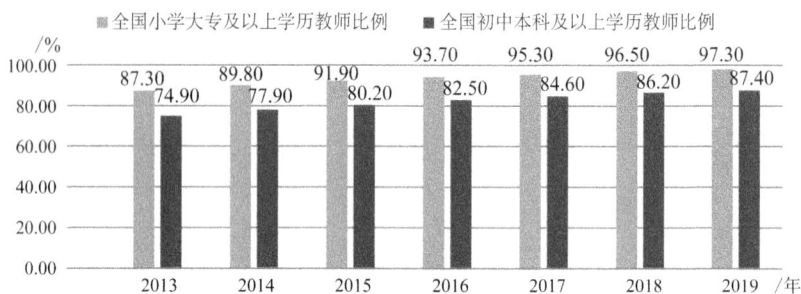

图 3-4　2013—2019 年全国小学、初中不同学历教师比例

数据来源：2013—2019 年《中国教育统计年鉴》。

4. 义务教育进入全面提质新阶段

伴随着我国各级各类教育的普及，我国教育改革发展的主要矛盾发生历史性转变，"有学上"的问题正在被"上好学"的需求所取代，教育的内涵发展和高质量发展成为新时代教育改革发展的主旋律。党的十八大以来，基础教育立德树人、为党育人、为国育才的意识越来越强，教育共识初步形成。建设德智体美劳全面培养的教育体系，形成更高质量的人才培养体系，推进育人方式变革，深化中小学课程教学改革，落实核心素养，正在成为中小学教育改革的主题。

德育工作实效显著提高。制定《中小学德育工作指南》，系统构建了方向正确、内容完善、学段衔接、载体丰富、常态开展的中小学德育工作体系，明确了不同学段的德育工作目标任务，创新了课程、文化、活动、实践、管理、协同六大育人途径。德育工作主体框架更加明确，长效机制更加健全；德育骨干队伍专业化建设不断加强，骨干培训达 3 万多人，政治业务素质和德育工作能力明显提升；德育课改革创新实现突破，涌现出一批国家级德育课教学成果；德育活动品牌更加鲜亮，开展"学习新思想，做好接班人"主题阅读活动，学生点击量超4.47 亿人次，每年一度的《开学第一课》节目，受到广泛好评。推动各地"一校一案"落实《中小学德育工作指南》，宣传了一批典型工作案例。德育工作的针对性、有效性和吸引力、感染力不断增强，中小学生思想觉悟、道德水准、文明素养不断提高，呈现出爱党、爱国、爱人民、爱社会主义的思想品质和自信自强、向上向善、积极乐观的精神风貌。①

　　课程教学改革全面深化。2020 年 10 月 22 日，教育部在山西省长治市召开全国基础教育综合改革暨教学工作会议，成立教育部基础教育教学指导委员会，全面加强教学改革工作部署与指导。认真组织实施新课程新教材，开展了国家级示范培训和全员培训，义务教育道德与法治、语文和历史统编三科教材已全面实施，充分发挥好学科育人功能。组织开展第二届国家级基础教育优秀教学成果奖评选，并实施优秀教学成果推广应用计划。建立了一批国家级教学改革示范区示范校，积极探索

---

　　①　教育部基础教育司：《确保圆满收官　推进全面提质——"十三五"我国基础教育改革发展成就介绍》，参见中华人民共和国教育部网站，2020-12-10。

基于情境、问题导向的启发式、互动式、探究式、体验式教学和跨学科、综合化教学。出台加强教研工作和实验教学有关意见，强化教研专业支撑，提高实验教学质量。发布中小学生阅读指导书目，引导学生读好书、读经典。国家基础教育质量监测显示，我国中小学生学业水平整体良好，在国际上有较高声誉。[①]

三、高中教育事业的发展

高中阶段教育是国民教育体系的重要环节，是学生从未成年走向成年，学生个性形成和自主发展的关键时期，肩负着为各类人才成长奠基，培养高素质技术技能型人才的使命。中国共产党立足培养担当民族复兴大任的时代新人，就"加快普及高中阶段教育""推进普通高中教育教学改革""全面提高普通高中教育质量"进行了系统设计和全面部署。"普及高中阶段教育"和"推动普通高中育人方式改革"是 2013 年以来我国高中教育发展的两大基本政策。

---

① 教育部基础教育司：《确保圆满收官 推进全面提质——"十三五"我国基础教育改革发展成就介绍》，参见中华人民共和国教育部网站，2020-12-10。

（一）普及高中阶段教育

1. 普及高中阶段教育政策的提出

1993 年 2 月 13 日，中共中央、国务院印发的《中国教育改革和发展纲要》中首次提出，在保证必要的教育投入和办学条件的前提下，各级各类教育发展的具体目标是：全国基本普及九年义务教育（包括初中阶段的职业技术教育）；大城市市区和沿海经济发达地区积极普及高中阶段教育。1998 年，教育部制定了《面向 21 世纪教育振兴行动计划》，提出到 2010 年，在全面实现"两基"目标的基础上，城市和经济发达地区有步骤地普及高中阶段教育，全国人口受教育年限达到发展中国家的先进水平，将高中阶段教育普及作为全面推进教育改革与落实教育振兴计划的重要着力点。1999 年，教育部印发的《关于积极推进高中阶段教育事业发展的若干意见》指出，城市和经济发达的地区要有步骤地普及高中阶段教育，满足初中毕业生接受高中阶段教育的需求。在当时全国尚未普及义务教育的情况下，党中央战略性地提出普及发展高中阶段教育的战略要求，这是指导我国 20 世纪 90 年代乃至 21 世纪高中阶段教育改革和发展的蓝图。

进入 21 世纪，全国基本普及了九年义务教育和基本扫除了青壮年文盲，普及高中阶段教育被提上快速发展日程。2001 年，

《国务院关于基础教育改革与发展的决定》提出"十五"期间"高中阶段入学率达到 60% 左右"的总体目标，依照"积极进取、实事求是、分区规划、分类指导"的原则，将全国按照人口和区域发展水平划分为三类地区，分为"适度发展高中阶段教育""高中阶段教育有较大发展""基本满足社会对高中阶段教育的需求"三类发展目标，要求"大力发展高中阶段教育，促进高中阶段教育协调发展。有步骤地在大中城市和经济发达地区普及高中阶段教育"。

2002 年 11 月 8 日，党的十六大报告确定了到 2020 年全国"基本普及高中阶段教育"的目标，使普及高中阶段教育上升到党的中央决策层面。2004 年，《2003—2007 年教育振兴行动计划》将普及高中阶段教育纳入中国特色社会主义现代化教育体系，提出"到 2020 年，要全面普及九年义务教育，基本普及高中阶段教育，积极发展各类高等教育，大力发展职业教育和成人教育，形成体系完整、布局合理、发展均衡的现代国民教育体系和终身教育体系"。2007 年，党的十七大提出实现全面建设小康社会奋斗目标的新要求，将教育发展纳入民生领域，确定了"加快普及高中阶段教育"和"大力发展职业教育"的发展任务。2008 年 10 月 12 日，党的十七届三中全会通过的《中共中央关于推进农村改革发展若干重大问题的决定》提出，要加快普及农村高中阶段教育，重点加快发展农村中等职业教育并逐步实行免费。2010 年，《教育规划纲要》首次提出"实现更高水平的普及教育"目标，到 2015 年高中阶段教育毛入学率达到 87％，到 2020 年达到 90％，普及高中阶段教育，满足初中毕业生接受高中阶段教育需求，提出"加快普及高中阶段教育"的任务。

2. 普及高中阶段教育的深入推进

2012 年，党的十八大报告指出"基本普及高中阶段教育"。加快普及高中阶段教育，是推动高中阶段教育提高质量、不断满足经济社会发展需要的重要举措。2015 年，党的十八届五中全会进一步作出普及高中阶段教育的战略决策，提出"普及高中阶段教育，逐步分类推进中等职业教育免除学杂费，率先从建档立卡的家庭经济困难学生实施普通高中免除学杂费，实现家庭经济困难学生资助全覆盖"①。2015 年 11 月 11 日，教育部召开座谈会，就落实党的十八届五中全会关于普及高中阶段教育的部署进行专题研讨。时任教育部副部长刘利民出席并在讲话中指出："普及高中阶段教育是党中央立足于全面建成小康社会作出的重大战略决策，是一项重大的民生工程。在推进普及过程中，要坚持普通高中和中等职业教育并重，促进普职协调发展；坚持规模与质量并重，实现高水平普及；坚持改善条件与完善机制并重，保障可持续发展。"②

①　人民出版社：《中国共产党第十八届中央委员会第五次全体会议文件汇编》，14 页，北京，人民出版社，2015。

②　刘博智：《教育部召开普及高中阶段教育座谈会》，载《中国教育报》，2015-11-12。

2016 年 5 月 11 日，《国务院办公厅关于加快中西部教育发展的指导意见》指出，要加快普及高中阶段教育。统筹普通高中和中职教育协调发展，优化学校布局，改善办学条件，提高办学质量，完善经费投入机制，加大学生资助力度，不断提高高中阶段教育普及水平。国家继续实施普通高中改造计划、现代职业教育质量提升计划等项目，着力改善高中阶段学校办学条件。到 2020 年，集中连片特困地区高中阶段教育毛入学率超过 85％，中西部地区达到 90％。同时提出，新建、改扩建普通高中。在没有普通高中的县，根据人口变动趋势和实际情况，因地制宜新建、改扩建一批普通高中，方便学生在当地入学。人口 5 万人以上或初中在校生 2000 人以上的县，应建设一所高中。人口少于 5 万人且初中在校生较少的县，可将基础较好的初中学校改扩建为完全中学，或与其他县连班、合办普通高中。

之后，高中阶段教育中关涉公平的诸多内容逐步被纳入国家基本公共服务保障体系中。2017 年 1 月 23 日，国务院发布《"十三五"推进基本公共服务均等化规划》。在这个规划里，高中阶段教育的很多事项被纳入国家公共服务保障体系之内。规划提出"重点支持中西部贫困地区尤其是集中连片特困地区高中阶段教育发展，积极发展中等职业教育。逐步分类推进中等职业教育免除学杂费，率先从建档立卡等家庭经济困难学生（含非建档立卡的家庭经济困难残疾学生、农村低保家庭学生、农村特困救助供养学生）实施普通高中免除学杂费。"

3. 新时代普及高中教育攻坚

2017 年 1 月，国务院批转《国家教育事业发展"十三五"规划》，"十二五"期间我国如期完成高中阶段教育毛入学率 87％的规划目标，"十三五"规划的主要目标任务之一即是普及高中阶段教育，预计 2020 年毛入学率增长为 90％，提出要"加快高中阶段教育普及进程"，"实施高中阶段教育普及攻坚，在中西部集中连片特困县、国家扶贫开发工作重点县、民族地区县、革命老区县新建、改扩建一批办学条件达标的普通高中和中等职业学校，增加高中阶段教育资源。"[①]

2017 年 2 月 13 日，国家发展改革委、教育部、人力资源和社会保障部联合发布《教育现代化推进工程实施方案》，该实施方案明确将教育基础薄弱县普通高中建设列为五大建设任务之一。该任务的建设目标是普及高中阶段教育，高中阶段教育毛入学率达到 90％，支持中西部地区各省（自治区、直辖市）、新疆生产建设兵团、黑龙江省农垦总局，以及东部地区享受中西部政策的县的普通高中或完全中学以扩大培养能力、提高教育质量为目的的教学用房、实验用房、活动用房、学生宿舍、学生食堂、体育运动场、足球场等校园校舍设施。

---

① 中华人民共和国教育部：《〈国家教育事业发展"十三五"规划〉学习辅导读本》，87 页，北京，教育科学出版社，2017。

2017 年 3 月 24 日，教育部、国家发展改革委、财政部、人力资源和社会保障部印发的《高中阶段教育普及攻坚计划（2017—2020 年)》，在我国高中教育事业发展过程中具有里程碑意义。文件指出，"到 2020 年，全国普及高中阶段教育，适应初中毕业生接受良好高中阶段教育的需求"，"全国、各省(区、市)毛入学率均达到 90％以上，中西部贫困地区毛入学率显著提升"，"普通高中与中等职业教育结构更加合理，招生规模大体相当；学校办学条件明显改善，满足教育教学基本需要；经费投入机制更加健全，生均拨款机制全面建立；教育质量明显提升，办学特色更加鲜明，吸引力进一步增强"。① 针对高中阶段教育发展中存在的短板，文件提出了普及高中阶段教育的主要措施——扩大教育资源、完善经费投入机制、完善扶困助学政策、加强教师队伍建设、推动学校多样化有特色发展、改进招生管理办法。同时，为了完成全面普及的任务，重点是补短板、攻重点，全面落实普及任务，文件还明确提出以"中西部贫困地区、民族地区、边远地区、革命老区等教育基础薄弱、普及程度较低的地区"为攻坚重点。

2017 年 4 月 24 日，教育部在四川成都召开全国高中阶段教育普及攻坚工作会议。会议强调，要深入贯彻党中央、国务院

① 教育部：《高中阶段教育普及攻坚计划(2017—2020 年)(摘录)》，载《教师教育论坛》，2017(4)。

有关重大决策，全面实施《高中阶段教育普及攻坚计划（2017—
2020 年）》，努力办好公平优质多样的高中阶段教育，确保到
2020 年如期实现普及高中阶段教育的战略目标。中共教育部党
组书记、教育部部长陈宝生出席会议并讲话指出，"普及高中阶
段教育，是继 2011 年全面普及九年义务教育之后，党中央、国
务院作出的普及更高阶段教育的重大战略决策。推动高中阶段
教育的普及发展，是中国梦的教育篇，对于应对国际竞争和未
来挑战，对于进一步提升国民整体素质、建设人力资源强国，
对于促进教育持续健康发展，满足人民群众对多样化、高质量
教育的迫切需求，都具有重要意义"①。会后，教育部与四川、
江西、河南、广西、海南、贵州、云南、西藏、青海、新疆等
省（自治区）人民政府签署《关于高中阶段教育普及攻坚备忘录》，
建立部省协同推进机制。

　　2017 年 10 月 18 日，习近平在中国共产党第十九次全国代
表大会上做题为《决胜全面建成小康社会　夺取新时代中国特色
社会主义伟大胜利》的报告。报告指出，"经过长期努力，中国
特色社会主义进入了新时代，这是我国发展新的历史方位"。谈
到教育工作时，习近平指出，"要优先发展教育事业。建设教育
强国是中华民族伟大复兴的基础工程，必须把教育事业放在优

---

　　① 教育部：《全面实施普及攻坚计划 努力办好公平优质多样的高中阶段教
育——全国高中阶段教育普及攻坚工作会议召开》，载《基础教育参考》，2017
（13）。

先位置，深化教育改革，加快教育现代化，办好人民满意的教育"，"普及高中阶段教育，努力让每个孩子都能享有公平而有质量的教育"，"完善职业教育和培训体系"，"使绝大多数城乡新增劳动力接受高中阶段教育"。①

2018年2月，教育部、国务院扶贫办发布《深度贫困地区教育脱贫攻坚实施方案（2018—2020年）》。其中提出，计划用三年时间，使深度贫困地区建档立卡贫困人口教育基本公共服务实现全覆盖。深入实施《高中阶段教育普及攻坚计划（2017—2020年）》，把"三区三州"尚未普及高中阶段教育的地区作为攻坚的重中之重。教育基础薄弱县普通高中建设项目、普通高中改造计划、现代职业教育质量提升计划、职业教育产教融合工程等优先支持"三区三州"扩大教育资源，改善办学条件，保障建档立卡贫困家庭学生接受高中阶段教育的机会。②

2019年2月，中共中央、国务院印发《中国教育现代化2035》，明确提出2035年"全面普及高中阶段教育"的发展目标，并在文件中确立了"提升高中阶段教育普及水平，推进中等职业教育和普通高中教育协调发展，鼓励普通高中多样化有特色发

---

① 习近平：《决胜全面建成小康社会 夺取新时代中国特色社会主义伟大胜利——在中国共产党第十九次全国代表大会上的报告》，3页，北京，人民出版社，2017。

② 《教育部 国务院扶贫办关于印发〈深度贫困地区教育脱贫攻坚实施方案（2018—2020年）〉的通知》，载《中华人民共和国教育部公报》，2018(Z1)。

展"的战略任务。

2019 年，"全面普及高中阶段教育"进入深化落实阶段，这是对当前高中阶段教育发展水平的科学判断，是厚植高中阶段教育内涵的重要方式，是对新时代经济社会发展要求的回应，更是推进教育现代化、实现教育强国的应有之义。截至 2019 年年底，全国高中阶段教育毛入学率达 89.50%，比 2015 年提高了 2.50 个百分点；全国已有 28 个省份高中阶段教育毛入学率超过 90.00%。①

（二）推动普通高中育人方式改革

2019 年 6 月 19 日，国务院办公厅发布《关于新时代推进普通高中育人方式改革的指导意见》，立足培养担当民族复兴大任的时代新人，就推进普通高中教育教学改革、全面提高普通高中教育质量进行了系统设计和全面部署。这是新世纪以来国务院办公厅出台的第一个关于推进普通高中教育改革的重要纲领性文件，意义重大，影响深远。

该文件指出，普通高中教育是国民教育体系的重要组成部分，在人才培养中起着承上启下的关键作用。办好普通高中教育，对于巩固义务教育普及成果、增强高等教育发展后劲和提

---

① 教育部：《确保圆满收官　推进全面提质——"十三五"我国基础教育改革发展成就介绍》，参见中华人民共和国教育部网站，2020-12-10。

高国民整体素质具有重要意义。党中央之所以出台这个文件，是基于三个方面背景的考虑。

一是党中央、国务院对普通高中教育改革发展提出了新要求。习近平在 2018 年全国教育大会上强调，要全面贯彻党的教育方针，培养德智体美劳全面发展的社会主义建设者和接班人，把立德树人融入思想道德教育、文化知识教育、社会实践教育各环节，围绕立德树人设计教学体系、教材体系、管理体系等，并强调要促进普通高中多样化有特色发展，这为新时代推进普通高中教育改革发展指明了前进方向，提供了根本遵循。

二是普通高中教育发展进入了新阶段。党的十八大以来，我国普通高中教育快速发展，普及水平显著提高，已经进入以内涵发展、提高质量为重点的发展新阶段。截至 2018 年年底，高中阶段毛入学率达到 88.80％，比 2012 年提高了 3.80 个百分点，初中毕业生升学率达到 95.20％，比 2012 年提高了 6.80 个百分点。但是，普通高中教育还存在着素质教育实施不全面、片面应试教育倾向严重、唯分数唯升学率评价教育质量等突出问题，亟须通过推进普通高中育人方式改革加以破解和应对。

三是面临多维改革同步推进的新任务。普通高中教育正处于普及攻坚、课程改革、高考综合改革三项重大改革同步推进的关键时期。普及攻坚提出要进一步提高普及水平，实现有质量的普及；新修订的普通高中课程方案和课程标准提出要努力培养学生的正确价值观念、必备品格和关键能力，发展学生核心素养；高考综合改革提出要探索"两依据、一参考"的录取模式，对普通高中学生选课走班、教学组织、综合素质评价等提出了新要求。这些新任务迫切需要通过深化改革，着力破解当前面临的体制机制性障碍，确保各项改革能够有效衔接、协同推进。

《关于新时代推进普通高中育人方式改革的指导意见》指出了总体思路和主要考虑，改革的总体思路强调要坚持以习近平新时代中国特色社会主义思想为指导，深入贯彻党的十九大精神，全面落实全国教育大会部署，着力深化育人关键环节和重点领域改革，全面提高普通高中教育质量。具体来说，要做到"三个坚持"。一是坚持正确方向，全面贯彻党的教育方针。围绕"培养什么人、怎样培养人、为谁培养人"这一根本问题，坚持社会主义办学方向，落实立德树人根本任务，发展素质教育，努力培养德智体美劳全面发展的社会主义建设者和接班人。二是坚持改革创新，着力破解体制机制障碍。针对普通高中教育存在的突出问题和高考综合改革带来的新挑战，从育人体系、课程教学、学生指导、考试招生和条件保障等育人关键环节着手，健全机制、完善政策、明确要求，保障改革目标的实现。三是坚持统筹协调，注重各项改革的衔接。统筹高考综合改革、普通高中课程改革和普及高中阶段教育等各项改革发展任务，充分调动有关部门、地方政府、学校和社会等各方面的积极性，注重校内校外相结合，形成多方参与、协同推进的育人合力。

《关于新时代推进普通高中育人方式改革的指导意见》提出了一个总体目标和六个具体目标。总体目标是：到 2022 年，德智体美劳全面培养的育人体系进一步完善，立德树人落实机制进一步健全。六个具体目标包括：一是普通高中新课程新教材全面实施；二是适应学生全面而有个性发展的教育教学改革深入推进；三是选课走班教学管理机制基本完善；四是科学的教育评价和考试招生制度基本建立；五是师资和办学条件得到有效保障；六是普通高中多样化有特色发展的格局基本形成。以上主要目标贯彻了习近平在全国教育大会上关于要构建德智体美劳全面培养体系的重要讲话精神，体现了新时代党的教育方针对人才培养的总体要求。这些目标的达成能够有效保障育人方式改革取得实效，促进学生全面而有个性的发展。

《关于新时代推进普通高中育人方式改革的指导意见》坚持目标导向和问题导向，结合我国普通高中教育实际，适应深化新课程改革和推进高考综合改革面临的新形势新任务，对新时代推进普通高中育人方式改革进行了整体设计。主要包括以下六个方面的改革任务。

第一，构建全面培养体系。主要包括四个方面：一是突出德育时代性。坚持育人为本、德育为先，把立德树人融入思想道德教育、文化知识教育、社会实践教育各环节，进一步完善德育体系。二是强化综合素质培养。针对育人薄弱环节，就改进科学文化教育、强化体育锻炼、加强美育工作、重视劳动教育等方面提出了目标措施和要求，着力增强学生综合素质。三是拓宽实践渠道。健全社会教育资源有效开发配置的政策体系，因地制宜打造学生社会实践大课堂，建设一批稳定的学生社会实践基地，定期组织学生开展志愿服务和实践体验活动。四是完善综合素质评价。从城乡学校实际出发，完善综合素质评价内容和实施办法，客观真实、简洁有效记录学生突出表现，强化对学生爱国情怀、遵纪守法、创新思维、体质达标、审美能力、劳动实践等方面的评价。

第二，优化课程实施。2017年，教育部颁布了新修订的普通高中课程方案和课程标准，目前已完成新教材的编写修订工作。为实施好新课程新教材，《关于新时代推进普通高中育人方式改革的指导意见》提出了一个工作目标和两项具体措施。一个工作目标：结合推进高考综合改革，2022年前全面实施新课程、使用新教材。两项具体措施：一是健全新课程实施机制。组织开展国家级示范性培训和校长教师全员培训，并通过实施中西部贫困地区新课程专项培训和遴选新课程培训基地校、新课程新教材实施示范区示范校等，切实加大对贫困地区和薄弱学校的支持力度。二是完善学校课程管理。加强课程实施监管和学分认定管理，落实好国家课程方案，确保开齐开足体育与健康、艺术、综合实践活动和理化生实验等课程。

第三，创新教学组织管理。一是有序推进选课走班。首先，依据学科人才培养规律、高校招生专业选考科目要求和学生兴趣特长，因地制宜、有序实施选课走班，满足不同学生发展需要。其次，指导学校制订选课走班指南，开发课程安排信息管理系统，提高教学管理水平和资源使用效率，构建规范有序、科学高效的选课走班运行机制。另外，针对实施选课走班后学生管理难度加大，强化了任课教师责任，充分发挥学生组织自主管理作用，加强走班教学班级管理和集体主义教育。二是深化课堂教学改革。转变教与学的方式，大力推进课堂教学改革，积极探索互动式、启发式、探究式、体验式等教学方式，加强实验教学，推广应用优秀教学成果，推进信息技术与教育教学深度融合，提高课堂教学质量。三是优化教学管理。针对一些学校存在的抢赶教学进度、超课标教学、日常测试频繁和学生课业负担过重等问题，进一步完善教学管理规范、严格执行教学计划，严禁组织有偿补课、减少统考统测和日常测试，并强调了市、县监管责任。

第四，加强学生发展指导。从高中学生的特点看，这个年龄段正处在从未成年走向成年、初步选择未来发展方向的特殊阶段，是世界观、人生观和价值观形成的关键时期；从新课程改革和高考综合改革来看，学生在学习和考试方面面临更多的选择，都迫切需要有针对性地给予指导。对此，《关于新时代推进普通高中育人方式改革的指导意见》从两个方面提出了要求：一是注重指导实效。加强对学生理想、心理、学习、生活、生涯规划等方面的指导，提高学生在选修课程、选考科目、报考专业和未来发展方向等方面的自主选择能力。二是健全指导机制。指导普通高中学校建立学生发展指导制度，明确指导机构，建立专兼结合的指导教师队伍，加强指导教师培训。注重利用高校、科研机构、企业等各种社会资源，积极构建学校、家庭、社会多方参与和协同配合的指导机制。

第五，完善考试和招生制度。在总结高考综合改革试点经验的基础上，《关于新时代推进普通高中育人方式改革的指导意见》分别对加强和改进考试、命题与招生等工作提出了要求。一是规范学业水平考试。明确省级统一组织实施的合格性考试应安排在学期末，高一年级学生参加合格性考试的科目原则上不超过4科。高校招生录取所需学业水平考试科目实行选择性考试，由省级统一组织实施。二是深化考试命题改革。在实施普通高中新课程的省份不再制定考试大纲，学业水平选择性考试和高等学校招生全国统一考试命题要以国家普通高中课程标准和高校人才选拔要求为依据，促进教考有效衔接。同时，从优化考试内容、创新试题形式、科学设置试题难度和加强命题能力建设等方面提出要求，推动提高命题水平。三是稳步推进高校招生改革。加强高等学校招生工作能力建设，提高招生录取工作科学化专业化水平。根据高校人才培养目标和专业学习基本需要，不断完善招生专业选考科目要求，并把综合素质评价作为招生录取的重要参考。

第六，强化师资和条件保障。一是健全师资补充与激励机制。加大编制统筹调配力度，要求于2020年年底前完成普通高中教职工编制核定，适应选课走班教学需要。同时，完善普通高中绩效工资管理办法，在核定绩效工资总量时向普通高中予以适当倾斜，并指导学校完善分配办法。二是改善学校校舍条件。制订消除普通高中大班额专项规划，推动加快消除大班额现象。修订普通高中学校建设标准和装备配备标准，继续实施教育基础薄弱县普通高中建设项目，加大普通高中改造计划实施力度，重点支持中西部贫困地区改善学校办学条件。三是完善经费投入机制。首先是"建机制"，完善普通高中建设经费投入机制，明确省市县分担责任；健全成本分担机制，建立生均公用经费拨款标准和学费标准动态调整机制。其次是"定标准"，针对目前个别省份尚未出台普通高中生均公用经费标准和一些省份标准过低，以及实施选课走班和综合素质评价后学校运转与管理成本提高等问题，要求健全生均公用经费拨款制度，各地生均公用经费拨款标准应于 2020 年达到每生每年 1000 元以上，个别确有困难的地区可延至 2022 年前。最后是"拓渠道"，在严格遵守政府债务管理规定的前提下，多渠道筹措普通高中建设资金。①

(三)高中教育事业发展成就

1. 高中阶段教育基本普及目标实现

从 2012 年党的十八大报告提出"基本普及高中阶段教育"到 2015 年党的十八届五中全会进一步作出普及高中阶段教育的战略决策，再到 2017 年的《"十三五"推进基本公共服务均等化规划》将高中阶段教育诸多事项纳入基本公共服务均等化范畴内，新时代党的历届报告与政策文件中都提出了"普及高中阶段教育"规划发展目标。这是继 2011 年全面普及九年义务教育之后，党中央、国务院作出的普及更高阶段教育的重大战略决策。普及高中阶段教育是巩固义务教育普及成果、完善现代职业教育体系、增强高等教育发展后劲的重大举措，是适应我国经济结构转型升级、提高劳动力受教育年限、满足人民群众对多样化高质量教育的迫切需要，进一步提升国民整体素质、建设人力资源强国的基础工程。

---

① 《国务院办公厅关于新时代推进普通高中育人方式改革的指导意见》，载《中华人民共和国国务院公报》，2019(18)。

　　"十三五"时期，我国高中阶段教育普及进入了攻坚期，2017 年教育部推动高中阶段教育普及攻坚计划的深入实施，并与 10 个普及水平较低的中西部省份签署了普及攻坚备忘录。中央设立专项资金，加大普通高中改造计划实施力度，重点支持中西部省份贫困地区普通高中改善办学条件。经过一系列有力的政策推进，我国高中阶段教育基本普及目标接近实现。接受高中阶段教育人数增多，教育体系不断完善。高中阶段教育规模快速增长，普及水平大幅提高，为更多的初中毕业生提供了接受高中阶段教育的机会，促进了初中阶段教育与高中阶段教育的有效衔接，也适应了高等教育大众化对扩大高中阶段教育规模的需求。

　　从图 3-5 中数据来看，2019 年全国高中阶段教育毛入学率达 89.50%，比 2010 年提高了 7 个百分点；全国已有 31 个省份高中阶段教育毛入学率超过 90.00%，其余 3 个省份在 2020 年实现了 90.00% 的普及目标。2020 年基本普及高中阶段教育的发展目标基本实现。2019 年每十万人口中高中阶段教育在校生人数为 2850 人，比 2018 年增加 22 人。普及目标的实现，意味着我国目前新增劳动力绝大部分已接受过高中阶段以上教育，国民受高中阶段教育机会进一步扩大。

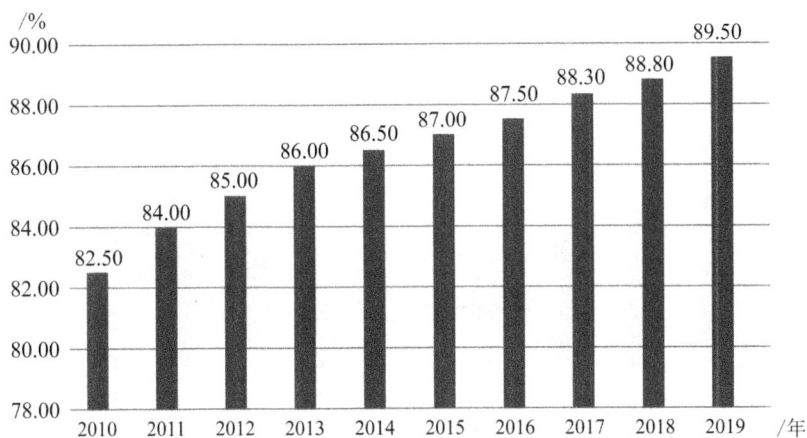

图 3-5　2010—2019 年全国高中阶段教育毛入学率

数据来源：2010—2019 年《中国教育统计年鉴》。

2. 普通高中学校规模优化调整

2010 年以后，受学龄人口减少、学校布局调整政策的影响，普通高中学校数经历了先减少后大幅增加的发展历程，2015 年低到谷值 1.32 万所，2019 年达到峰值 1.40 万所，比上年增加 227 所。2015 年后，普通高中年增长率呈正向增长，且在 2017 年、2019 年达到高点，这正是普及高中教育攻坚计划的成效（见图 3-6）。

2019 年全国普通高中招生 839.49 万人，比上年增加 46.78 万人，增长 5.90%；在校生 2414.31 万人，比上年增加 38.94 万人，增长 1.64%；毕业生 789.25 万人，比上年增加 10.01 万人（见表 3-6）。

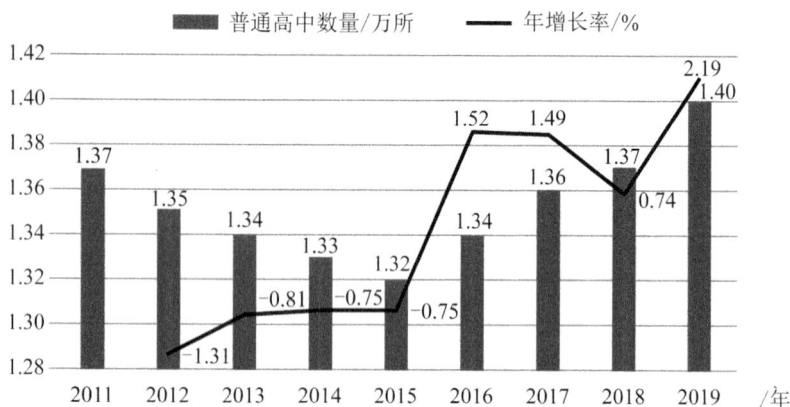

图 3-6 2011—2019 年全国普通高中学校数及其年度变化情况

数据来源：2011—2019 年《中国教育统计年鉴》。

表 3-6 2011—2019 年全国普通高中招生数、在校生、毕业生数量变化情况

单位：万人

年份	2011	2012	2013	2014	2015	2016	2017	2018	2019
招生数	850.78	844.61	822.70	796.60	796.61	802.92	800.05	792.71	839.49
在校生	2454.82	2467.17	2435.88	2400.47	2374.40	2366.65	2374.55	2375.37	2414.31
毕业生	787.74	791.50	798.98	799.62	797.65	792.35	775.73	779.24	789.25

数据来源：2011—2019 年《中国教育统计年鉴》。

3. 普通高中教师队伍不断强大

伴随着普通高中教育的快速发展，专任教师数持续增加，专任教师队伍不断扩大。从 2011 年到 2019 年，普通高中专任教师数量持续增加，从 2011 年的 155.68 万人增加到 2019 年的 185.92 万人，增加了 30.24 万人。专任教师生师比持续下降，师资条件正不断改善。从 2011 年的 15.77：1 持续降到 2019 年的 12.99：1，师资配置状况大有改善（见表 3-7）。伴随着一系列教师队伍政策的大力实施，普通高中专任教师学历合格率继续提升。2011 年度普通高中专任教师合格率达到 95.73％，2019 年学历合格率增加至 98.62％，教师队伍素质进一步提升。

表 3-7　2011—2019 年全国普通高中专任教师变化情况

年份	2011	2012	2013	2014	2015	2016	2017	2018	2019
人数/万人	155.68	159.50	162.90	166.27	169.54	173.35	177.40	181.26	185.92
生师比	15.77：1	15.47：1	14.95：1	14.44：1	14.01：1	13.65：1	13.39：1	13.10：1	12.99：1
学历合格率/％	95.73	96.44	96.80	97.25	97.70	97.91	98.15	98.41	98.62

数据来源：2011—2019 年《中国教育统计年鉴》。

4. 普通高中育人方式卓有成效

积极创新普通高中育人方式。普通高中新课程新教材已在 20 个省份实施，适应普通高中课程改革和高考综合改革同步推进，探索形成了规范有序、科学高效的新型教学组织方式。建立学生发展指导制度，帮助学生树立正确理想信念、正确处理个人兴趣特长和国家社会需要的关系，提高选科选考和未来发展方向的自主选择能力。完善综合素质评价实施办法，以省为单位建立学生综合素质评价信息管理系统，建立健全信息公开和监督保障机制，客观真实、简洁有效记录学生突出表现，引导育人方式转变，大力发展素质教育，促进了学生全面发展。[①]

---

① 教育部基础教育司：《确保圆满收官　推进全面提质——"十三五"我国基础教育改革发展成就介绍》，参见中华人民共和国教育部网站，2020-12-10。

四、高等教育事业的发展

高等教育是一个国家发展水平和发展潜力的重要标志。2018 年 5 月 2 日，习近平在北京大学师生座谈会上指出，今天，党和国家事业发展对高等教育的需要，对科学知识和优秀人才的需要，比以往任何时候都更为迫切。中国特色社会主义进入了新时代，新的历史方位决定了高等教育新的历史使命，党领导高等教育事业发展走上了高等教育强国之路。

（一）推动世界一流大学和一流学科建设

1."双一流"建设的时代背景

新时代对高等教育发展提出了很多新的要求。当前，我国经济发展步入新常态，第一个百年奋斗目标已经实现，第二个百年奋斗目标、"五位一体"总体布局和"四化同步"的发展路径对人才培养和科技创新提出了前所未有的新要求。党的十九届五中全会深刻指出，必须把创新摆在国家发展全局的核心位置，深入实施创新驱动发展战略。新形势和新任务对高等教育实施内涵发展、提高国际竞争力提出了更高的要求。建设一批"中国特色，世界一流"的高水平大学和学科成为中国高等教育服务国家战略最重要的历史使命和战略任务。

1995 年以来，我国先后实施了"211"工程、"985"工程等一批重点建设项目，一批高水平大学建设取得重大进展，在国际上产生了广泛影响，为进一步建设世界一流大学和一流学科奠定了坚实的基础。实践证明，"集中资源、率先突破、带动整体"的重点建设道路，充分发挥了社会主义制度集中力量办大事的优越性，迅速缩小了我国与高等教育强国之间的差距，为进一步建设世界一流大学和一流学科打下了很好的基础。2016 年，我国进行高水平大学建设的项目"211"工程、"985"工程的相关文件因时间到期而失效。我国高等教育发展整体上已经达到了世界中等偏上水平，即将迈入大众化时代，成为高等教育普及化国家第一大国。因此，一方面，我们要巩固高等教育规模发展的成果，进一步满足人民群众接受高等教育的迫切需求；另一方面，要全面提高高等教育质量，培育特色学科、支持优势学科、发展交叉学科，增强高校的国际核心竞争力，满足人民群众接受优质高等教育的愿望。

2. "双一流"建设的实施过程

为认真总结经验，加强系统谋划，加大改革力度，完善推进机制，坚持久久为功，统筹推进世界一流大学和一流学科建设，实现我国从高等教育大国到高等教育强国的历史性跨越，2015 年 8 月 18 日，中央全面深化改革领导小组第十五次会议审议通过《统筹推进世界一流大学和一流学科建设总体方案》，决定统筹推进建设世界一流大学和一流学科。在这次会议上，习近平指出："推动一批高水平大学和学科进入世界一流行列或前列，提升我国高等教育综合实力和国际竞争力，培养一流人才，产出一流成果。"①2015年10月24日，国务院印发《统筹推进世界一流大学和一流学科建设总体方案》，正式拉开了"双一流"建设的序幕。

按照部署，统筹推进世界一流大学和一流学科建设的战略目标是：着眼于国家"两个一百年"奋斗目标，统筹推进一流大学和一流学科建设。这一建设将分三步走：第一步到2020年，我国若干所大学和一批学科进入世界一流行列，若干学科进入世界一流学科前列，目前这一目标已经实现；第二步到2030年，更多的大学和学科进入世界一流行列，若干所大学进入世界一流大学前列，一批学科进入世界一流学科前列，高等教育整体实力显著提升；第三步到本世纪中叶，一流大学和一流学科的数量和实力进入世界前列，基本建成高等教育强国。

统筹推进世界一流大学和一流学科建设需要遵循四项基本原则：第一，坚持以一流为目标。引导和支持具备一定实力的高水平大学和高水平学科瞄准世界一流，汇聚优质资源，培养

---

① 新华社：《习近平主持召开中央全面深化改革领导小组第十五次会议强调 增强改革定力保持改革韧劲 扎扎实实把改革举措落到实处》，载《人民日报》，2015-08-19。

一流人才，产出一流成果，加快走向世界一流。第二，坚持以学科为基础。引导和支持高校优化学科结构，凝练学科发展方向，突出学科建设重点，创新学科组织模式，打造更多学科高峰，带动学校发挥优势、办出特色。第三，坚持以绩效为杠杆。建立激励约束机制，鼓励公平竞争，强化目标管理，突出建设实效，构建完善中国特色的世界一流大学和一流学科评价体系，充分激发高校内生动力和建设活力。第四，坚持以改革为动力。深化高校综合改革，加快中国特色现代大学制度建设，着力破除体制机制障碍，加快构建充满活力、富有效率、更加开放、有利于学校科学发展的体制机制，当好教育改革排头兵。[①]

《统筹推进世界一流大学和一流学科建设总体方案》围绕"中国特色，世界一流"的核心要求，从建设、改革两方面共安排了10项重点任务，实行建设与改革并重。

建设任务有五项：一是建设一流师资队伍。强化高层次人才的支撑和引领作用，加快培养和引进一批一流科学家、学科领军人物和创新团队，培养造就一支优秀教师队伍。二是培养拔尖创新人才。突出人才培养的核心地位，着力培养具有国家使命感和社会责任心，富有创新精神和实践能力的各类创新型、应用型、复合型的优秀人才。三是提升科学研究水平。以国家

---

① 新华社：《习近平主持召开中央全面深化改革领导小组第十五次会议强调增强改革定力保持改革韧劲　扎扎实实把改革举措落到实处》，载《人民日报》，2015-08-19。

重大需求为导向，提升高水平科学研究能力，着力提升解决重大问题和原始创新的能力，推进科研组织模式创新。打造具有中国特色和世界影响的新型高校智库。四是传承创新优秀文化。加强大学文化建设，把社会主义核心价值观融入教育教学全过程，发挥中华优秀传统文化的教化育人作用。五是着力推进成果转化。深化产教融合，着力提高高校对产业转型升级的贡献率，推动重大科学创新、关键技术突破转变为先进生产力，增强高校创新资源对经济社会发展的驱动力。

改革任务也是五项：一是加强和改进党对高校的领导。坚持和完善党委领导下的校长负责制，牢牢把握高校意识形态工作领导权，全面推进高校党的建设各项工作。二是完善内部治理结构。加快形成以章程为统领的完善、规范、统一的制度体系，加强学术组织建设，完善民主管理和监督。三是实现关键环节突破。加快推进人事制度、人才培养模式、科研体制机制、资源募集机制等方面的改革。四是构建社会参与机制。加快建立健全社会支持和监督学校发展的长效机制。建立健全理事会制度，加快完善与行业、企业密切合作模式。五是推进国际交流合作。加强与世界一流大学和学术机构的实质性合作，加强国际协同创新，切实提高我国高等教育的国际竞争力和话语权。

《统筹推进世界一流大学和一流学科建设总体方案》提出，国家将鼓励和支持不同类型的高水平大学和学科差别化发展，总体规划，分级支持，每 5 年一个周期，2016 年开始新一轮建设。建设将更加突出绩效导向，通过建立健全绩效评价机制，动态调整支持力度，不断完善政府、社会、学校相结合的共建机制，形成多元化投入、合力支持的格局。

2017 年，为贯彻落实党中央、国务院关于建设世界一流大学和一流学科的重大战略决策，根据国务院《统筹推进世界一流大学和一流学科建设总体方案》，《统筹推进世界一流大学和一流学科建设实施办法（暂行）》和《关于公布世界一流大学和一流学科建设高校及建设学科名单的通知》先后印发，我国高等教育正式进入"双一流"建设时期。

首批"双一流"建设高校共计 137 所，其中世界一流大学建设高校 42 所（A 类 36 所，B 类 6 所），世界一流学科建设高校 95 所（见表 3-8）；双一流建设学科共计 465 个（其中自定学科 44 个）。备受社会关注的"双一流"建设，有了明确建设的"施工图"。陈宝生在 2017 年全国两会记者会上解释指出，"双一流"定性是"中国特色、世界一流"，标准是中国特色和世界一流的有机融合，它是一个全新的计划，在"985""211"基础上，把建设世界一流大学的事业在新历史潮流下推向前进。遴选标准是"竞争优选、专家评选、政府比选、动态筛选"原则。[1]

---

[1]　新华社中央新闻采访中心：《2017 全国两会记者会实录》，286～287 页，北京，人民出版社，2017。

表 3-8 "双一流"建设高校名单

一流大学建设高校 42 所	A 类 36 所	北京大学、中国人民大学、清华大学、北京航空航天大学、北京理工大学、中国农业大学、北京师范大学、中央民族大学、南开大学、天津大学、大连理工大学、吉林大学、哈尔滨工业大学、复旦大学、同济大学、上海交通大学、华东师范大学、南京大学、东南大学、浙江大学、中国科学技术大学、厦门大学、山东大学、中国海洋大学、武汉大学、华中科技大学、中南大学、中山大学、华南理工大学、四川大学、重庆大学、电子科技大学、西安交通大学、西北工业大学、兰州大学、国防科技大学
	B 类 6 所	东北大学、郑州大学、湖南大学、云南大学、西北农林科技大学、新疆大学
一流学科建设高校 95 所		北京交通大学、北京工业大学、北京科技大学、北京化工大学、北京邮电大学、北京林业大学、北京协和医学院、北京中医药大学、首都师范大学、北京外国语大学、中国传媒大学、中央财经大学、对外经济贸易大学、外交学院、中国人民公安大学、北京体育大学、中央音乐学院、中国音乐学院、中央美术学院、中央戏剧学院、中国政法大学、天津工业大学、天津医科大学、天津中医药大学、华北电力大学、河北工业大学、太原理工大学、内蒙古大学、辽宁大学、大连海事大学、延边大学、东北师范大学、哈尔滨工程大学、东北农业大学、东北林业大学、华东理工大学、东华大学、上海海洋大学、上海中医药大学、上海外国语大学、上海财经大学、上海体育学院、上海音乐学院、上海大学、苏州大学、南京航空航天大学、南京理工大学、中国矿业大学、南京邮电大学、河海大学、江南大学、南京林业大学、南京信息工程大学、南京农业大学、南京中医药大学、中国药科大学、南京师范大学、中国美术学院、安徽大学、合肥工业大学、福州大学、南昌大学、河南大学、中国地质大学、武汉理工大学、华中农业大学、华中师范大学、中南财经政法大学、湖南师范大学、暨南大学、广州中医药大学、华南师范大学、海南大学、广西大学、西南交通大学、西南石油大学、成都理工大学、四川农业大学、成都中医药大学、西南大学、西南财经大学、贵州大学、西藏大学、西北大学、西安电子科技大学、长安大学、陕西师范大学、青海大学、宁夏大学、石河子大学、中国石油大学、宁波大学、中国科学院大学、第二军医大学、第四军医大学

2017 年 10 月 18 日，习近平总书记在党的十九大报告中指出，要加快一流大学和一流学科建设。2018 年政府工作报告提出："以经济社会发展需要为导向，优化高等教育结构，加快'双一流'建设。""双一流"建设是新时期中国追求世界一流大学的政府行为，代表着国家意志。这是新时代高等教育发展新的动员令，是高等教育最紧迫的战略任务。

2018 年 9 月 28—29 日，教育部在上海召开"双一流"建设现场推进会。陈宝生出席会议并讲话，指出："习近平重要讲话和全国教育大会精神对'双一流'建设具有重大指导意义。要深刻认识到，当今世界正面临百年未遇的大变局，我们正处于'四个伟大'的历史进程，大国博弈形势复杂，我国高等教育正处于爬坡过坎迈向世界领先的发展阶段，这决定了我们必须加快推进'双一流'建设，只争朝夕时不我待。"①到 2020 年年底，首批入选的 42 所世界一流大学建设高校和 95 所世界一流学科建设高校，在建设一流师资团队、培养拔尖创新人才、提升科学研究水平、传承创新优秀文化、着力推进成果转化等方面都取得了阶段性进展。2020 年 10 月 29 日，党的十九届五中全会指出："提高高等教育质量，分类建设一流大学和一流学科，加快培养理工农医类专业紧缺人才。"陈宝生在 2021 年全国教育工作会议

---

①　教育部：《推动"双一流"加快建设、特色建设、高质量建设》，参见中华人民共和国教育部网站，2018-09-30。

上指出："首轮'双一流'建设成果令人鼓舞，今年将启动新一轮'双一流'建设，做好支持政策衔接调整。"①

（二）加快新时代研究生教育改革发展

新中国成立70多年来，我国累计培养了1000多万名博士、硕士，在学研究生达到300万人，已成为世界研究生教育大国。研究生教育作为国民教育体系的顶端，是培养高层次人才和释放人才红利的主要途径，是国家人才竞争和科技竞争的重要支柱，是实施创新驱动发展战略和建设创新型国家的核心要素，是科技第一生产力、人才第一资源、创新第一动力的重要结合点。没有强大的研究生教育，就没有强大的国家创新体系。当前中国特色社会主义进入新时代，正处于世界百年未有之大变局、中华民族伟大复兴战略全局的关键时期，我国研究生教育正在经历从大到强的转变，国内经济社会发展面临转型升级、高质量发展的挑战，人民群众对研究生教育的需求也更加多样化；国际上大国竞争日益激烈，研究生教育的战略性、重要性更加凸显，准确识变、科学应变、主动求变更为迫切。

2017年1月，教育部、国务院学位委员会印发的《学位与研

---

① 陈宝生：《乘势而上　狠抓落实　加快建设高质量教育体系——在2021年全国教育工作会议上的讲话》，载《中国教育报》，2021-02-05。

究生教育发展"十三五"规划》指出，"学位与研究生教育改革发展要继续坚持服务需求、提高质量为主线，把寓教于研、激励创新作为根本要求，把分类改革、机制创新作为主要驱动，全面提升研究生教育水平和学位授予质量，加快从研究生教育大国向研究生强国迈进"，勾勒出我国学位与研究生教育改革发展的路线图。这为新时代学位制度的改革指明了方向。[1]

《学位与研究生教育发展"十三五"规划》提出了学位与研究生教育改革发展的六大任务，包括：主动适应需求，动态调整优化结构；改革培养模式，提升创新和实践能力；健全质量评价，完善监督保障体系；扩大国际合作，提升国际影响力；统筹推进"双一流"建设，提升研究生教育整体实力；拓展育人途径，推动培养单位体制机制创新。

《学位与研究生教育发展"十三五"规划》提出，要稳步发展博士研究生教育，适度扩大博士研究生教育规模。同时，积极发展硕士专业学位研究生教育，建立以职业需求为导向的硕士专业学位研究生教育发展机制。探索硕士专业学位研究生教育与应用型本科和高等职业教育相衔接的办法，拓展高层次技术技能人才成长的通道。

"十三五"期间，我国学位与研究生教育健全学科预警机制，

---

[1]　教育部：《学位与研究生教育发展"十三五"规划》，参见中华人民共和国教育部网站，2017-01-20。

健全新增学位授权审核常态化与授权点动态调整相结合的工作机制，完善研究生教育质量评价机制，完善研究生培养分流退出制度，构建优势资源和有利因素互补相融的协同培养机制等，切实提高研究生培养质量。

《学位与研究生教育发展"十三五"规划》还提出，要形成各方合力支持的投入保障机制，强化导师培养责任和能力，构建信息化支撑服务体系，并将组织实施"一流研究生教育建设计划""未来科学家计划""研究生导师能力提升计划""课程体系及案例库建设""研究生学术交流平台建设"等一批重大项目。

2020年7月，我国首次全国研究生教育会议召开。习近平对研究生教育作出重要指示，李克强作出重要批示，孙春兰出席全国研究生教育会议，传达中央领导同志重要指示并做重要讲话，陈宝生作出工作部署。

习近平强调，研究生教育在培养创新人才、提高创新能力、服务经济社会发展、推进国家治理体系和治理能力现代化方面具有重要作用。各级党委和政府要高度重视研究生教育，推动研究生教育适应党和国家事业发展需要，坚持"四为"方针，瞄准科技前沿和关键领域，深入推进学科专业调整，提升导师队伍水平，完善人才培养体系，加快培养国家急需的高层次人才，为坚持和发展中国特色社会主义、实现中华民族伟大复兴的中国梦作出贡献。[①]

李克强作出批示指出，研究生教育肩负着高层次人才培养和创新创造的重要使命，是国家发展、社会进步的重要基石。改革开放以来，我国研究生教育实现了历史性跨越，培养了一批又一批优秀人才，为党和国家事业发展作出了突出贡献。要坚持以习近平新时代中国特色社会主义思想为指导，认真贯彻党中央、国务院决策部署，面向国家经济社会发展主战场、人民群众需求和世界科技发展等最前沿，培养适应多领域需要的人才。深化研究生培养模式改革，进一步优化考试招生制度、学科课程设置，促进科教融合和产教融合，加强国际合作，着力增强研究生实践能力、创新能力，为建设社会主义现代化强国提供更坚实的人才支撑。

孙春兰出席会议并讲话。她表示，要深入学习贯彻习近平关于研究生教育的重要指示精神，全面贯彻党的教育方针，落实立德树人根本任务，以提升研究生教育质量为核心，深化改革创新，推动内涵发展。把研究作为衡量研究生素质的基本指标，优化学科专业布局，注重分类培养、开放合作，培养具有研究和创新能力的高层次人才。加强导师队伍建设，针对不同学位类型完善教育评价体系，严格质量管理、校风学风，引导

---

① 新华社：《习近平对研究生教育工作作出重要指示强调　适应党和国家事业发展需要　培养造就大批德才兼备的高层次人才　李克强作出批示》，参见新华网，2020-07-29。

研究生教育高质量发展。

2020年9月，教育部、国家发展改革委、财政部联合出台《关于加快新时代研究生教育改革发展的意见》。文件中提出了研究生教育的发展目标——到2035年初步建成具有中国特色的研究生教育强国，明确了"立德树人、服务需求、提高质量、追求卓越"的工作主线，从加强思想政治教育、推进学科专业调整、完善人才培养体系、提升导师队伍水平、严格质量管理、完善条件保障等方面提出研究生教育改革发展的关键举措。

一是加强思想政治教育。习近平强调，培养什么人是教育的首要问题。研究生教育要坚守立德树人、前瞻引领、研究创新的初心，为党育人，为国育才，把思想政治教育摆在第一位。《关于加快新时代研究生教育改革发展的意见》强调，发挥导师言传身教作用，做研究生成长成才的引路人，既做学业导师，又做人生导师；不断完善思想政治教育体系，健全"三全育人"机制，将思想政治教育评价结果作为"双一流"建设成效评价、学位授权点合格评估的重要内容。

二是深入推进学科专业调整。习近平明确指示要深入推进学科专业调整。《关于加快新时代研究生教育改革发展的意见》提出，建立基础学科、应用学科、交叉学科分类发展和动态调整新机制，设置交叉学科门类，着力推动新兴交叉学科发展。按照高校自主调、国家引导调、市场调节调的工作思路，不断优化学科专业结构。国家依法施策，同时推动培养单位依法办学，用好自主权。

三是完善人才培养体系。习近平的重要指示明确要求完善人才培养体系，李克强批示要深化研究生培养模式改革。《关于加快新时代研究生教育改革发展的意见》指出，要更加注重分类培养，进一步深化科教融合，加强学术学位研究生知识创新能力培养；强化产教融合，加强专业学位研究生实践创新能力培养。瞄准科技前沿和关键领域，增强研究生招生计划等资源调控的精准度，实施国家关键领域急需高层次人才培养专项计划。

四是提升导师队伍水平。导师队伍建设是研究生教育的基础性工程，决定着整个研究生教育的质量和水平。《关于加快新时代研究生教育改革发展的意见》提出，强化导师岗位管理，明晰职责边界，将政治表现、师德师风、学术水平、指导精力投入、育人实效等纳入导师评价考核体系。支持导师严格学业管理，给负责任的导师撑腰。教育部即将出台配套文件，规范导师指导行为，建立师德失范责任认定和追究机制。同时，加强导师培训，建立国家典型示范、省级重点保障、培养单位全覆盖的三级导师培训体系。

五是严格质量管理。《关于加快新时代研究生教育改革发展的意见》提出，严把入口关、严把过程关、严把出口关，合理制定与学位授予相关的科研成果要求，加大分流力度，加强学风建设，敢于让不合格的学生毕不了业，倒逼学生潜心治学。用好学位授权点评估、学位论文抽检等手段，加强对研究生教育质量监督检测。将学位论文作假行为作为信用记录，纳入全国信用信息共享平台。

六是完善条件保障。《关于加快新时代研究生教育改革发展的意见》提出，要全面加强党的领导，确保正确办学方向。完善差异化投入机制，加大博士生教育投入，加大对基础研究、关键核心技术领域的支持。改革完善资助体系，激发研究生学习积极性。[①]

教育部综合提炼《关于加快新时代研究生教育改革发展的意见》等系列文件的重点工作，研拟了"十大专项行动"，重点推进。分别是：实施学科专业建设改革行动、交叉学科高质量发展行动、产教融合建设行动、一流学科培优行动、关键领域核心技术高层次人才培养行动、基础学科深化建设行动、博士生教育提质行动、导师指导能力提升行动、课程教材建设质量提升行动、质量提升和管理行动。

2020 年，聚焦研究生教育关键问题、重点环节，教育部、国务院学位委员会相继出台了系列重要文件。《关于进一步严格规范学位与研究生教育质量管理的若干意见》提出，健全全员、

---

① 《教育部　发展改革委　财政部关于加快新时代研究生教育改革发展的意见》，载《中华人民共和国国务院公报》，2020(34)。

全过程、全方位质量保障体系；《专业学位研究生教育发展方案（2020—2025）》提出大力发展专业学位教育，加强应用型高层次人才培养；《关于加强博士生导师岗位管理的若干意见》提出加强博士生导师队伍建设；《研究生导师指导行为准则》提出明确导师指导行为"十不得"。这一系列重要文件的出台，开启了新时代研究生教育改革发展的新篇章。

（三）高等教育事业发展成就

1. 高等教育实现跨越式发展后持续增长，进入普及化发展阶段

2010年《教育规划纲要》颁布后，高等教育在学总规模呈现稳步扩大趋势。2012年全国各类高等教育在学总规模为3325.20万人，2019年全国各类高等教育在学总规模为4002.00万人，比2012年增长了676.80万人、增长20.35%，在学总规模居世界第一位。高等教育毛入学率从2012年的30.00%提升到2015年的40.00%，2019年达到51.60%，进入世界公认的普及化阶段。我国已经建成世界规模最大的高等教育体系，实现了从大众化向普及化的历史性跨越。

高等学校数量基本稳定，随着人口变化趋势与教育质量提升的要求，部分院校有所调整，2010年到2019年的全国普通高等学校与研究生培养单位的总量基本保持平稳。2019年全国共

有普通高等学校 2688 所(含独立学院 257 所)。其中，本科院校 1265 所，高职(专科)院校 1423 所。全国共有成人高等学校 268 所，研究生培养机构 828 个(见图 3-7)。

图 3-7　2010—2019 年全国普通高等学校与研究生培养单位数量
数据来源：2010—2019 年《中国教育统计年鉴》。

高等学校的学生数量规模稳步增加。从 2010 年到 2019 年数据来看，普通本专科、研究生的毕业生数、招生数、在校生数都呈稳步增加态势，且 2018 年后普通本专科的招生数有相对大幅增加。从总量上来看，表 3-9 显示，2018 年我国研究生招生 85.80 万人，其中，全日制 73.93 万人。招收博士生 9.55 万人，招收硕士生 76.25 万人。在学研究生 273.13 万人，毕业研究生 60.44 万人。普通本专科招生 790.99 万人，比上年增加 29.50 万人，增长 3.87%；在校生 2831.03 万人，比上年增加 77.45 万人，增长 2.81%；毕业生 753.31 万人，比上年增加 17.48 万人，增长 2.38%。

表3-9　2012—2019年全国普通本专科与研究生毕业生数、招生数、在校生数变化

年份	普通本专科/万人			研究生/万人		
	毕业生数	招生数	在校生数	毕业生数	招生数	在校生数
2012	624.73	688.83	2391.32	48.65	58.97	171.98
2013	638.72	699.83	2468.07	51.36	61.14	179.40
2014	659.37	721.40	2547.70	53.59	62.13	184.77
2015	680.89	737.85	2625.30	55.15	64.51	191.14
2016	704.18	748.61	2695.84	56.39	66.71	198.11
2017	735.83	761.49	2753.59	57.80	80.61	263.96
2018	753.31	790.99	2831.03	60.44	85.80	273.13
2019	758.53	914.90	3031.53	63.97	91.65	286.37

数据来源：2012—2019年《中国教育统计年鉴》。

2. 高等教育人才培养质量全面升级

经"985"工程、"211"工程以及特色学科项目等平台拉动，高等教育核心竞争力不断提高，部分学科跻身于国际一流行列。2016年，工程教育正式加入华盛顿协议；2020年，医学教育认证制度获得世界医学教育联合会（WFME）认定通过。实施一流专业"双万计划"，公布4054个国家级一流专业建设点，推进专业认证全覆盖。课程建设水平全面提升。一流课程"双万计划"遴选国际级一流本科课程5118门，涵盖了线上、线下、线上线下混合、虚拟仿真和社会实践五类"金课"，全面示范带动高校本科课程建设。

"以本为本"深入人心。新时代全国高等学校本科教育工作会议、"六卓越一拔尖"计划2.0启动会议相继召开，人才培养

中心地位和本科教学基础地位不断得到巩固。价值塑造融入专业教育。全国高校课程思政工作视频会议召开，在全国所有高校、所有专业全面推进课程思政建设，构建起全员全程全方位育人大格局。制定颁布教学质量标准。2018 年我国首个本科专业类教学质量国家标准发布，涵盖全部 12 个学科门类、92 个本科专业类、587 个专业、5.6 万余个专业点。专业认证质量实现国际实质等效。拔尖人才培养进入 2.0 时代。在 17 个基础学科实施拔尖学生培养计划，首批布局 104 个基地，为提升国家硬实力储备战略人才。创新创业人才培养全面开展。连续举办六届"互联网+"大学生创新创业大赛，1577 万大学生参赛。引领带动高校人才培养范式变革，推动形成新的人才培养观和新的质量标准。[①]

3. 高等教育专任教师结构趋于优化

高等教师专任教师学历层次普遍提高，结构趋于优化。普通高校专任教师人数 2012 年为 144.03 万人，2019 年为 174.01 万人，增长了 20.82%。其中，2019 年具有研究生学历（硕士与博士）的专任教师占比为 64.12%，普通高校生师比为 17.95∶1（见图 3-8、表 3-10）。

---

① 教育部：《教育 2020 收官系列新闻发布会——第二场：介绍"十三五"期间高等教育事业改革发展、高校人才培养、思政工作、科技创新情况》，参见中华人民共和国教育部网站，2020-12-03。

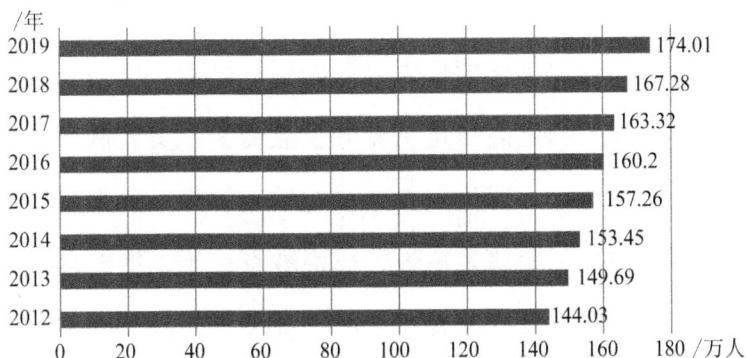

图 3-8　2012—2019 年全国普通高等学校专任教师数量

数据来源：2012—2019 年《中国教育统计年鉴》。

表 3-10　2012—2019 年全国普通高等学校生师比

年份	2012	2013	2014	2015	2016	2017	2018	2019
生师比	17.52：1	17.53：1	17.68：1	17.73：1	17.07：1	17.52：1	17.56：1	17.95：1

数据来源：2012—2019 年《中国教育统计年鉴》。

教师学历层次构成继续提高。2019 年，普通高校研究生学历教师比例为 75.0%，比上年提高 1.40 个百分点。其中，普通本科院校为 84.90%，比上年提高 1.20 个百分点；高职（专科）院校为 51.50%，比上年提高 1.60 个百分点。高等教育教师队伍素质不断提升。

五、职业教育事业的发展

(一)加快建设中国特色现代职业教育体系

党的十八大以来，国家高度重视职业教育的改革与发展，提出要加快发展现代职业教育，使职业教育深度融入全面建成小康社会与实现中华民族伟大复兴的历史进程，努力服务于建设现代经济社会和更高质量更充分就业需要，实现从学历教育向终身教育的转型，深化产教融合与校企合作，加强基础能力建设，着力提高人才培养质量，促进教育公平，推动高质量发展。我国现代职业教育体系建设由此进入一个崭新的历史发展时期，并不断前进。

1. 建设中国特色现代职业教育体系的全面部署与具体规划

2014 年，国务院召开全国职业教育工作会议，颁布《国务院关于加快发展现代职业教育的决定》。该文件提到："近年来，我国职业教育事业快速发展，体系建设稳步推进，培养培训了大批中高级技能型人才，为提高劳动者素质、推动经济社会发展和促进就业作出了重要贡献。同时也要看到，当前职业教育还不能完全适应经济社会发展的需要，结构不尽合理，质量有待提高，办学条件薄弱，体制机制不畅。加快发展现代职业教育，是党中央、国务院作出的重大战略部署，对于深入实施创新驱动发展战略，创造更大人才红利，加快转方式、调结构、促升级具有十分重要的意义。"[①]

为贯彻落实党的十八大和十八届三中全会精神，贯彻落实

---

① 《中国教育年鉴》编辑部：《中国教育年鉴(2015)》，1003 页，北京，人民教育出版社，2016。

《国家中长期教育改革和发展规划纲要（2010—2020 年）》和《国务院关于加快发展现代职业教育的决定》，加快发展现代职业教育，建设现代职业教育体系，服务实现全面建成小康社会目标，2014 年，教育部、国家发展改革委、财政部、人力资源社会保障部、农业部、国务院扶贫办组织编制了《现代职业教育体系建设规划（2014—2020 年）》。该文件提出，牢固确立职业教育在国家人才培养体系中的重要位置，到 2020 年，形成适应发展需求、产教深度融合、中职高职衔接、职业教育与普通教育相互沟通，体现终身教育理念，具有中国特色、世界水平的现代职业教育体系，建立人才培养立交桥，形成合理教育结构，推动现代教育体系基本建立、教育现代化基本实现。具体分两步走。

2015 年，初步形成现代职业教育体系框架。现代职业教育的理念得到广泛宣传，职业教育体系建设的重大政策更加完备，人才培养层次更加完善，专业结构更加符合市场需求，中高等职业教育全面衔接，产教融合、校企合作的体制基本建立，现代职业院校制度基本形成，职业教育服务国家发展战略的能力进一步提升，职业教育吸引力进一步增强。

2020 年，基本建成中国特色现代职业教育体系。现代职业教育理念深入人心，行业企业和职业院校（中等职业学校和高等职业学校的统称）共同推进的技术技能积累创新机制基本形成，职业教育体系的层次、结构更加科学，院校布局和专业设置适应经济社会需求，现代职业教育的基本制度、运行机制、重大政策更加完善，社会力量广泛参与，建成一批高水平职业院校，各类职业人才培养水平大幅提升。

《现代职业教育体系建设规划(2014—2020 年)》所设计的现代职业教育体系建设的量化目标如表 3-11 所示。

表 3-11　现代职业教育体系建设量化目标

目　　标	单位	2012 年	2015 年	2020 年
中等职业教育在校生数	万人	2114	2250	2350
专科层次职业教育在校生数	万人	964	1390	1480
继续教育参与人次	万人次	21000	29000	35000
职业院校职业教育集团参与率	％	75	85	90
高职院校招收有实际工作经验学习者比例	％	5	10	20
职业院校培训在校生(折合数)相当于学历职业教育在校生的比例	％	14	20	30
实训基地骨干专业覆盖率	％	35	50	80
有实践经验的专兼职教师占专业教师总数的比例	％	35	45	60
职业院校校园网覆盖率	％	90	100	100
数字化资源专业覆盖率	％	70	80	100

《现代职业教育体系建设规划(2014—2020 年)》中的这一总体建设目标设计，将职业教育摆在国家人才培养体系的重要位置，并将现代职业教育体系的建设置于推动现代教育体系基本建立和教育现代化基本实现的重要方面来予以特别对待，并对我国现代职业教育体系建设的进程安排与努力方向等进行了明

确规定和具体说明。

《现代职业教育体系建设规划（2014—2020 年）》所设计的现代职业教育体系建设的基本框架如图 3-9 所示。

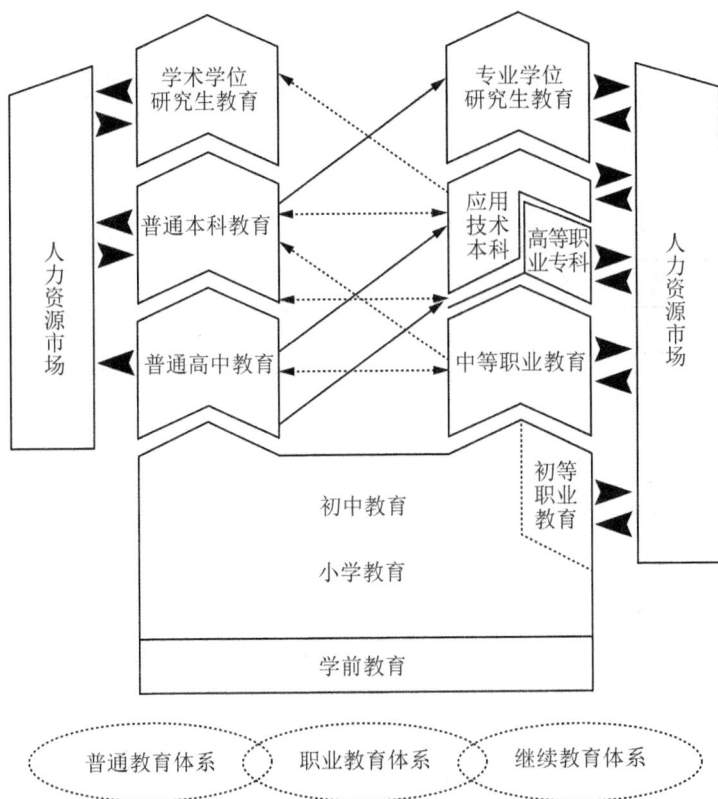

图 3-9　教育体系基本框架示意图

《现代职业教育体系建设规划（2014—2020 年）》指出，这个基本框架是按照终身教育的理念，形成服务需求、开放融合、纵向流动、双向沟通的现代职业教育的体系框架和总体布局。

《现代职业教育体系建设规划（2014—2020 年）》对现代职业

教育体系建设的优化职业教育服务产业布局的重点任务所做安排如表 3-12 所示。

表 3-12　经济和社会重点领域与技术技能人才培养

现代农业	加强农业职业教育，培养适应农业产业化和科技进步的新型职业农民。加强适应现代农业生产方式的技术人才、流通人才、经营和管理人才培养，支持农业结构战略性调整。
制造业	加快培养适应工业转型升级需要的技术技能人才，使劳动者素质的提升与制造技术、生产工艺和流程的现代化保持同步，实现产业核心技术技能的传承、积累和创新发展，促进制造业由大变强。
服务业	面向金融服务、现代物流、商务服务、社会工作服务和高技术服务领域，培养具备高尚职业道德、较高人文素养、通晓国际标准和高超技术技能的专门人才，通过人才专业化提升服务业的竞争力。适应老龄服务事业和产业发展需要，加快相关人才培养。
战略性新兴产业	坚持自主创新带动与技术技能人才支撑并重的人才发展战略，加强战略性新兴产业相关专业建设，培养、储备应用先进技术、使用先进装备和具有工艺创新能力的高层次技术技能人才。
能源产业	适应现代能源产业体系建设需要，加强新能源、可再生能源相关专业建设，加快节能环保、污染物防治与安全处置、资源回收与循环利用等相关产业技术技能人才培养。
交通运输	服务综合交通运输体系建设，改造提升交通运输相关专业，优化人才培养结构，加快轨道交通、民航、公共交通等急需技术技能人才培养，提高从业人员素质。
海洋产业	加强海洋类职业院校和专业建设，加快海洋油气业、海洋渔业、海洋船舶业等海洋传统产业，海洋交通运输业、海洋旅游业等海洋服务业，以及海洋装备制造业等海洋新兴产业急需的技术技能人才培养，为发展壮大海洋经济和增强海洋开发利用能力提供人才支撑。
社会建设与社会管理	支持职业院校围绕城乡发展、社会管理、社区服务、基层文化建设，培养基层管理和公共服务人才。

续表

文化产业	适应文化产业的发展需要，加强文化创意、影视制作、出版发行等重点文化产业技术技能人才的培养。依托职业教育体系保护、传承和创新民族传统工艺与非物质文化遗产，培养各民族文艺人才。

此外，《现代职业教育体系建设规划（2014—2020 年）》对诸如统筹职业教育区域发展布局，加快民办职业教育发展步伐，推动职业教育集团化发展，加强中等职业教育基础地位，优化高等职业教育结构，完善职业人才衔接培养体系，建立职业教育质量保障体系，改革职业教育专业课程体系，完善"双师型"教师培养培训体系，加速数字化、信息化进程，建设开放型职业教育体系等其他现代职业教育体系建设的重点任务进行了具体安排与说明。

《现代职业教育体系建设规划（2014—2020 年）》指出，以产教融合为主线，建立各级政府、行业、企业、学校和社会各方面共同参与的制度创新平台，为现代职业教育体系建设提供制度保障。这具体又涉及诸如完善职业教育法律体系和标准体系、推进职业教育管办评分离改革、深化职业教育招生考试制度改革、完善校企合作的现代职业院校治理结构、创新校企协同的技术技能积累机制、构建适应现代职业教育体系的投入机制、健全促进职业教育公平的体制机制、创新职业教育区域合作机制、建立职业教育服务社区机制等一系列相关法律、制度和机制等方面的改革和创新。①

总体而言，《国务院关于加快发展现代职业教育的决定》和《现代职业教育体系建设规划（2014—2020 年）》的颁布与编制，是对中国特色现代职业教育体系建设所作出的全面部署和具体规划，对中国特色现代职业教育体系建设工作的基本目标和推进路线等重要问题均进行了清晰阐释和详细说明，对于加快建设中国特色现代职业教育体系具有重要指导意义。

2. 加快构建纵向贯通、横向融通的中国特色现代职业教育体系

2017 年，党的十九大报告指出："完善职业教育和培训体系，深化产教融合、校企合作。"②

这是党中央对完善职业教育体系建设，促进职业教育在产教融合、校企合作等重要方面不断深化改革的明确指示。

2019 年，国务院印发《国家职业教育改革实施方案》。该文件指出，职业教育与普通教育是两种不同教育类型，具有同等重要地位。改革开放以来，职业教育为我国经济社会发展提供了有力的人才和智力支撑，现代职业教育体系框架全面建成，服务经济社会发展能力和社会吸引力不断增强，具备了基本实

---

① 教育部等：《教育部等六部门关于印发〈现代职业教育体系建设规划（2014—2020 年）〉的通知》，参见中华人民共和国教育部网站，2014-06-23。

② 习近平：《决胜全面建成小康社会　夺取新时代中国特色社会主义伟大胜利——在中国共产党第十九次全国代表大会上的报告》，载《人民日报》，2017-10-28。

现现代化的诸多有利条件和良好工作基础。随着我国进入新的发展阶段，产业升级和经济结构调整不断加快，各行各业对技术技能人才的需求越来越紧迫，职业教育重要地位和作用越来越凸显。但是，与发达国家相比，与建设现代化经济体系、建设教育强国的要求相比，我国职业教育还存在着体系建设不够完善、职业技能实训基地建设有待加强、制度标准不够健全、企业参与办学的动力不足、有利于技术技能人才成长的配套政策尚待完善、办学和人才培养质量水平参差不齐等问题，到了必须下大力气抓好的时候。没有职业教育现代化就没有教育现代化。

《国家职业教育改革实施方案》强调，坚持以习近平新时代中国特色社会主义思想为指导，把职业教育摆在教育改革创新和经济社会发展中更加突出的位置。牢固树立新发展理念，服务建设现代化经济体系和实现更高质量更充分就业需要，对接科技发展趋势和市场需求，完善职业教育和培训体系，优化学校、专业布局，深化办学体制改革和育人机制改革，以促进就业和适应产业发展需求为导向，鼓励和支持社会各界特别是企业积极支持职业教育，着力培养高素质劳动者和技术技能人才。经过5—10年左右时间，职业教育基本完成由政府举办为主向政府统筹管理、社会多元办学的格局转变，由追求规模扩张向提高质量转变，由参照普通教育办学模式向企业社会参与、专业特色鲜明的类型教育转变，大幅提升新时代职业教育现代化水平，为促进经济社会发展和提高国家竞争力提供优质人才资源支撑。①

《国家职业教育改革实施方案》对改革开放 40 余年来我国职业教育所取得的成就以及所作出的贡献等予以了充分肯定，并对我国现代职业教育体系框架全面建成的事实状况进行了确认。同时，该方案对我国职业教育体系建设中所存在的一系列短板、不足以及尚待完善的问题等也作出了分析和判断，并对新时代背景下的职业教育改革与发展提出了更高要求。

2020 年，教育部等九部门印发《职业教育提质培优行动计划（2020—2023 年）》。该文件指出，加快构建纵向贯通、横向融通的中国特色现代职业教育体系，大幅提升新时代职业教育现代化水平和服务能力，为促进经济社会持续发展和提高国家竞争力提供多层次高质量的技术技能人才支撑。这就对中国特色现代职业教育体系的构建目标和功能予以了明确设定和说明，其中的核心问题即是如何更好地发挥职业教育的人才支撑作用。

《职业教育提质培优行动计划（2020—2023 年）》强调，把发展中职教育作为普及高中阶段教育和建设中国特色现代职业教育体系的重要基础，保持高中阶段教育职普比大体相当。系统

① 国务院：《国务院关于印发〈国家职业教育改革实施方案〉的通知》，参见中华人民共和国中央人民政府网站，2019-02-13。

设计中职考试招生办法，使绝大多数城乡新增劳动力接受高中阶段教育。全面核查中职学校基本办学条件，整合"空、小、散、弱"学校，优化中职学校布局。结合实际，鼓励各地将政府投入的职业教育资源统一纳入中职学校（含技工学校、县级职业教育中心等）调配使用，提高中职学校办学效益。支持集中连片特困地区每个地市原则上至少建好办好 1 所符合当地经济社会发展需要的中职学校。建立普通高中和中职学校合作机制，探索课程互选、学分互认、资源互通，支持有条件的普通高中举办综合高中。加大"三区三州"等深度贫困地区的普职融通力度，发挥职业教育促进义务教育"控辍保学"作用。到 2023 年，中职学校教学条件基本达标，遴选 1000 所左右优质中职学校和 3000 个左右优质专业、300 所左右优质技工学校和 300 个左右优质专业。

《职业教育提质培优行动计划（2020—2023 年）》强调，要把发展专科高职教育作为优化高等教育结构和培养大国工匠、能工巧匠的重要方式，输送区域发展急需的高素质技术技能人才。不限制专科高职学校招收中职毕业生的比例，适度扩大专升本招生计划，为部分有意愿的高职（专科）毕业生提供继续深造的机会。推动各地落实职业学校毕业生在落户、就业、参加机关事业单位招聘、职称评审、职级晋升等方面与普通高校毕业生享受同等待遇。扎实推进中国特色高水平高职学校和专业建设计划，加强绩效考核与评价，建成一批高技能人才培养培训基地和技术技能创新平台。探索高职专业认证。要推进专科高职学校高质量发展，遴选300所左右省域高水平高职学校和600个左右高水平专业群。

《职业教育提质培优行动计划（2020—2023年）》强调，把发展本科职业教育作为完善现代职业教育体系的关键一环，培养高素质创新型技术技能人才，畅通技术技能人才成长通道。稳步推进本科层次职业教育试点，支持符合条件的中国特色高水平高职学校建设单位试办职业教育本科专业。推动具备条件的普通本科高校向应用型转变。根据产业需要和行业特点，适度扩大专业学位硕士、博士培养规模，推动各地发展以职业需求为导向、以实践能力培养为重点、以产学研用结合为途径的专业学位研究生培养模式。[1]

《职业教育提质培优行动计划（2020—2023年）》明确了新时代中国特色现代职业教育体系建设过程中各层次职业教育的办学定位和发展重点。其中，在中等职业教育阶段，提出要强化中职教育的基础性作用，保持高中阶段教育职普比大体相当，优化中职学校布局，使绝大多数城乡新增劳动力接受高中阶段教育。在专科高等职业教育阶段，提出要巩固专科高职教育的

---

[1]　教育部等：《教育部等九部门关于印发〈职业教育提质培优行动计划（2020—2023年）〉的通知》，参见中华人民共和国教育部网站，2020-09-23。

主体地位，优化高等教育结构，培养大国工匠、能工巧匠，输送区域发展急需的高素质技术技能人才。在本科及研究生高等职业教育阶段，提出要稳步发展高层次职业教育，把发展本科职业教育作为完善现代职业教育体系的关键一环，培养高素质创新型技术技能人才；根据产业需要和行业特点，发展专业学位研究生培养模式，适度扩大专业学位硕士、博士培养规模。

（二）加强现代职业教育"双师型"教师队伍建设

加强"双师型"教师队伍建设是党的十八大以来职业教育教师改革与发展的关键问题所在，各级政府和职业院校都在不断加强"双师型"教师队伍建设。"双师型"教师培养培训制度不断完善，职业院校教师素质提高计划不断推进，新时代职业教育"双师型"教师队伍建设改革不断深化，我国现代职业教育"双师型"教师队伍建设成效日益显著。

1. 完善"双师型"教师培养培训制度

2014 年，《国务院关于加快发展现代职业教育的决定》对"双师型"教师培养培训制度作出了全面部署。文件指出，完善教师资格标准，实施教师专业标准。健全教师专业技术职务（职称）评聘办法，探索在职业学校设置正高级教师职务（职称）。加强校长培训，实行五年一周期的教师全员培训制度。落实教师企业实践制度。政府要支持学校按照有关规定自主聘请兼职教师。完善企业工程技术人员、高技能人才到职业院校担任专兼职教师的相关政策，兼职教师任教情况应作为其业绩考核评价的重要内容。加强职业技术师范院校建设。推进高水平学校和大中型企业共建"双师型"教师培养培训基地。

《国务院关于加快发展现代职业教育的决定》进一步要求，应对职业教育的教师资格标准和教师专业标准予以完善和实施，实行五年一周期的教师全员培训制度，要在企业与职业院校双向有机互动的层面上落实教师企业实践制度并完善职业院校兼职教师的相关政策。①

同时，高水平职业院校与大中型企业共建"双师型"教师培养培训基地是推进工作开展的要题所在。

2014年，《现代职业教育体系建设规划（2014—2020年）》也明确提出了完善"双师型"教师培养培训体系的要求，从改革教师资格和编制制度、改革职业院校用人制度、完善教师培养制度、完善教师培训制度等方面展开，对工作实施提出了具体的建议。

《现代职业教育体系建设规划（2014—2020年）》强调，一要根据职业教育的特点完善教师资格标准、专业技术职务（职称）评聘办法。新增教师编制主要用于引进有实践经验的专业教

---

① 《中国教育年鉴》编辑部：《中国教育年鉴（2015）》，1006页，北京，人民教育出版社，2016。

师，到 2020 年，有实践经验的专兼职教师占专业教师总数的比例应达到 60％以上。

二要落实职业院校用人自主权，鼓励职业院校按照国家相关规定聘请企业管理人员、工程技术人员和能工巧匠担任专兼职教师。建立符合职业院校特点的教师绩效评价标准，绩效工资内部分配向"双师型"教师适当倾斜。

三要加强职业技术师范院校建设。依托高水平学校和大中型企业建立"双师型"职业教育师资培养基地。探索职业教育师资定向培养制度和"学历教育＋企业实训"的培养办法。

四要建立职业院校教师轮训制度，促进职业院校教师专业化发展。建立一批职业教育教师实践企业基地，实行新任教师先实践、后上岗和教师定期实践制度，专业教师每两年专业实践的时间累计不少于两个月。[①]

完善"双师型"教师培养培训的一系列制度建设，是加强"双师型"教师队伍建设的关键举措，使得我国现代职业教育"双师型"教师队伍建设在更加规范化、制度化的轨道上不断迈进。

2. 推进实施职业院校教师素质提高计划

2014 年，教育部、财政部按照"统筹规划、分级实施，财政引导、多方参与，突出重点、强化激励，加强管理、提高质

---

① 教育部等：《教育部等六部门关于印发〈现代职业教育体系建设规划（2014—2020 年）〉的通知》，参见中华人民共和国教育部网站，2014-06-23。

量"的实施原则，依托国家级和省级职教师资培养培训基地和教师企业实践单位，推进职业院校教师素质提高计划，项目进展顺利，成效明显。

2014年，计划实施项目主要包括骨干教师国家级培训、青年教师企业实践、职教师资培养培训体系建设和省级综合奖补等。中央财政划拨资金约6.84亿元，为计划实施提供了资金保障。骨干教师国家级培训项目首次实行专业骨干教师、专业带头人分层分类培训，根据"需求导向、校企合作、工学交替、理实一体"的总体要求，选派9万名中等和高等职业学校专业教师参加国家级和省级培训，其中国家级培训2万人；青年教师企业实践项目以提高教师职业实践能力和专业实践技能为重点，组织遴选4000名中等职业学校青年教师、5000名高等职业院校教师到企业实践；教师出国研修项目按照优中选优扶优、推进中外交流、打造"双师"名师的原则，选派900名优秀国家级培训学员赴德国、奥地利等职业教育发达国家访学；职教师资培养培训专业点建设项目完成第二批100个技能示范专业和优势特色专业建设，支持68家基地新建第三批专业点。职教师资本科专业培养资源项目进入成果凝练定型阶段，组织实施项目中期检查，100个专业教师标准和专业教师培养标准研制完成，500门核心课程、特色教材和数字资源建设初步框架基本成型。实施省级综合奖补项目，中央财政划拨1.16亿元，对天津、浙江、广西、大连等 14 个职业院校教师队伍建设工作绩效突出的省（区、市）进行省级工作综合奖励。①

为贯彻落实《国务院关于加快发展现代职业教育的决定》精神，进一步加强职业院校"双师型"教师队伍建设，推动职业教育发展实现新跨越，2016 年，教育部、财政部印发《教育部财政部关于实施职业院校教师素质提高计划（2017—2020 年）的意见》（简称《实施职业院校教师素质提高计划的意见》）。

《实施职业院校教师素质提高计划的意见》指出，2017—2020 年，组织职业院校教师校长分层分类参加国家级培训，带动地方有计划、分步骤实施五年一周期的教师全员培训，提高教师"双师"素质和校长办学治校能力；支持开展中职、高职、应用型高校教师团队研修和协同创新，创建一批中高职教师专业技能创新示范团队；推进教师和企业人员双向交流合作，建立教师到企业实践和企业人才到学校兼职任教常态化机制，通过示范引领、创新机制、重点推进、以点带面，切实提升职业院校教师队伍整体素质和建设水平，加快建成一支师德高尚、素质优良、技艺精湛、结构合理、专兼结合的高素质专业化的"双师型"教师队伍。

《实施职业院校教师素质提高计划的意见》所关注的核心问

---

① 《中国教育年鉴》编辑部：《中国教育年鉴（2015）》，275 页，北京，人民教育出版社，2016。

题仍是职业院校"双师型"教师队伍建设的问题。针对这一问题，可分阶段地采取集中面授与网络研修相结合的方式对职业院校不同层次和基础水平的"双师型"教师进行不少于 4 周的专项培训，并开设专业教学法、课程开发与应用、技术技能实训、教学实践与演练等专题模块，重点提升教师的理实一体教学能力、专业实践技能、信息技术应用能力等"双师"素质。

《实施职业院校教师素质提高计划的意见》提到，遴选国家级（省级）中高职示范学校具有教学专长的专业带头人、教学名师等主持建立"双师型"名师工作室，牵头组织区域内学校中高职衔接专业教师，采取集中面授和网络研修相结合的方式，进行为期不少于 4 周的团队研修。同时，支持兼职教师参与"双师型"名师工作室建设、校本研修、产学研合作研究等。①

2019 年，《国家职业教育改革实施方案》提出，从 2019 年起，职业院校、应用型本科高校相关专业教师原则上从具有 3 年以上企业工作经历并具有高职以上学历的人员中公开招聘，特殊高技能人才（含具有高级工以上职业资格人员）可适当放宽学历要求，2020 年起基本不再从应届毕业生中招聘。

《国家职业教育改革实施方案》提到的改革举措，是从职业院校教师招聘的原初环节入手，加强和提升对职业教育教师的

---

① 教育部、财政部：《教育部 财政部关于实施职业院校教师素质提高计划（2017—2020 年）的意见》，参见中华人民共和国教育部网站，2016-11-03。

相关应用型知识与技能以及一定时间企业工作经历的任职资格要求，是"双师型"教师队伍建设的实效性改革举措。

《国家职业教育改革实施方案》强调，实施职业院校教师素质提高计划，建立 100 个"双师型"教师培养培训基地，职业院校、应用型本科高校教师每年至少 1 个月在企业或实训基地实训，落实教师 5 年一周期的全员轮训制度。探索组建高水平、结构化教师教学创新团队，教师分工协作进行模块化教学。定期组织选派职业院校专业骨干教师赴国外研修访学。在职业院校实行高层次、高技能人才以直接考察的方式公开招聘。建立健全职业院校自主聘任兼职教师的办法，推动企业工程技术人员、高技能人才和职业院校教师双向流动。职业院校通过校企合作、技术服务、社会培训、自办企业等所得收入，可按一定比例作为绩效工资来源。①

3. 深化新时代职业教育"双师型"教师队伍建设改革

2019 年，《深化新时代职业教育"双师型"教师队伍建设改革实施方案》（简称《教师队伍建设改革实施方案》）指出，教师队伍是发展职业教育的第一资源，是支撑新时代国家职业教育改革的关键力量。建设高素质"双师型"教师队伍（含技工院校"一体化"教师）是加快推进职业教育现代化的基础性工作。

---

① 国务院：《国务院关于印发〈国家职业教育改革实施方案〉的通知》，参见中华人民共和国中央人民政府网站，2019-02-13。

《教师队伍建设改革实施方案》指出，改革开放以来特别是党的十八大以来，职业教育教师培养培训体系基本建成，教师管理制度逐步健全，教师地位待遇稳步提高，教师素质能力显著提升，为职业教育改革发展提供了有力的人才保障和智力支撑。

《教师队伍建设改革实施方案》对职业教育教师队伍还存在的诸如数量不足、来源单一、校企双向流动不畅、结构性矛盾突出、管理体制机制不灵活、专业化水平偏低问题，尤其是制约职业教育改革发展瓶颈的"双师型"教师和教学团队短缺的问题也进行了分析和说明。

《教师队伍建设改革实施方案》指出，突出"双师型"教师个体成长和"双师型"教学团队建设相结合，提高教师教育教学能力和专业实践能力，优化专兼职教师队伍结构，大力提升职业院校"双师型"教师队伍建设水平，为实现我国职业教育现代化、培养大批高素质技术技能人才提供有力的师资保障。经过5—10年时间，构建政府统筹管理、行业企业和院校深度融合的教师队伍建设机制，健全中等和高等职业教育教师培养培训体系，打通校企人员双向流动渠道，"双师型"教师和教学团队数量充足，双师结构明显改善。建立具有鲜明特色的"双师型"教师资格准入、聘用考核制度，教师职业发展通道畅通，待遇和保障机制更加完善，职业教育教师吸引力明显增强，基本建成一支师德高尚、技艺精湛、专兼结合、充满活力的高素质"双师型"

教师队伍。

《教师队伍建设改革实施方案》指出，到 2022 年，职业院校"双师型"教师占专业课教师的比例超过一半，建设 100 家校企合作的"双师型"教师培养培训基地和 100 个国家级企业实践基地，选派一大批专业带头人和骨干教师出国研修访学，建成 360 个国家级职业教育教师教学创新团队，教师按照国家职业标准和教学标准开展教学、培训和评价的能力全面提升，教师分工协作进行模块化教学的模式全面实施，有力保障 1＋X 证书制度试点工作，辐射带动各地各校"双师型"教师队伍建设，为全面提高复合型技术技能人才培养质量提供强有力的师资支撑。①

2020 年，《职业教育提质培优行动计划（2020—2023 年）》指出，实施新一周期"全国职业院校教师素质提高计划"，校企共建"双师型"教师（含技工院校"一体化"教师）培养培训基地和教师企业实践基地，落实 5 年一轮的教师全员培训制度。探索有条件的优质高职学校转型为职业技术师范类院校或开办职业技术师范专业，支持高水平工科院校分专业领域培养职业教育师资，构建"双师型"教师培养体系。改革职业学校专业教师晋升和评价机制，破除"五唯"倾向，将企业生产项目实践经历、业绩成果等纳入评价标准。完善职业学校自主聘任兼职教师的办

① 教育部等：《教育部等四部门关于印发〈深化新时代职业教育"双师型"教师队伍建设改革实施方案〉的通知》，参见中华人民共和国教育部网站，2019-09-23。

法，实施现代产业导师特聘计划，设置一定比例的特聘岗位，畅通行业企业高层次技术技能人才从教渠道，推动企业工程技术人员、高技能人才与职业学校教师双向流动。改革完善职业学校绩效工资政策。职业学校通过校企合作、技术服务、社会培训取得的收入，可按一定比例作为绩效工资来源。各级人力资源社会保障、财政部门要充分考虑职业学校承担培训任务情况，合理核定绩效工资总量和水平。对承担任务较重的职业学校，在原总量基础上及时核增所需绩效工资总量。专业教师可按国家规定在校企合作企业兼职取酬。到 2023 年，专业教师中"双师型"教师占比超过 50％，遴选一批国家"万人计划"教学名师、360 个国家级教师教学创新团队。[1]

可以看到，这一行动计划方案的设计与规划，是立足于在"2020—2023 年"这一新的周期内，主要从"双师型"教师的培养、培训、晋升、评价、聘任、薪酬等重要问题入手，系统化地推进职业教育"双师型"教师队伍建设改革与发展。

(三)深化现代职业教育教学改革

教育教学改革是现代职业教育整体改革与发展的重要组成部分。党的十八大以来，我国大力推进深化现代职业教育教学

---

① 教育部等：《教育部等九部门关于印发〈职业教育提质培优行动计划(2020—2023 年)〉的通知》，参见中华人民共和国教育部网站，2020-09-23。

改革，不断取得丰硕成果。

1. 推进职业教育教学信息化改革

党的十八大以来，我国现代职业教育的改革和发展与日新月异的信息化技术变革之间的关联愈加紧密，这也深刻地影响到了现代职业教育教学改革的进程。

2014 年，《现代职业教育体系建设规划（2014—2020 年）》指出，将信息化作为现代职业教育体系建设的基础，实现"宽带网络校校通""优质资源班班通""网络学习空间人人通"。

同时，《现代职业教育体系建设规划（2014—2020 年）》对职业院校的整体信息化建设进程也设定了具体目标并划定了明确的时间路线图："加强职业院校信息化基础设施建设，到 2015 年宽带和校园网覆盖所有职业院校。加强职业教育信息化管理平台建设，到 2015 年基本建成职业教育信息化管理系统，并与全国公共就业信息服务平台联通，实现资源共享。加强职业教育数字化资源平台建设，到 2020 年，数字化资源覆盖所有专业。建立全国职业教育数字资源共建共享联盟，制定职业教育数字资源开发规范和审查认证标准，推动建设面向全社会的优质数字化教学资源库。提高开放大学信息化建设水平，到 2020 年信息技术应用达到世界先进水平。"[①]

---

① 教育部等：《教育部等六部门关于印发〈现代职业教育体系建设规划（2014—2020 年）〉的通知》，参见中华人民共和国教育部网站，2014-06-23。

《现代职业教育体系建设规划（2014—2020 年）》强调："加快数字化专业课程体系建设。加紧用信息技术改造职业教育专业课程，使每一个学生都具有与职业要求相适应的信息技术素养。与各行业、产业信息化进程紧密结合，将信息技术课程纳入所有专业。在专业课程中广泛使用计算机仿真教学、数字化实训、远程实时教育等技术。加快发展数字农业、智能制造、智慧服务等领域的相关专业。加强对教师信息技术应用能力的培训，将其作为教师评聘考核的重要标准。办好全国职业院校信息化教学大赛。"①

可以看到，信息化对职业教育课程与教学改革的影响，主要体现在专业课程体系建设的数字化、信息化，以及数字化、信息化技术在专业课程教学过程中的广泛应用等方面。

2017 年，《教育部关于进一步推进职业教育信息化发展的指导意见》指出，继续推进建设国家级职业教育专业教学资源库，引导各地各职业院校根据区域、行业特点建设和完善省级、校级资源库，突出资源库"能学、辅教"的功能定位。支持行业、企业与职业院校共同建设面向社会服务的企业信息库、岗位技能标准库、人才需求信息库、创新创业案例库等开放资源。根据需要，有序引导各地各职业院校开发基于职场环

---

① 教育部等：《教育部等六部门关于印发〈现代职业教育体系建设规划（2014—2020 年）〉的通知》，参见中华人民共和国教育部网站，2014-06-23。

境与工作过程的虚拟仿真实训资源和个性化自主学习系统。
探索建设政府引导、市场参与的数字教育资源共建共享平
台，服务课程开发、教学设计、教学实施与教学评价。依托
专业机构，建立健全共建共享平台的资源认证标准和交易机
制，进一步扩大优质资源覆盖面，强化优质资源在教育教学
中的实际应用。

《教育部关于进一步推进职业教育信息化发展的指导意见》
强调，要努力推进信息技术与教育教学的深度融合以及网络学
习空间的建设与应用，用信息技术改造传统教学，推广远程协
作、实时互动、翻转课堂、移动学习等信息化教学模式，最大
限度地调动学习者的主观能动性，促进教与学、教与教、学与
学的全面互动。[①]

综上所述，在职业教育信息化改革与发展的进程中，要不
断推进各级各类职业教育资源库、信息库与数字化共建共享平
台的建设，并使其更好地服务于职业教育课程与教学的改革与
发展之需。

2. 出台中等职业教育专业教学标准

2012 年，《教育部办公厅关于制订中等职业学校专业教学
标准的意见》指出，专业教学标准是指导和管理中等职业学校教

---

① 教育部：《教育部关于进一步推进职业教育信息化发展的指导意见》，参
见中华人民共和国教育部网站，2017-09-05。

学工作的主要依据，是保证教育教学质量和人才培养规格的纲领性教学文件。专业教学标准主要包括：专业名称、入学要求、基本学制、培养目标、职业范围、人才规格、主要接续专业、课程结构、课程设置及要求、教学时间安排、教学实施、教学评价、实训实习环境、专业师资等。

中等职业教育是高中阶段教育的重要组成部分，课程设置分为公共基础课程和专业技能课程两类，专业技能课包括专业核心课和专业(技能)方向课。①

2014 年，教育部公布了涉及 30 个专业类的 230 个《中等职业学校专业教学标准(试行)》(简称《专业教学标准》)，填补了我国中等职业教育专业教学标准领域的空白。

《专业教学标准》在专业名称(专业代码)、入学要求、学制、培养目标、职业范围、人才规格、主要接续专业、课程结构、课程设置、教学时间安排、教学实施、教学评价、实训实习环境、专业师资 14 个方面提出了具体要求，突出反映了以培养职业能力为主线构建课程体系、以工作岗位实际导向创新教学模式、主动适应国家产业发展战略的新要求、促进中高职衔接和技术技能人才系统培养等特点。

教育部要求各地认真组织对《专业教学标准》的学习、研究

① 教育部：《教育部办公厅关于制订中等职业学校专业教学标准的意见》，参见中华人民共和国教育部网站，2012-12-17。

和实施工作，积极总结教学改革经验，及时组织开展师资培训和教研活动，促进教师转变教育教学观念，提高运用专业教学标准的能力，为《专业教学标准》的实施提供必要的条件保障，确保教学改革工作顺利进行。[①]

《专业教学标准》的出台，标志着我国职业教育人才培养工作与教学改革进程迈入更加规范化和完善化的新阶段。

3. 顺应新形势需要，加快现代职业教育教材建设

为贯彻落实全国教育工作会议精神和《国家中长期教育改革和发展规划纲要（2010—2020 年）》，充分发挥教材建设在提高人才培养质量中的基础性作用，促进现代职业教育体系建设，全面提高职业教育教学质量，2012 年，教育部印发《教育部关于"十二五"职业教育教材建设的若干意见》（简称《职业教育教材建设的若干意见》）。文件指出，遵循技能型人才成长规律，按照建立职业教育人才成长"立交桥"的要求，推进中高等职业教育教学标准、教材内容的有机衔接和贯通。更新教材内容和结构，运用现代信息技术创新教材呈现形式，大力开发职业院校公共基础课程、大类专业基础课程、专业核心课程教材，着力加强实训教材和数字化教学资源建设。

《职业教育教材建设的若干意见》明确了职业院校教材建设

---

① 《中国教育年鉴》编辑部：《中国教育年鉴（2015）》，227 页，北京，人民教育出版社，2016。

应服务于技能型人才培养的目的，并运用信息技术开发和创新教材内容与形式，使教材更加生活化、情景化、动态化、形象化。

《职业教育教材建设的若干意见》强调，职业教育教材建设应贯彻现代产业理念，推动教材服务经济，要围绕国家产业结构调整的部署，积极开发面向鼓励类产业相关专业教材，全面对接现代产业体系。顺应新形势需要，将绿色经济、循环经济、低碳经济等现代产业理念和技术融入教材建设的各个方面。国家在重点行业的专业领域推出一批改革创新示范教材，推动各地立足区域经济发展，面向区域主导产业，建设一批具有区域特色的专业课程与教材。[①]

2019年，《职业院校教材管理办法》指出，公共基础课程教材要体现学科特点，突出职业教育特色。专业课程教材在政府规划和引导下，注重发挥行业企业、教科研机构和学校的作用，更好地对接产业发展。

《职业院校教材管理办法》强调，专业课程教材要充分反映产业发展最新进展，对接科技发展趋势和市场需求，及时吸收比较成熟的新技术、新工艺、新规范等。符合技术技能人才成长规律和学生认知特点，对接国际先进职业教育理念，适应人

---

① 《中国教育年鉴》编辑部：《中国教育年鉴（2013）》，1062～1063页，北京，人民教育出版社，2014。

才培养模式创新和优化课程体系的需要，专业课程教材突出理论和实践相统一，强调实践性。适应项目学习、案例学习、模块化学习等不同学习方式要求，注重以真实生产项目、典型工作任务、案例等为载体组织教学单元。[①]

《职业院校教材管理办法》主要从与产业发展、科技发展和市场需求相对接，以及与技术技能人才培养模式和学习方式的独特规律相契合等问题着眼，来对职业院校教材建设加以设计和规划。

4. 全面深化职业教育教学改革

2013年4月12日，教育部召开全国职业教育教学改革创新工作视频会议，时任教育部副部长鲁昕出席会议并讲话。会议具有三个特点。一是系统部署职业教育教学改革。第一次将中等和高等职业教育教学改革创新工作统筹研究、统一部署、系统推进。二是突出一线教学实践引领。通过视频介绍了广东、上海、山东、湖南、重庆等省市和温州职业技术学院的教育教学改革创新案例。三是体现产教深度融合。会议交流发言单位全部为行业企业，国家粮食局、中国邮政集团公司、招商局物流集团、中国铝业公司详细介绍了推进行业指导、企业参与职业教育教学改革的经验和做法。

---

① 教育部：《教育部关于印发〈中小学教材管理办法〉〈职业院校教材管理办法〉和〈普通高等学校教材管理办法〉的通知》，参见中华人民共和国教育部网站，2019-12-19。

会议总结了近年来各地推进职业教育教学改革创新，构建现代职业教育体系的经验和做法；研究确定了新形势下系统培养技术技能人才的目标、任务、政策和措施，要求各地积极采取措施，推进中高职人才培养衔接，实现人才培养系统化；制定并实施专业教学标准，推进教育教学规范化；分行业领域深化产教融合，增强人才培养针对性；推进课程、教材、教法改革，提升教学效果有效性。①

2014 年，教育部印发《关于开展现代学徒制试点工作的意见》，整体部署现代学徒制试点工作。《关于开展现代学徒制试点工作的意见》提出，要以推进产教融合、适应需求、提高质量为目标，坚持政府统筹、合作共赢、因地制宜、系统设计的原则，以创新招生制度、管理制度和人才培养模式为突破口，通过试点总结、完善推广，逐步建立起政府引导、行业参与、社会支持、企业和职业院校双主体育人的中国特色现代学徒制。

《关于开展现代学徒制试点工作的意见》强调，各地要着重从推进招生与招工一体化、深化工学结合人才培养模式改革、加强专兼结合师资队伍建设、建立与现代学徒制相适应的教学管理与运行机制四个方面推进试点工作，完善因地制宜整体设

---

① 《中国教育年鉴》编辑部：《中国教育年鉴（2014）》，227 页，北京，人民教育出版社，2015。

计、加强组织协调、加大政策支持和强化监督检查等保障措施，确保试点工作稳步推进。

2014 年 12 月 12 日，教育部在唐山市召开全国职业教育现代学徒制试点工作推进会。会议总结交流了各地的实践经验，部署了深入推进现代学徒制试点工作的各项任务，要求各地系统规划、因地制宜开展试点工作。一是落实好招生招工一体化，明确学生与学徒双重身份，明确校企双主体职责。二是加强专兼结合的师资队伍建设，完善双导师制度，建立灵活的人才流动机制。三是推进优质教学资源共建共享，校企共同推进实训设施、数字化资源与信息化平台等资源建设，促进校企文化互通互融。四是形成与现代学徒制相适应的教学管理与运行机制。五是完善保障机制，加强组织领导，制定激励政策措施。①

2020 年，《职业教育提质培优行动计划（2020—2023 年）》指出，加强职业教育教材建设，建立健全三年大修订、每年小修订的教材动态更新调整机制。根据职业学校学生特点创新教材形态，推行科学严谨、深入浅出、图文并茂、形式多样的活页式、工作手册式、融媒体教材。实行教材分层规划制度，引导地方建设国家规划教材领域以外的区域特色教材，在国家和省级规

---

① 《中国教育年鉴》编辑部：《中国教育年鉴（2015）》，229 页，北京，人民教育出版社，2016。

划教材不能满足的情况下，鼓励职业学校编写反映自身特色的校本专业教材。健全教材的分类审核、抽查和退出制度，促进教材质量整体提升。到 2023 年，遴选 10000 种左右校企双元合作开发的职业教育规划教材，国家、省两级抽查教材的比例合计不低于50%，职业学校专业课程全部使用新近更新的教材。

《职业教育提质培优行动计划（2020—2023 年）》强调，提升职业教育专业和课程教学质量，合理规划引导专业设置，建立退出机制。建立职业学校人才培养方案公开制度，为行业指导企业选择、学生学习、同行交流、社会监督提供便利。加强课堂教学日常管理，规范教学秩序。推动职业学校"课堂革命"，适应生源多样化特点，将课程教学改革推向纵深。加强实践性教学，实践性教学学时原则上占总学时数 50% 以上，积极推行认知实习、跟岗实习、顶岗实习等多种实习方式，可根据专业实际集中或分阶段安排。完善以学习者为中心的专业和课程教学评价体系，强化实习实训考核评价。鼓励教师团队对接职业标准和工作过程，探索分工协作的模块化教学组织方式。建立健全国家、省、校三级教学能力比赛机制。遴选 1000 个左右职业教育"课堂革命"典型案例，职业教育教学成果奖评选向课堂教学改革倾斜。

《职业教育提质培优行动计划（2020—2023 年）》指出，鼓励职业学校利用现代信息技术推动人才培养模式改革，满足学生的多样化学习需求，大力推进"互联网+""智能＋"教育新形态，推动教育教学变革创新。探索建设政府引导、市场参与的职业教育资源共建共享机制，服务课程开发、教学设计、教学实施、教学评价。建立健全共建共享的资源认证标准和交易机制，推进国家、省、校三级专业教学资源库建设应用，进一步扩大优质资源覆盖面。遴选 100 个左右示范性虚拟仿真实训基地；面向公共基础课和量大面广的专业（技能）课，分级遴选 5000 门左右职业教育在线精品课程。引导职业学校开展信息化全员培训，提升教师和管理人员的信息化能力，以及学生利用网络信息技术和优质在线资源进行自主学习的能力。[①]

　　总体而言，《职业教育提质培优行动计划（2020—2023 年）》对职业教育教学改革在新的周期内的一系列基本目标和举措等均进行了清晰明确的设计和规划，而诸如通过加强职业教育教材分类审核、抽查和退出制度建设来提升职业教育教材质量，通过实施职业学校"课堂革命"的方式来促使课堂教学改革向纵深发展，通过积极利用现代信息技术的方式来推动人才培养模式的改革创新等，则是此番行动计划的核心问题所在。

---

　　①　教育部等：《教育部等九部门关于印发〈职业教育提质培优行动计划（2020—2023 年）〉的通知》，参见中华人民共和国教育部网站，2020-09-23。

六、教师教育事业的发展

（一）加强中国特色教师教育体系建设

教师教育体系建设是我国教师教育改革与发展事业的重要组成部分。党的十八大以来，我国教师教育体系建设稳步前进，不断取得显著成效。2012 年以来，"国培计划"培训各级各类教师超过 1400 万人次。中西部省份共招聘 51 万名特岗教师，持续为乡村教育输入"新鲜血液"，优化了乡村教师队伍结构。万名教师支教计划、"三区"人才支持计划教师专项计划等，为"三区三州"等贫困地区补充教师近 25 万人，每年精准培训骨干教师上万人次。教师工资由 20 世纪 80 年代之前在国民经济各行业中排倒数后 3 位，提升到 2019 年的在全国 19 大行业中排名第 7 位。调整完善教师职称政策，中小学高级职称结构更加合理，激发了中小学教师长期从教、终身从教的热情。[1]

1. 指明中国特色教师教育体系建设的方向

2012 年，《国务院关于加强教师队伍建设的意见》指出，到

---

[1]　教育部教师工作司：《守教育报国"初心"　担筑梦育人"使命"》，参见中华人民共和国教育部网站，2019-09-03。

2020年，形成一支师德高尚、业务精湛、结构合理、充满活力的高素质专业化教师队伍。

《国务院关于加强教师队伍建设的意见》明确了教师队伍应普遍具有良好的职业道德素养、先进的教育理念、扎实的专业知识基础和较强的教育教学能力等一系列建设要求，并强调教师队伍构成和分布的整体状况与教育事业的发展应协调一致，不断提高教师待遇，大力提升农村教师职业的吸引力。

《国务院关于加强教师队伍建设的意见》强调，要促使教师管理制度的科学规范，形成富有效率、更加开放的教师工作体制机制。构建以师范院校为主体、综合大学参与、开放灵活的中小学教师教育体系。

同时，《国务院关于加强教师队伍建设的意见》还对依托高等学校和大中型企业以及现有各种资源，共建职业院校"双师型"教师培养培训体系以及建设各级各类教师培养培训基地的问题进行了规划和说明。[①]

习近平总书记在2014年同北京师范大学师生代表座谈会上所作的题为《做党和人民满意的好老师》的讲话中指出："在中华民族5000多年文明发展史上，英雄辈出，大师荟萃，都与一代又一代教师的辛勤耕耘是分不开的。新中国成立65年来，党和国

---

① 国务院：《国务院关于加强教师队伍建设的意见》，参见中华人民共和国国务院办公厅网站，2012-08-20。

家高度重视教育事业，建成了世界最大规模的教育体系，保障了亿万人民群众受教育的权利，极大提高了全民族素质，有力推动了经济社会发展。长期以来，广大教师自觉贯彻党的教育方针，教书育人，呕心沥血，默默奉献，为国家发展和民族振兴作出了巨大贡献，赢得了全社会广泛赞誉和普遍尊重。""当今世界的综合国力竞争，说到底是人才竞争，人才越来越成为推动经济社会发展的战略性资源，教育的基础性、先导性、全局性地位和作用更加突显。'两个一百年'奋斗目标的实现、中华民族伟大复兴中国梦的实现，归根到底靠人才、靠教育。源源不断的人才资源是我国在激烈的国际竞争中的重要潜在力量和后发优势。希望广大教师认清肩负的使命和责任，努力为发展具有中国特色、世界水平的现代教育，培养社会主义事业建设者和接班人作出更大贡献！""要加强教师教育体系建设，加大对师范院校的支持力度，找准教师教育中存在的主要问题，寻求深化教师教育改革的突破口和着力点，不断提高教师培养培训的质量。要让全社会广泛了解教师工作的重要性和特殊性，让尊师重教蔚然成风。"①

习近平总书记的讲话充分肯定了我国广大教师在历史上以及现实中所作出的巨大贡献，并对当下广大教师所应努力肩负

---

① 习近平：《做党和人民满意的好老师——同北京师范大学师生代表座谈时的讲话》，载《人民日报》，2014-09-10。

的使命和责任提出了明确要求，同时也为包括教师教育体系建设在内的一系列教师教育改革与发展的重要问题指明了方向。

2. 建设开放、协同、联动的中国特色教师教育体系

2018 年，《中共中央　国务院关于全面深化新时代教师队伍建设改革的意见》指出，经过 5 年左右努力，使教师培养培训体系、教师管理体制、教师待遇提升保障体制、教师职业吸引力以及教师队伍基本满足各级各类教育发展需要的规模、结构、素质能力等的改革与发展状况均得到大力提升和完善。由此再到 2035 年，教师综合素质、专业化水平和创新能力大幅提升，培养造就数以百万计的骨干教师、数以十万计的卓越教师、数以万计的教育家型教师。教师管理体制机制科学高效，实现教师队伍治理体系和治理能力现代化。教师主动适应信息化、人工智能等新技术变革，积极有效开展教育教学。尊师重教蔚然成风，广大教师在岗位上有幸福感、事业上有成就感、社会上有荣誉感，教师成为让人羡慕的职业。

《中共中央　国务院关于全面深化新时代教师队伍建设改革的意见》对至 2035 年时，教师教育体系改革与发展的目标设计，体现出与我国教育强国进程建设的高度同步性与一致性。

《中共中央　国务院关于全面深化新时代教师队伍建设改革的意见》提到，中国特色师范教育体系的构建，主要表现为以师范院校为主体与高水平非师范院校的参与，国家将继续加大对师范院校的支持力度并实施教师教育振兴行动计划，推进地方政府、高等学校、中小学"三位一体"协同育人。研究制定师范院校建设标准和师范类专业办学标准，重点建设一批师范教育基地，整体提升师范院校和师范专业办学水平。

同时，《中共中央　国务院关于全面深化新时代教师队伍建设改革的意见》强调，一方面，应提升师范教育保障水平，鼓励各地结合实际，适时提高师范专业生均拨款标准；另一方面，应切实提高生源质量，对符合相关政策规定的，采取到岗退费或公费培养、定向培养等方式，吸引优秀青年踊跃报考师范院校和师范专业。①

在《中共中央　国务院关于全面深化新时代教师队伍建设改革的意见》精神指引下，2018 年，教育部、国家发展改革委、财政部、人力资源社会保障部、中央编办等部门印发《教师教育振兴行动计划（2018—2022 年）》。该计划所设计的目标，是经过 5 年左右努力，奠定我国教师教育长期可持续发展的坚实基础，并为发展更高质量更加公平的教育提供强有力的师资保障和人才支撑。这需要办好一批高水平、有特色的教师教育院校和师范类专业，促使教师培养培训体系达到基本健全，不断优

---

① 新华社：《中共中央　国务院关于全面深化新时代教师队伍建设改革的意见》，参见中华人民共和国中央人民政府网站，2018-01-31。

化教师培养培训的内容方式，并使教师综合素质、专业化水平和创新能力得到显著提升。

《教师教育振兴行动计划（2018—2022年）》强调，发挥师范院校主体作用，加强教师教育体系建设。加大对师范院校的支持力度，不断优化教师教育布局结构，基本形成以国家教师教育基地为引领、师范院校为主体、高水平综合大学参与、教师发展机构为纽带、优质中小学为实践基地的开放、协同、联动的现代教师教育体系。①

2020年，全国教师发展大会在北京召开。大会强调，教师教育是教育事业的工作母机，是教师队伍的源头活水。发展教师教育，首先，要在加强体系上下功夫。健全以师范院校为主体、高水平综合大学参与、优质中小学幼儿园为实践基地的开放、协同、联动的中国特色教师教育体系。建设国家教师教育改革实验区，推动地方政府、高校和中小学协同育人。支持高水平综合大学举办教师教育，发挥专业优势，突出教师教育特色，重点培养教育硕士，适度培养教育博士。健全省市县教师发展机构，推动教师终身学习和专业自主发展。其次，要在提升层次上下功夫。提升培养层次，改革人才培养模式，稳步提升师范生综合素质、专业水平和创新能力。加强师范生公费教

---

① 教育部：《教师教育振兴行动计划（2018—2022年）》，参见中华人民共和国教育部网站，2018-03-22。

育，吸引更多优秀青年报师范当老师。建立符合教育行业特点的教师招聘办法，遴选乐教适教善教的优秀人才进入教师队伍。最后，要在质量保障上下功夫。落实院校分类评估，实施三级五类师范类专业认证，守好师范教育质量"生命线"，引导师范院校特色发展、追求卓越。①

全国教师发展大会明确了中国特色教师教育体系的构建目标与举措，并对教师培养层次与质量保障等重要问题予以特别关注，这是对当前和今后一段时期我国教师队伍建设所作出的全面谋划和通盘部署，对中国特色教师教育体系的构建以及教师教育事业的整体改革与发展具有重要指导意义。

（二）加强和深化教师队伍师德师风建设

师德师风建设是教师队伍建设的首要问题，2012 年以来，党和国家相继出台了一系列政策文件，对师德师风建设的目标、内容和方式等均进行了设计与说明。

1. 建立健全师德建设长效机制

2012 年，《国务院关于加强教师队伍建设的意见》提出，要构建师德建设的长效机制，建立健全教育、宣传、考核、监督与奖惩相结合的师德建设工作机制。

---

① 中共教育部党组：《开启全面建设高素质专业化创新型教师队伍新征程》，载《光明日报》，2020-10-06。

　　《国务院关于加强教师队伍建设的意见》强调，开展各种形式的师德教育，把教师职业理想、职业道德、学术规范以及心理健康教育融入职前培养、准入、职后培训和管理的全过程。加大优秀师德典型宣传力度，促进形成重德养德的良好风气。研究制定科学合理的师德考评方式，完善师德考评制度，将师德建设作为学校工作考核和办学质量评估的重要指标，把师德表现作为教师资格定期注册、业绩考核、职称评审、岗位聘用、评优奖励的首要内容，对教师实行师德表现一票否决制。完善学生、家长和社会参与的师德监督机制。完善高等学校科研学术规范，健全学术不端行为惩治查处机制。对有严重失德行为、影响恶劣者按有关规定予以严肃处理直至撤销教师资格。①

　　贯彻落实《国务院关于加强教师队伍建设的意见》，要以社会主义核心价值体系为引领，充分尊重教师主体地位，大力弘扬高尚师德，切实解决当前出现的师德突出问题，引导教师立德树人，为人师表，不断提升人格修养和学识修养，努力建设一支师德高尚、业务精湛、结构合理、充满活力的中小学教师队伍。2013年，教育部印发《教育部关于建立健全中小学师德建设长效机制的意见》，其中，就建立健全教育、宣传、考核、监督与奖惩相结合的中小学师德建设长效机制提出了如下七点

---

① 国务院：《国务院关于加强教师队伍建设的意见》，参见中华人民共和国中央人民政府网站，2012-09-07。

意见。

（1）创新师德教育，引导教师树立远大职业理想。将师德教育纳入教师教育课程体系。师范生培养必须开设师德教育课程，新任教师岗前培训开设师德教育专题，在职教师培训把师德教育作为重要内容，记入培训学分。重视法制教育、心理健康教育和民族团结教育。创新师德教育内容、模式和方法，突出针对性和实效性。采取实践反思、师德典型案例评析、情景教学等丰富师德教育形式，把教书育人楷模、一线优秀教师等请进课堂，用优秀教师的感人事迹诠释师德内涵。结合教育教学、社会实践活动开展师德教育，切实增强师德教育效果。

（2）加强师德宣传，营造尊师重教社会氛围。将师德宣传作为教育行政部门和学校重点工作。坚持正确舆论导向，大力宣传教师的地位和作用，让全社会广泛了解教师工作的重要性和特殊性。大力树立和宣传优秀教师先进典型，通过组织举办形式多样、务实有效的活动，深入宣传优秀教师先进事迹，充分展现当代教师的精神风貌，弘扬高尚师德，弘扬主旋律，增强正能量。针对师德建设中出现的热点、难点问题，要及时应对并加以引导。充分利用教师节等重大节庆日、纪念日的契机，联合电视、广播、报纸、网络等多种媒体集中宣传优秀教师先进事迹，努力营造尊师重教的浓厚社会氛围。

（3）严格师德考核，促进教师自觉加强师德修养。将师德考核作为教师考核的核心内容，摆在首要位置。各级教育行政部门要制定师德考核办法，学校制定具体的实施细则。师德考核应充分尊重教师主体地位，符合教师职业性质，促进教师专业发展；坚持公平、公正、公开原则；采取教师个人自评、家长和学生参与测评、考核工作小组综合评定等多种方式进行。考核结果一般分为优秀、合格、基本合格、不合格四个等次。考核结果公示后存入师德考核档案并报学校主管部门备案。师德考核不合格者年度考核应评定为不合格，并在教师资格定期注册、职务（职称）评审、岗位聘用、评优奖励和特级教师评选等环节实行一票否决。

（4）突出师德激励，促进形成重德养德良好风气。将师德表彰奖励纳入教师和教育工作者奖励范围。完善师德表彰奖励制度。把师德表现作为评选教书育人楷模，模范教师、教育系统先进工作者，优秀教师、优秀教育工作者，中小学优秀班主任、中小学德育先进工作者等表彰奖励的必要条件。在同等条件下，师德表现突出的，优先评选特级教师和晋升教师职务（职称）、选培学科带头人和骨干教师。

（5）强化师德监督，有效防止失德行为。教育行政部门和学校要建立健全师德年度评议制度、师德问题报告制度、师德状况定期调查分析制度和师德舆情快速反应制度，及时研究加强和改进师德建设的政策和措施。构建学校、教师、学生、家长和社会广泛参与的师德监督体系。教育行政部门和学校要建立行之有效的多种形式的师德投诉、举报平台，及时获取掌握师德信息动态，及时发现并纠正不良倾向和问题，将违反师德的行为消除在萌芽状态。要将师德建设纳入教育督导评估体系。

（6）规范师德惩处，坚决遏制失德行为蔓延。建立健全违反师德行为的惩处制度。依据有关法律法规和《中小学教师职业道德规范》，教育部研究制定《中小学教师违反职业道德行为处理办法》，明确教师不可触犯的师德禁行性行为，并提出相应处理办法。对危害严重、影响恶劣者，要坚决清除出教师队伍。建立问责制度。对教师严重违反师德行为监管不力、拒不处分、拖延处分或推诿隐瞒，造成不良影响或严重后果的，要追究学校或教育主管部门主要负责人的责任。对涉及违法犯罪的要及时移交司法部门。

（7）注重师德保障，将师德建设工作落到实处。建立师德建设领导责任制度。地方各级教育行政部门负责对师德建设工作的指导和监管，主要负责人是师德建设工作第一责任人，有关职责要落实到具体的职能机构和人员。各地要结合实际，制订本地师德建设规划和实施方案。充分发挥教育工会等教师行业组织在师德建设中的积极作用。中小学校要把师德建设摆在教师工作首位，贯穿于管理工作全过程。中小学校长要亲自抓师德建设。学校基层党组织、广大党员教师要充分发挥政治核心和先锋模范作用。学校教代会和群团组织紧密配合，形成加强和推进师德建设合力。①

《教育部关于建立健全中小学师德建设长效机制的意见》所涵盖的七个方面，是对建立健全中小学师德建设长效机制的基于教育、宣传、考核、监督与奖惩相结合这一基本价值取向的全面阐释与深刻把握，对中小学师德建设工作的开展和推进具有重要指导作用。

2014年，教育部印发《中小学教师违反职业道德行为处理办法》，首次制定了国家层面的违反师德行为处理办法，明确了10种违反师德行为并作为教师职业行为的底线，使处理中小学教师违反师德行为有了政策依据，彰显了法治精神。同年，教育部印发《关于建立健全高校师德建设长效机制的意见》，提出建立健全教育、宣传、考核、监督、激励、惩处相结合的六条举措，画出师德禁行行为"红七条"，并与中小学师德建设相衔接，形成了完整的师德建设制度体系，为各地各校进一步加强师德建设和查处违反师德行为提供了政策依据。②

---

① 教育部：《教育部关于建立健全中小学师德建设长效机制的意见》，参见中华人民共和国教育部网站，2013-09-02。

② 《中国教育年鉴》编辑部：《中国教育年鉴（2015）》，271页，北京，人民教育出版社，2016。

2. 提出师德师风是教师队伍素质评价的第一标准

习近平总书记在 2014 年同北京师范大学师生代表座谈会上所作的题为《做党和人民满意的好老师》的讲话中指出："教师重要，就在于教师的工作是塑造灵魂、塑造生命、塑造人的工作。一个人遇到好老师是人生的幸运，一个学校拥有好老师是学校的光荣，一个民族源源不断涌现出一批又一批好老师则是民族的希望。国家繁荣、民族振兴、教育发展，需要我们大力培养造就一支师德高尚、业务精湛、结构合理、充满活力的高素质专业化教师队伍，需要涌现一大批好老师。""教师的职业特性决定了教师必须是道德高尚的人群。合格的老师首先应该是道德上的合格者，好老师首先应该是以德施教、以德立身的楷模。师者为师亦为范，学高为师，德高为范。老师是学生道德修养的镜子。好老师应该取法乎上、见贤思齐，不断提高道德修养，提升人格品质，并把正确的道德观传授给学生。师德是深厚的知识修养和文化品位的体现。师德需要教育培养，更需要老师自我修养。做一个高尚的人、纯粹的人、脱离了低级趣味的人，应该是每一个老师的不懈追求和行为常态。"①

2018 年，习近平总书记在北京大学师生座谈会上的讲话又指出："评价教师队伍素质的第一标准应该是师德师风。师德师

---

① 习近平：《做党和人民满意的好老师——同北京师范大学师生代表座谈时的讲话》，载《人民日报》，2014-09-10。

风建设应该是每一所学校常抓不懈的工作，既要有严格制度规定，也要有日常教育督导。我们的教师队伍师德师风总体是好的，绝大多数老师都敬重学问、关爱学生、严于律己、为人师表，受到学生尊敬和爱戴。同时，也要看到教师队伍中存在的一些问题。对出现的问题，我们要高度重视，认真解决。要引导教师把教书育人和自我修养结合起来，做到以德立身、以德立学、以德施教。"①

同年，习近平总书记在全国教育大会上的重要讲话又指出："人民教师无上光荣，每个教师都要珍惜这份光荣，爱惜这份职业，严格要求自己，不断完善自己。做老师就要执着于教书育人，有热爱教育的定力、淡泊名利的坚守。"②

从如上一系列讲话中可以看到，教师地位之所以重要，根本在于其所从事的是培育人的工作，这种职业特性决定了教师必须要成为道德高尚的人，而教师队伍建设与教师素质评价，是要以师德师风作为第一标准的。人民教师的职业是无上光荣的，教师自身要珍惜这份光荣，要真正做到严于律己、为人师表、热爱教育、淡泊名利。同时，对于教师队伍中存在的师德师风方面的诸种不良问题，也要正确面对，高度重视，认真解决，每一所学校都要把师德师风建设工作常抓不懈，引导广大

① 习近平：《在北京大学师生座谈会上的讲话》，载《人民日报》，2018-05-03。
② 习近平：《坚持中国特色社会主义教育发展道路　培养德智体美劳全面发展的社会主义建设者和接班人》，载《人民日报》，2018-09-11。

教师更好地把修身立德与教书育人结合起来，做到以德立身、以德立学、以德施教。

3. 大力推进师德建设的制度化与规范化

2014年，《中共教育部党组关于教育系统学习贯彻习近平总书记教师节重要讲话精神的通知》指出，健全师德建设长效机制，不断营造以德育师的制度环境。要落实教育部中小学和高校师德建设文件要求，建立覆盖各级各类学校的师德建设长效机制体系，推进师德建设进入制度化、规范化轨道。从教师成长的第一步培养环节抓起，形成课堂教学、校园文化和社会实践多位一体的育人平台，特别要深化课程改革，让师德教育进教材、进课堂、进学生头脑。在教师岗前、职后培训中开设师德教育课程，并把一线优秀教师请进课堂，用优秀教师的感人事迹诠释师德内涵。严格师德考核，突出师德激励，强化师德监督，引导广大教师自觉提高师德修养，做学生爱戴敬仰的品行之师、学问之师。对极个别道德败坏、贪赃枉法的教师要依法惩处，坚决清除出教师队伍，对侵害学生的行为零容忍。①

2015年，《乡村教师支持计划（2015—2020年）》指出，开展多种形式的师德教育，把教师职业理想、职业道德、法治教育、

---

① 《中国教育年鉴》编辑部：《中国教育年鉴（2015）》，1090～1091，北京，人民教育出版社，2016。

心理健康教育等融入职前培养、准入、职后培训和管理的全过程。落实教育、宣传、考核、监督与奖惩相结合的师德建设长效机制。①

2018年，教育部印发《新时代高校教师职业行为十项准则》《新时代中小学教师职业行为十项准则》与《新时代幼儿园教师职业行为十项准则》，其中，在对制定如上教师职业行为准则的依据和目标所做说明中指出，《准则》的制定，是基于新时代对广大教师落实立德树人根本任务所提出的新的更高要求，是为了进一步增强教师的责任感、使命感、荣誉感，规范职业行为，明确师德底线，引导广大教师努力成为有理想信念、有道德情操、有扎实学识、有仁爱之心的好老师，着力培养德智体美劳全面发展的社会主义建设者和接班人。

这三个教师职业行为准则的颁行，为新时代广大教师职业行为的规范实施提供了明确的政策指引。同时，对于新时代教师队伍师德师风建设的推进，可发挥更好的制度性保障作用。

2019年，《中国教育现代化2035》指出，大力加强师德师风建设，将师德师风作为评价教师素质的第一标准，推动师德建设长效化、制度化。②

---

① 国务院：《乡村教师支持计划（2015—2020年）》，参见中华人民共和国中央人民政府网站，2015-06-01。

② 新华社：《中共中央　国务院印发〈中国教育现代化2035〉》，参见中华人民共和国中央人民政府网站，2019-02-23。

　　同年，《关于加强和改进新时代师德师风建设的意见》指出，把师德师风作为评价教师队伍素质的第一标准，将社会主义核心价值观贯穿师德师风建设全过程，严格制度规定，强化日常教育督导，加大教师权益保护力度，倡导全社会尊师重教，激励广大教师努力成为"四有"好老师，着力培养德智体美劳全面发展的社会主义建设者和接班人。

　　同时，《关于加强和改进新时代师德师风建设的意见》对诸如完备的师德师风建设制度体系和有效的师德师风建设长效机制的基本建立，教师思想政治素质和职业道德水平的全面提升，教师敬业立学、崇德尚美新风貌的呈现，教师权益保障体系的基本建立，教师安心、热心、舒心、静心从教良好环境的基本形成，全社会对教师职业认同度的加深，以及教师政治地位、社会地位、职业地位的显著提高等加强和改进新时代师德师风建设的一系列重要问题也进行了规定和说明，并强调经过 5 年左右的努力，来实现相关目标。[①]

　　2020 年，全国教师发展大会提出，要完善师德建设制度，实施师德师风建设工程，建立健全教育、宣传、考核、监督、奖励、惩处六大制度，坚持常抓不懈，有严格的制度规定，有日常的教育督导。打造一批师德师风建设基地，突出全方位全

---

　　① 教育部等：《教育部等七部门印发〈关于加强和改进新时代师德师风建设的意见〉的通知》，参见中华人民共和国教育部网站，2019-12-06。

过程师德养成，推动教师成为先进思想文化的传播者、党执政的坚定支持者、学生健康成长的指导者和引路人。要把握好继承和发展、高线引领和底线要求、严管和厚爱的关系，坚持"四个相统一"，落实新时代教师职业行为"十项准则"，健全师德师风长效机制。保持高压态势，坚决查处师德师风违规行为。[1]

2020年，中共中央、国务院印发《深化新时代教育评价改革总体方案》，在深化新时代教师评价改革问题上，方案致力于实现推进践行教书育人使命的目标要求，强调坚持把师德师风作为第一标准。坚决克服重科研轻教学、重教书轻育人等现象，把师德表现作为教师资格定期注册、业绩考核、职称评聘、评优奖励首要要求，强化教师思想政治素质考察，推动师德师风建设常态化、长效化。健全教师荣誉制度，发挥典型示范引领作用。全面落实新时代幼儿园、中小学、高校教师职业行为准则，建立师德失范行为通报警示制度。对出现严重师德师风问题的教师，探索实施教育全行业禁入制度。[2]

2020年，党的十九届五中全会通过的《中共中央关于制定国民经济和社会发展第十四个五年规划和二〇三五年远景目标的建议》指出，全面贯彻党的教育方针，坚持立德树人，加强师

[1]　中共教育部党组：《开启全面建设高素质专业化创新型教师队伍新征程》，载《光明日报》，2020-10-06。

[2]　新华社：《中共中央　国务院印发〈深化新时代教育评价改革总体方案〉》，参见中华人民共和国中央人民政府网站，2020-10-13。

德师风建设，培养德智体美劳全面发展的社会主义建设者和接班人。①

《中共中央关于制定国民经济和社会发展第十四个五年规划和二〇三五年远景目标的建议》着眼于第十四个五年规划和2035年远景目标的设定要求，申明了对加强师德师风建设这个教师队伍建设首要问题的一以贯之的重视立场。在"十四五"时期，乃至到2035年，党中央在推动师德师风建设方面，仍将不断加强和深化，使之更好地服务于培养德智体美劳全面发展的社会主义建设者和接班人的需要，并使之为全面建设社会主义现代化国家提供更加有力的人才资源支撑。

4. 实施师德师风建设工程，增强师德教育实效性

2017年，党的十九大报告中提到，加强师德师风建设，培养高素质教师队伍，倡导全社会尊师重教。②

在十九大精神指引下，2018年，《中共中央　国务院关于全面深化新时代教师队伍建设改革的意见》对新时代师德师风建设的深化改革提出了明确目标要求，并对具体改革内容与方式等进行了全面设计与规划。

---

① 新华社：《中共中央关于制定国民经济和社会发展第十四个五年规划和二〇三五年远景目标的建议》，参见中华人民共和国中央人民政府网站，2020-11-03。

② 习近平：《决胜全面建成小康社会　夺取新时代中国特色社会主义伟大胜利——在中国共产党第十九次全国代表大会上的报告》，载《人民日报》，2017-10-28。

《中共中央　国务院关于全面深化新时代教师队伍建设改革的意见》指出，健全师德建设长效机制，推动师德建设常态化长效化，创新师德教育，完善师德规范，引导广大教师以德立身、以德立学、以德施教、以德育德，坚持教书与育人相统一、言传与身教相统一、潜心问道与关注社会相统一、学术自由与学术规范相统一，争做"四有"好教师，全心全意做学生锤炼品格、学习知识、创新思维、奉献祖国的引路人。

《中共中央　国务院关于全面深化新时代教师队伍建设改革的意见》强调，实施师德师风建设工程。开展教师宣传国家重大题材作品立项，推出一批让人喜闻乐见、能够产生广泛影响、展现教师时代风貌的影视作品和文学作品，发掘师德典型、讲好师德故事，加强引领，注重感召，弘扬楷模，形成强大正能量。注重加强对教师思想政治素质、师德师风等的监察监督，强化师德考评，体现奖优罚劣，推行师德考核负面清单制度，建立教师个人信用记录，完善诚信承诺和失信惩戒机制，着力解决师德失范、学术不端等问题。①

2018年，《教师教育振兴行动计划（2018—2022年）》指出，落实师德教育新要求，增强师德教育实效性。将学习贯彻习近平总书记对教师的殷切希望和要求作为教师师德教育的首要任

①　新华社：《中共中央　国务院关于全面深化新时代教师队伍建设改革的意见》，参见中华人民共和国中央人民政府网站，2018-01-31。

务和重点内容。加强师德养成教育，用"四有好老师"标准、"四个引路人""四个相统一"和"四个服务"等要求，统领教师成长发展，细化落实到教师教育课程，引导教师以德立身、以德立学、以德施教、以德育德。

《教师教育振兴行动计划（2018—2022 年）》强调，要实施师德养成教育全面推进行动。将师德教育贯穿教师教育全过程，使其作为师范生培养和教师培训课程的必修模块；从教师培养培训的思想政治教育、法治教育、中华优秀传统文化教育等一系列重要相关方面入手，不断提升教师的政治、法治和文化素养；采取组织公益支教、志愿服务等方式以及开展师范生"师德第一课"与"师德活动周"等活动，着力培育师范生的教师职业认同和社会责任感，发掘师德先进典型，弘扬当代教师风采，大力宣传阳光美丽、爱岗敬业、默默奉献的新时代优秀教师形象。[1]

5. 加强高等学校思想政治理论课教师队伍师德建设

2020 年 1 月 7 日，教育部第一次部务会议审议通过《新时代高等学校思想政治理论课教师队伍建设规定》，共分为总则、职责与要求、配备与选聘、培养与培训、考核与评价、保障与管理、附则等七章二十八条，自 2020 年 3 月 1 日起施行。

《新时代高等学校思想政治理论课教师队伍建设规定》指出，为深入贯彻落实习近平新时代中国特色社会主义思想和党的

---

[1] 教育部等：《教育部等五部门关于印发〈教师教育振兴行动计划（2018—2022 年）〉的通知》，参见中华人民共和国教育部网站，2018-03-22。

十九大精神，贯彻落实习近平总书记关于教育的重要论述，全面贯彻党的教育方针，加强新时代高等学校思想政治理论课教师队伍建设，根据《中华人民共和国教师法》，中共中央办公厅、国务院办公厅印发的《关于深化新时代学校思想政治理论课改革创新的若干意见》，制定本规定。

《新时代高等学校思想政治理论课教师队伍建设规定》强调，思政课教师的首要岗位职责是讲好思政课。思政课教师要引导学生立德成人、立志成才，树立正确世界观、人生观、价值观，坚定对马克思主义的信仰，坚定对社会主义和共产主义的信念，增强中国特色社会主义道路自信、理论自信、制度自信、文化自信，厚植爱国主义情怀，把爱国情、强国志、报国行自觉融入坚持和发展中国特色社会主义事业、建设社会主义现代化强国、实现中华民族伟大复兴的奋斗之中，为培养德智体美劳全面发展的社会主义建设者和接班人作出积极贡献。

《新时代高等学校思想政治理论课教师队伍建设规定》指出，对思政课教师的岗位要求是：

（1）思政课教师应当增强"四个意识"，坚定"四个自信"，做到"两个维护"，始终在政治立场、政治方向、政治原则、政治道路上同以习近平同志为核心的党中央保持高度一致，模范践行高等学校教师师德规范。做到信仰坚定、学识渊博、理论功底深厚，努力做到政治强、情怀深、思维新、视野广、自律严、人格正，自觉用习近平新时代中国特色社会主义思想武装头脑，做学习和实践马克思主义的典范，做为学为人的表率。

（2）思政课教师应当用好国家统编教材。以讲好用好教材为基础，认真参加教材使用培训和集体备课，深入研究教材内容，吃准吃透教材基本精神，全面把握教材重点、难点，认真做好教材转化工作，编写好教案，切实推动教材体系向教学体系转化。

（3）思政课教师应当加强教学研究。坚持以思政课教学为核心的科研导向，紧紧围绕马克思主义理论学科内涵开展科研，深入研究思政课教学方法和教学重点难点问题，深入研究坚持和发展中国特色社会主义的重大理论和实践问题。

（4）思政课教师应当深化教学改革创新。按照政治性和学理性相统一、价值性和知识性相统一、建设性和批判性相统一、理论性和实践性相统一、统一性和多样性相统一、主导性和主体性相统一、灌输性和启发性相统一、显性教育和隐性教育相统一的要求，增强思政课的思想性、理论性和亲和力、针对性，全面提高思政课质量和水平。①

总体而言，将高等学校思想政治理论课教师的师德修养与

---

① 教育部：《新时代高等学校思想政治理论课教师队伍建设规定》，参见中华人民共和国教育部网站，2020-01-16。

信仰信念、学术学识、知识技能、学习教学等方面的发展和提升有机融合为一体，不断提高教师综合素质与能力水平，使得高等学校思想政治理论课教师能够努力做到"政治强、情怀深、思维新、视野广、自律严、人格正"，对于其更好地发挥为把我国建设成为社会主义现代化强国与实现中华民族伟大复兴而培养德智体美劳全面发展的社会主义建设者和接班人的不可或缺作用，具有至关重要的意义和价值。

6. 促进中小学教师师德建设与依法履行教育教学和管理职责的有机结合

2020 年 9 月 23 日，教育部第 3 次部务会议审议通过了《中小学教育惩戒规则（试行）》，并规定自 2021 年 3 月 1 日起正式施行。《中小学教育惩戒规则（试行）》是为落实立德树人根本任务，保障和规范学校、教师依法履行教育教学和管理职责，保护学生合法权益，促进学生健康成长、全面发展，根据我国《教育法》《教师法》《未成年人保护法》《预防未成年人犯罪法》等法律法规和国家有关规定，予以制定的。

《中小学教育惩戒规则（试行）》主要包括十九条关涉中小学教育惩戒的具体规则，其中的若干条规则与教师的师德师风建设之间存在着紧密联系，可以有效反映教师的师德师风建设程度和水平，并对教师的师德师风建设状况产生有力影响。

《中小学教育惩戒规则（试行）》的第十二条规定：教师在教

育教学管理、实施教育惩戒过程中，不得有下列行为：

（一）以击打、刺扎等方式直接造成身体痛苦的体罚；（二）超过正常限度的罚站、反复抄写，强制做不适的动作或者姿势，以及刻意孤立等间接伤害身体、心理的变相体罚；（三）辱骂或者以歧视性、侮辱性的言行侵犯学生人格尊严；（四）因个人或者少数人违规违纪行为而惩罚全体学生；（五）因学业成绩而教育惩戒学生；（六）因个人情绪、好恶实施或者选择性实施教育惩戒；（七）指派学生对其他学生实施教育惩戒；（八）其他侵害学生权利的。[①]

这是对教师在实施教育惩戒过程中，不得实施的典型违规行为的具体规定，这些违规行为实际上也就是教师有违师德师风建设要求的典型行为，需要广大教师在加强师德师风建设过程中予以充分重视，严格禁止实施。

《中小学教育惩戒规则（试行）》的第十三条规定：教师对学生实施教育惩戒后，应当注重与学生的沟通和帮扶，对改正错误的学生及时予以表扬、鼓励。[②]

这是对为促进教师更好地发挥教育惩戒的正面作用，应努

①② 教育部：《中小学教育惩戒规则（试行）》，参见中华人民共和国教育部网站，2020-12-23。

力实施的与教育惩戒行为有机配合的积极行为的具体要求和规定。这些正面的、积极的行为倘若能够得以有效实施，也便可反映出教师师德师风建设的良好成效。

《中小学教育惩戒规则（试行）》的第十五条规定：学校应当支持、监督教师正当履行职务。教师因实施教育惩戒与学生及其家长发生纠纷，学校应当及时进行处理，教师无过错的，不得因教师实施教育惩戒而给予其处分或者其他不利处理。教师违反本规则第十二条，情节轻微的，学校应当予以批评教育；情节严重的，应当暂停履行职责或者依法依规给予处分；给学生身心造成伤害，构成违法犯罪的，由公安机关依法处理。①

这是明确规定了：一方面，学校对教师因实施正当教育惩戒行为而与学生及其家长产生矛盾纠纷时，应进行公正及时的处理；另一方面，倘若教师实施教育惩戒行为确有不当，视情节轻重不同，应予以相应程度的惩治处理，直至提送公安机关处理。这是对广大教师师德师风建设状况的一种基于正反两面情形下的辩证认知、对待和处理态度与措施的明确意见传达，对于推进师德师风建设具有积极的参鉴和策励作用。

（三）推进与深化教师教育教学改革

党的十八大以来，我国在教师教育教学改革方面的力度和

---

① 教育部：《中小学教育惩戒规则（试行）》，参见中华人民共和国教育部网站，2020-12-23。

程度也在不断加强和深化，并稳步向前推进发展。

1. 推动以师范生为中心的教师教育课程与教学改革

2014年，《教育部关于实施卓越教师培养计划的意见》指出，应建立模块化的教师教育课程体系，构建公共基础课程、学科专业课程、教师教育课程比重适当、结构合理、理论与实践深度融合的课程体系。把社会主义核心价值观纳入教师教育课程体系，融入师范生培养全过程。落实《教师教育课程标准(试行)》，打破教育学、心理学、学科教学法"老三门"的课程结构体系，开设模块化、选择性和实践性的教师教育课程。

《教育部关于实施卓越教师培养计划的意见》强调，应突出实践导向的教师教育课程内容改革。紧密结合中小学教育教学实践，全面改革教师教育课程内容。在教师教育课程中充分融入优秀中小学教育教学案例。将学科前沿知识、课程改革和教育研究最新成果充实到教学内容中，及时吸收儿童研究、学习科学、心理科学、信息技术的新成果。

《教育部关于实施卓越教师培养计划的意见》提出，应围绕着推动以师范生为中心的教学变革的主题来设计教师教育教学改革的具体方案。

《教育部关于实施卓越教师培养计划的意见》强调，应推进以"自主、合作、探究"为主要特征的研究型教学改革，着力提升师范生的学习能力、实践能力和创新能力。

《教育部关于实施卓越教师培养计划的意见》指出，要充分利用信息技术变革教师教学方式和师范生学习方式，提升师范生信息素养和利用信息技术促进教学的能力。充分发挥毕业论文（设计）在培养师范生的实践能力和反思研究能力方面的重要作用。

《教育部关于实施卓越教师培养计划的意见》强调，将实践教学贯穿培养全过程，分段设定目标，确保实践成效。建立稳定的教育实践基地和教育实践经费保障机制，切实落实师范生到中小学教育实践不少于1个学期制度。建立标准化的教育实践规范，对"实践前—实践中—实践后"全过程提出明确要求。实行高校教师和中小学教师共同指导师范生的"双导师制"。[①]

《教育部关于实施卓越教师培养计划的意见》所提教师教育教学的改革方案，将信息技术、毕业论文、实践教学以及"双导师制"等教师教育教学改革的基本问题有机融合为一体，努力寻求促进师范生学习能力、实践能力和创新能力全面提升的有效教学方式和途径，体现出致力于推动以师范生为中心的教师教育教学改革的鲜明旨趣。

2014年，教育部继续推进实施"教师教育国家级精品资源共享课建设计划"：一是以精品课为抓手，推动教师教育课程标

---

① 《中国教育年鉴》编辑部：《中国教育年鉴（2015）》，1085～1086页，北京，人民教育出版社，2016。

准"落地"。2014年1月，举办精品课程资源建设高级研修班，推动200个立项课程建设团队全面落实教师教育课程标准。二是规范建设，开展全方位常态化指导。印发《立项课程建设指南》，规范课程建设各项要求；组织指导专家定期开展网络答疑；开设专门的QQ群和公共微信号，提供即时服务。三是严格标准，力推高质量课程上线。采用网络评审和会议评审相结合的形式，全年开展两批课程中期检查以及首批课程结项验收工作，保证课程建设质量。从首批通过结项验收的30门课程中遴选7门高质量课程，给予有针对性的指导和整改，率先实现上线，实现了教师教育课程资源共享的"零突破"，进入了"从建到用"的新阶段。①

2. 促进教师教育教学改革与信息化新技术深度融合

2014年，教育部继续推进实施"全国中小学教师信息技术应用能力提升工程"，围绕"应用"这一核心任务，采取"标准—培训—测评—应用"一体化推进。工程主要采取了五项举措：一是研制标准体系，开发测评工具，完善顶层设计。二是推动各省(区、市)制定五年规划方案和年度规划方案。三是开展应用案例资源征集工作，共征集1300件资源，推荐各地使用。四是举办4期高级研修班，共培训1100多名骨干管理者和培训

---

① 《中国教育年鉴》编辑部：《中国教育年鉴(2015)》，274～275页，北京，人民教育出版社，2016。

者。五是推进英特尔项目、微软项目、乐高项目和中国移动项目与各地能力提升工程的融合。

工程实施工作取得了明显成效。一是国家层面首次建立了教师信息技术应用能力标准体系。教育部研制并颁布《中小学教师信息技术应用能力标准（试行）》《中小学教师信息技术应用能力培训课程标准（试行）》《中小学教师信息技术应用能力测评指南》，引领广大教师提升信息技术应用能力，规范指导各地开展工程实施工作。二是各地完成 200 多万名中小学幼儿园教师的信息技术应用能力专项培训，提升了教师信息技术应用能力、学科教学能力和专业自主发展能力。三是引领教师培训模式变革。有效利用网络研修社区，推行网络研修与现场实践相结合的混合式培训，推动教师培训选学，实现学用结合。四是推动各地实施信息技术应用能力测评。教育部研制能力诊断测评工具，推动各地构建网络测评系统，实施诊断测评、培训测评和发展测评，以评促学，以评促用，激发教师持续学习的动力。[①]

2018 年，《教师教育振兴行动计划（2018—2022 年）》指出，启动实施教师教育在线开放课程建设计划，遴选认定 200 门教师教育国家精品在线开放课程，推动在线开放课程广泛应用共享。

《教师教育振兴行动计划（2018—2022 年）》提出，实施"互

---

① 《中国教育年鉴》编辑部：《中国教育年鉴（2015）》，275 页，北京，人民教育出版社，2016。

联网+教师教育"创新行动。充分利用云计算、大数据、虚拟现实、人工智能等新技术，推进教师教育信息化教学服务平台建设和应用，推动以自主、合作、探究为主要特征的教学方式变革。实施新一周期中小学教师信息技术应用能力提升工程，引领带动中小学教师校长将现代信息技术有效运用于教育教学和学校管理。研究制定师范生信息技术应用能力标准，提高师范生信息素养和信息化教学能力。①

《教师教育振兴行动计划（2018—2022年）》继续强调了教师教育教学改革与信息化新技术深度融合的目标诉求，其中的改革重点是在不断提高师范生的信息素养与信息化教学能力的问题上。

2018年的《教育部关于实施卓越教师培养计划2.0的意见》也依然延续了2014年以来的教师教育教学改革的基本思路，提出要加强和深化信息技术的助推作用，推广翻转课堂、混合式教学等新型教学模式，形成线上与线下两种教学方式有机结合与深度融通的自主、合作、探究学习模式。

同时，《教育部关于实施卓越教师培养计划2.0的意见》对着力提高实践教学质量，建立健全贯穿培养全程的实践教学体系，全面落实高校教师与优秀中小学教师共同指导教育实践的"双导师制"，推进师范专业教学实验室、师范生教育教学技能

①　教育部等：《教育部等五部门关于印发〈教师教育振兴行动计划（2018—2022年）〉的通知》，参见中华人民共和国教育部网站，2018-03-22。

实训教室和师范生自主研训与考核数字化平台建设，以及强化师范生教学基本功和教学技能训练与考核等教师教育教学改革与发展的一系列重要问题也进行了规定与说明。

《教育部关于实施卓越教师培养计划 2.0 的意见》强调，推动人工智能、智慧学习环境等新技术与教师教育课程全方位融合，充分利用虚拟现实、增强现实和混合现实等，建设开发一批交互性、情境化的教师教育课程资源；及时吸收基础教育、职业教育改革发展最新成果，开设模块化的教师教育课程，精选中小学教育教学和教师培训优秀案例，建立短小实用的微视频和结构化、能够进行深度分析的课例库。[①]

在信息化技术日新月异发展变革的时代大背景下，教师教育课程与新技术的全面深度融合已经成为教师教育教学改革的大势所向。同时，线上教师教育课程资源与线下教师教育课程资源在开发与应用中的有机结合与相辅相成，亦是新时代教师教育教学改革的应有之义与必然选择。

2019 年，《教育部关于实施全国中小学教师信息技术应用能力提升工程 2.0 的意见》指出，信息技术应用能力是新时代高素质教师的核心素养。2013 年以来，通过实施全国中小学教师信息技术应用能力提升工程，教师应用信息技术改进教育教学的

———————

① 教育部：《教育部关于实施卓越教师培养计划 2.0 的意见》，参见中华人民共和国教育部网站，2018-09-30。

意识和能力普遍提高，但仍然存在着信息化教学创新能力不足，乡村教师应用能力薄弱，支持服务体系不够健全等问题，同时大数据、人工智能等新技术变革对教师信息素养提出了新要求。为深入贯彻习近平新时代中国特色社会主义思想和党的十九大精神，全面贯彻落实全国教育大会精神，按照《中共中央　国务院关于全面深化新时代教师队伍建设改革的意见》决策部署，根据《教育信息化2.0行动计划》和《教师教育振兴行动计划（2018—2022年）》总体部署，服务国家"互联网+"、大数据、人工智能等重大战略，推动教师主动适应信息化、人工智能等新技术变革，积极有效开展教育教学，教育部决定实施全国中小学教师（含幼儿园、普通中小学、中等职业学校）信息技术应用能力提升工程2.0，特制定本意见。

《教育部关于实施全国中小学教师信息技术应用能力提升工程2.0的意见》指出，实施该工程的目标任务为：到2022年，构建以校为本、基于课堂、应用驱动、注重创新、精准测评的教师信息素养发展新机制，通过示范项目带动各地开展教师信息技术应用能力培训（每人5年不少于50学时，其中实践应用学时不少于50%）。基本实现"三提升一全面"的总体发展目标：校长信息化领导力、教师信息化教学能力、培训团队信息化指导能力显著提升，全面促进信息技术与教育教学融合创新发展。具体包括四个方面：（1）整校推进教师应用能力培训，服务教育教学改革；（2）缩小城乡教师应用能力差距，促进教育均衡发展；（3）打造信息化教学创新团队，引领未来教育方向；（4）全方位升级支持服务体系，保障融合创新发展。

实施该工程的主要措施包括：（1）开展学校管理团队信息化领导力培训；（2）围绕学校信息化教学创新推动教师研训；（3）实施创新培训平台"三区三州"对口帮扶项目；（4）推进中西部地区"双师教学"模式培训改革；（5）促进教师跨学科教学能力提升；（6）加强智能化教育领航名校长名师培养；（7）提升培训团队信息技术应用指导能力；（8）创新信息素养培训资源建设机制；（9）构建成果导向、全程监测评价体系。

实施该工程的组织保障为：（1）加强组织领导；（2）明确主体责任；（3）落实经费保障；（4）鼓励社会参与；（5）做好监管评估。①

2020年的全国教师发展大会强调，要在创新融合上下功夫。激发教师应用信息技术的内生动力，引导教师主动适应信息化、人工智能等新技术变革，积极探索新时代教育教学方法。②

新时代教师教育教学改革应密切关注和主动适应信息技术日新月异变革的新形势，更好地实现教师教育教学与人工智能等新技术变革的深度融合和创新发展。

---

① 教育部：《教育部关于实施全国中小学教师信息技术应用能力提升工程2.0的意见》，参见中华人民共和国教育部网站，2019-03-21。

② 中共教育部党组：《开启全面建设高素质专业化创新型教师队伍新征程》，载《光明日报》，2020-10-06。

3. 大力加强和提升教师线上教学能力

2021年，教育部、国家发展改革委、工业和信息化部、财政部、国家广播电视总局五部委联合印发的《关于大力加强中小学线上教育教学资源建设与应用的意见》指出，以习近平新时代中国特色社会主义思想为指导，全面贯彻党的教育方针，落实立德树人根本任务，发展素质教育。将信息技术在教育教学中的融合应用作为推进"教育＋互联网"、深化基础教育育人方式改革、加快推进教育现代化的重大战略工程，加强系统谋划，加大工作力度。完善线上教育教学资源建设与应用保障体系，提高基础教育应对重大突发事件能力；积极推进教育服务供给方式变革，更好地服务课堂教学，服务学生自主学习，满足人民群众新时代教育需求，缩小城乡教育差距，大力促进教育公平，全面提高基础教育质量，加快推进教育现代化。

《关于大力加强中小学线上教育教学资源建设与应用的意见》强调，到2025年，基本形成定位清晰、互联互通、共建共享的线上教育平台体系，覆盖各类专题教育和各教材版本的学科课程资源体系，涵盖建设运维、资源开发、教学应用、推进实施等方面的政策保障制度体系。学校终端配备和网络条件满足教育教学需要。师生信息化素养和应用能力显著提升，利用线上教育资源教与学成为新常态。优质教育资源共享共用格局基本完善，信息化推动教育公平发展和质量提升的作用得到有效发挥。具体而言，提出了以下几方面的要求。

一要精选教师团队。教育部和有关省级教育行政部门依托教育质量比较高的地区，遴选一批办学水平高的资源学校，按学科、分年级组建若干以特级教师、高级教师、优秀年轻骨干教师为主体，以相关专家和优秀教研员及专业技术人员为支撑的高素质研发团队，承担课程教学资源开发遴选任务。根据不同专题教育特点，组建相应的专业团队，开发遴选各类优质专题教育资源。

二要服务教师课堂教学。鼓励教师积极学习借鉴平台提供的优质课程案例，有机组合或创造加工各类优质资源，优化教学设计，丰富教学内容，促进跨学科综合教学；积极推动线上线下混合教学，拓展教学时空，促进教学组织方式重构和教学方法创新；赋能教师因材施教，充分利用大数据技术，加强对学生学习过程信息收集，精准分析学情，促进差异化、交互性教学和个别化指导，特别是关心帮扶学习上有困难的学生，不断提高课堂教学效率与质量。

三要增强师生互动交流。积极探索利用人工智能技术，增强各级平台互动交流、智能答疑和个性化学习资源推送功能。鼓励有条件的市县通过本地平台，加强学生学习数据信息收集分析，并组织优秀教师为学生开展辅导答疑服务或开设直播课堂。学校要组织教师通过平台或互动工具软件及班级群、电话、视频、面对面交流等多种方式开展师生互动交流；鼓励学生通过班级群、学习小组、学伴结对等方式，进行同学间交流讨论、合作学习、互帮互助。

　　四要加强教师培养培训。高等学校要把信息技术作为师范类专业的必修课程，把提高信息素养作为师范生培养的重要目标。进一步加大信息技术与教育教学融合应用培训力度，作为"国培计划"、全国中小学教师信息技术应用能力提升工程 2.0 和各地各校教师培训的重要内容，有针对性地开展好专题培训。积极开展线上教育教学方法、学习规律、管理机制的研究与交流，充分发挥"一师一优课、一课一名师"活动示范带动作用，大力推广应用先进的线上教育教学方法，支持创建线上教学名师工作室，为教师线上教学提供专业指导，全面提升教师线上教学能力。

　　五要推进资源开发应用。完善资源开发遴选机制，坚持公益属性原则，采取集中开发与面向社会征集遴选相结合的方式，探索建立"政府主导、社会参与、竞争提供、择优遴选"的机制。完善优质资源奖励机制，对在资源建设中作出积极贡献的学校、教师及相关单位发放证书，对使用评价好的平台资源的提供者以适当方式予以表彰，可作为教学成果评定、职称评聘和评优评先等方面的重要依据。完善资源应用动力机制，学校要从实际出发，将应用线上教育教学资源纳入教育教学基本要求，作为教师教育教学能力评价和绩效考核的重要内容，切实保护好、调动好、发挥好教师统筹利用平台教育资源实施教育教学的积极性和创造性。①

---

　　① 教育部等：《教育部等五部门关于大力加强中小学线上教育教学资源建设与应用的意见》，参见中华人民共和国教育部网站，2021-01-28。

可以看到，注重线上与线下教育教学活动的相辅相成与齐头并进，是当下教师教育教学改革积极顺应教育信息化日新月异变革趋势，以及有效应对我国乃至全球社会重大突发事件挑战的必要举措，具有异常深远的影响和价值，而其发展前景亦是值得期待的。

七、特殊教育事业的发展

（一）加强与推进特殊教育体系建设

党和国家一向高度重视特殊教育事业的改革与发展，多年来出台了一系列政策措施，取得了显著成就，特殊教育体系建设也在此过程中不断趋于成熟和完善。

1. 逐步推进特殊教育体系建设

2012 年，我国残疾儿童少年接受义务教育的比例达到 72.00％，比 2007 年提高 10 个百分点；接受学前教育、普通高中教育、职业教育和高等教育的人数也均有较大幅度增长。到 2014 年，全国有特殊教育学校 1853 所，是改革开放初期的六倍多，基本形成了以普通学校随班就读和附设特教班为主体、以特教学校为骨干、以送教上门和家庭社区教育为补充的特殊教育发展格局。特殊教育保障力度不断加大。组织实施了新中国成立以来规模最大的特教学校建设规划项目，中央和地方累计投入 54 亿元，为中西部地区新建和改扩建特教学校 1182 所，基本实现 30 万以上人口的县都有一所特教学校。

2012 年，国家开始实施特教学校二期建设项目，中央财政每年投入 8 亿元，重点支持 60 个高等特殊教育师范、残疾人高等教育和中职教育学校基础设施建设。2012 年中央特教专项补助经费比 2007 年增长了 2.30 倍，重点支持中西部地区特教学校改善办学条件。支持特殊教育发展的社会氛围日益浓厚。政府、学校、社会各方面和家庭共同配合，积极为残疾孩子提供人性化服务和特殊关爱，在学习、生活和就业等方面为残疾孩子奉献爱心、排忧解难。扶残助残、融合发展理念得到广泛认同，共同关心支持特殊教育事业的良好氛围逐步形成。[①]

从 2014 年到 2017 年，教育部等七部门相继印发了《特殊教育提升计划（2014—2016 年）》与《第二期特殊教育提升计划（2017—2020 年）》两个前后衔接的政策文件，有力地推动了我国特殊教育体系建设以及特殊教育事业整体发展进程。

2014 年，《特殊教育提升计划（2014—2016 年）》指出，经过三年努力，初步建立布局合理、学段衔接、普职融通、医教结合的特殊教育体系，办学条件和教育质量进一步提升。建立财政为主、社会支持、全面覆盖、通畅便利的特殊教育服务保障

---

① 《中国教育年鉴》编辑部：《中国教育年鉴（2015）》，1044 页，北京，人民教育出版社，2016。

机制，基本形成政府主导、部门协同、各方参与的特殊教育工作格局。到 2016 年，全国基本普及残疾儿童少年义务教育，视力、听力、智力残疾儿童少年义务教育入学率达到 90.00％以上，其他残疾人受教育机会明显增加。

《特殊教育提升计划（2014—2016 年）》强调，积极发展残疾儿童学前教育，大力发展以职业教育为主的残疾人高中阶段教育，加快发展残疾人高等教育，逐步提高非义务教育阶段残疾人接受教育的比例。[①]

2017 年，《第二期特殊教育提升计划（2017—2020 年）》又指出，到 2020 年，各级各类特殊教育普及水平全面提高，残疾儿童少年义务教育入学率达到 95.00％以上，非义务教育阶段特殊教育规模显著扩大。特殊教育学校、普通学校随班就读和送教上门的运行保障能力全面增强。《第二期特殊教育提升计划（2017—2020 年）》强调，全面普及残疾儿童少年义务教育，提高巩固水平，解决实名登记的未入学适龄残疾儿童少年就学问题。加大力度发展残疾儿童学前教育，加快发展以职业教育为主的残疾人高中阶段教育，稳步发展残疾人高等教育。[②]

随着《特殊教育提升计划（2014—2016 年）》与《第二期特殊

---

① 国务院：《国务院办公厅关于转发教育部等部门〈特殊教育提升计划（2014—2016 年）〉的通知》，参见中华人民共和国中央人民政府网站，2014-01-18。

② 教育部等：《教育部等七部门关于印发〈第二期特殊教育提升计划（2017—2020 年）〉的通知》，参见中华人民共和国中央人民政府网站，2017-07-28。

教育提升计划（2017—2020年）》相继制订与实施，我国特殊教育事业获得了长足进步与发展。2014年至2019年的相关统计数据呈逐年增长的变化，具体体现如下。

2014年，全国特殊教育学校为2000所，比上年增加67所；特殊教育在校生为39.50万人，比上年增加2.70万人，增幅为7.30%。小学特殊教育在校生总数28.30万人，比上年增加2.40万人，增长9.30%。其中，随班就读和附设特教班在校生15.00万人，比上年增加1.70万人，占小学特殊教育在校生总数的比例为52.90%，比上年提高1.70个百分点。初中阶段特殊教育在校生总数为10.20万人，比上年增加0.30万人，增长2.90%。其中，随班就读和附设特教班在校生5.90万人，比上年增长2.00%，占初中阶段特殊教育在校生总数的比例为58.30%，比上年减少0.50个百分点。高中阶段特殊教育在校生总数为9883人，比上年减少112人。①

2015年，全国共有特殊教育学校2053所，比上年增加53所；特殊教育在校生44.20万人，比上年增加4.70万人，增长12.00%。小学特殊教育在校生总数31.90万人，比上年增加3.60万人，增长12.70%。其中，随班就读和附设特教班在校生17.20万人，比上年增长14.70%，占小学特殊教育在校生总数的比例为53.90%，比上年提高1.00个百分点。初中阶段特

———————

① 教育部：《2014年全国教育事业发展情况》，参见中华人民共和国教育部网站，2015-11-25。

殊教育在校生总数为 11.30 万人，比上年增加 1.10 万人，增长 10.80%。其中，随班就读和附设特教班在校生 6.80 万人，比上年增长 0.90%，占初中阶段特殊在校生总数的比例为 60.20%，比上年提高 1.90 个百分点。高中阶段特殊教育在校生总数为 10067 人，比上年增加 184 人。①

2016 年，全国共有特殊教育学校 2080 所，比上年增加 27 所。特殊教育在校生 49.20 万人，比上年增加 5.00 万人，增长 11.20%。小学阶段特殊教育在校生总数 35.80 万人，比上年增加 3.90 万人，增长 12.20%。其中，随班就读和附设特教班在校生 19.60 万人，比上年增长 13.70%，占小学阶段特殊教育在校生总数的比例为 54.60%，比上年提高 0.80 个百分点。初中阶段特殊教育在校生总数为 12.30 万人，比上年增加 1.10 万人，增长 9.50%。其中，随班就读和附设特教班在校生 7.50 万人，比上年增长 11.10%，占初中阶段特殊教育在校生总数的比例为 60.90%，比上年提高 0.90 个百分点。高中阶段特殊教育在校生总数为 10028 人，比上年减少 39 人。②

2017 年，全国共有特殊教育学校 2107 所，比上年增加 27 所，特殊教育在校生为 57.90 万人，比上年增加 8.70 万人，

---

① 教育部：《2015 年全国教育事业发展情况》，参见中华人民共和国教育部网站，2016-12-19。

② 教育部：《2016 年全国教育事业发展情况》，参见中华人民共和国教育部网站，2017-11-10。

增长 17.70％。小学阶段特殊教育在校生总数为 42.30 万人，比上年增加 6.40 万人，增长 18.00％。其中，随班就读和附设特教班在校生 22.00 万人，比上年增长 12.20％，占小学阶段特殊教育在校生总数的 52.00％，比上年下降 2.70 个百分点。初中阶段特殊教育在校生总数为 14.60 万人，比上年增加 2.30 万人，增长 18.40％。其中，随班就读和附设特教班在校生 8.40 万人，比上年增长 12.40％，占初中特殊教育在校生总数的比例为 57.80％，比上年下降 3.10 个百分点。高中阶段特殊教育在校生总数为 10059 人，比上年增加 31 人。[1]

2018 年，全国共有特殊教育学校 2152 所，比上年增加 45 所，特殊教育在校生为 66.59 万人，比上年增加 8.71 万人，增长 15.10％。其中，送教上门的受益学生为 11.64 万人，比上年增加 5.12 万人，占特殊教育在校生的比例为 17.50％，比上年提高 6.20 个百分点。小学阶段特殊教育在校生总数为 47.93 万人，比上年增加 5.67 万人，增长 13.40％。其中，随班就读和附设特教班在校生 23.50 万人，比上年增长 7.10％，占小学特殊教育在校生总数的比例为 49.10％，比上年下降 2.90 个百分点。初中阶段特殊教育在校生总数为 17.62 万人，比上年增加 2.94 万人，增长 20.50％。其中，随班就读和附设特教班在校生 9.68 万人，比上年增长 14.70％，占初中特殊教

[1] 教育部：《2017 年全国教育事业发展情况》，参见中华人民共和国教育部网站，2018-10-18。

育在校生总数的比例为 55.00％，比上年下降 2.80 个百分点。高中阶段特殊教育在校生总数为 1.05 万人，比上年增加 446 人，增长 4.40％。①

2019 年，全国共有特殊教育学校 2192 所，比上年增加 40 所。特殊教育在校生 79.50 万人，比上年增加 12.90 万人，增长 19.30％。其中，送教上门的受益学生为 17.10 万人，比上年增加 5.40 万人，增长 46.80％，占特殊教育在校生的比例为 21.50％，比上年提高 4.00 个百分点。学前阶段特殊教育在校生为 4993 人。小学阶段特殊教育在校生总数为 55.60 万人，比上年增加 7.70 万人，增长 16.00％。其中，随班就读和附设特教班在校生 27.40 万人，比上年增长 16.70％，占小学特殊教育在校生总数的比例为 49.30％，比上年略增 0.30 个百分点。初中阶段特殊教育在校生总数为 22.30 万人，比上年增加 4.60 万人，增长 26.40％。其中，随班就读和附设特教班在校生 11.90 万人，比上年增长 23.10％，占初中特殊教育在校生总数的比例为 53.60％，比上年下降 1.40 个百分点。高中阶段特殊教育在校生总数为 10877 人，比上年增加 372 人，增长 3.50％。②

① 教育部：《2018 年全国教育事业发展情况》，参见中华人民共和国教育部网站，2019-09-29。

② 教育部：《2019 年全国教育事业发展情况》，参见中华人民共和国教育部网站，2020-08-31。

可以看到，自 2014 年至 2019 年，我国特殊教育事业的改革与发展不断取得显著成就，全国特殊教育学校数与各级特殊教育在校生数，总体上均呈现出逐年稳步增长的良好发展状况，我国特殊教育体系建设在此过程中亦不断趋于成熟和完善。

2. 完善义务教育阶段随班就读资源支持体系

在特殊教育体系建设过程中，义务教育阶段随班就读工作处于重中之重的地位。

2020 年，《教育部关于加强残疾儿童少年义务教育阶段随班就读工作的指导意见》指出，要完善随班就读资源支持体系，其中的重点工作即是加强特殊教育资源教室建设与发挥特殊教育资源中心作用。

《教育部关于加强残疾儿童少年义务教育阶段随班就读工作的指导意见》强调，县级要根据残疾儿童入学分布情况，合理规划，统筹布局，在区域内选择若干普通学校设立特殊教育资源教室，对接收 5 名以上残疾学生随班就读的学校应当设立专门的资源教室，并按照特殊教育资源教室建设指南，根据学生残疾类别配备必要的教育教学、康复训练设施设备和资源教师及专业人员。对其他接收残疾学生随班就读的普通学校，也应给予相应的支持。要进一步提升资源教室的使用效率，充分利用资源教室为残疾学生开展个别辅导、心理咨询、康复训练等特殊教育专业服务。

《教育部关于加强残疾儿童少年义务教育阶段随班就读工作

的指导意见》提出，要发挥特殊教育资源中心的作用。各地要加快建设并实现省、市、县特殊教育资源中心全覆盖，逐步完善工作机制，合理配置巡回指导教师。特殊教育资源中心要加强对区域内承担随班就读工作普通学校的巡回指导、教师培训和质量评价，大力宣传普及特殊教育知识和方法，为普通学校和家长提供科学指导和专业咨询服务，鼓励运用大数据、区块链技术提高服务的精准性。①

可以说，残疾儿童少年义务教育阶段的随班就读工作，历来在我国特殊教育事业的整体改革与发展中占据重要地位，我国特殊教育体系建设的持续推进与深化发展，始终将这项工作作为关键问题来着力应对。据实而论，在我国这样一个各地域和各地区经济社会发展状况还存在较大不平衡的社会主义发展中大国里，这项工作的有效开展所面临的艰巨性与长期性是显而易见的，对此要保持清醒认知，不断攻坚克难，稳步推进。

（二）加强和推进特殊教育教师队伍建设

特殊教育教师队伍建设工作是我国特殊教育事业整体改革与发展工作的关键组成部分。在新时代背景下，我国特殊教育教师队伍建设不断加强和推进，呈现出良好的发展态势。

---

①　教育部：《教育部关于加强残疾儿童少年义务教育阶段随班就读工作的指导意见》，参见中华人民共和国教育部网站，2020-06-22。

1. 加强特殊教育教师队伍建设，提高特殊教育教师专业化水平

2012 年，教育部等五部门印发《关于加强特殊教育教师队伍建设的意见》。《关于加强特殊教育教师队伍建设的意见》从统筹规划特殊教育教师队伍建设、加大特殊教育教师培养力度、开展特殊教育教师全员培训、健全特殊教育教师管理制度、落实特殊教育教师待遇以及营造关心和支持特殊教育教师队伍建设的浓厚氛围六个方面对教师队伍建设这一特殊教育改革与发展中的重要问题进行了全面深入的规划与设计。

《关于加强特殊教育教师队伍建设的意见》指出，到 2015 年，基本形成布局合理、专业水平较高的特殊教育教师培养培训体系，特殊教育教师职业吸引力进一步增强，教师数量基本满足办学需要。到 2020 年，形成一支数量充足、结构合理、素质优良、富有爱心的特殊教育教师队伍。加强特殊教育专业建设，拓宽专业领域，扩大培养规模，满足特殊教育事业发展需要。改革培养模式，积极支持高等师范院校与医学院校合作，促进学科交叉，培养具有复合型知识技能的特殊教育教师、康复类专业技术人才。支持师范院校和其他高等学校在师范类专业中普遍开设特殊教育课程，培养师范生具有指导残疾学生随班就读的教育教学能力。

《关于加强特殊教育教师队伍建设的意见》强调，对特殊教育教师实行五年一周期不少于 360 学时的全员培训。依托"国培计划"，采取集中培训和远程培训相结合的方式，加大对全国特殊教育学校的教师的培训力度；各地要同步开展特殊教育学校教师和承担随班就读任务教师的全员培训。完善特殊教育教师准入制度，从事特殊教育应取得相应层次教师资格，非特殊教育专业毕业的还应参加教育行政部门组织的专业培训。将特殊教育相关内容纳入教师资格考试。探索建立特殊教育教师专业证书制度。[①]

《关于加强特殊教育教师队伍建设的意见》是新中国成立以来，国家正式出台的第一个专门针对特殊教育教师队伍建设的政策性文件，对于推动我国特殊教育教师队伍建设的改革与发展进程具有特别重要的意义。

2014 年，教育部继续推动各地通过招生计划的增量安排或存量调整，引导和鼓励有关高校继续加强特殊教育专业建设，调整优化学科专业结构，拓展专业领域，挖掘培养潜能，扩大特殊教育专业招生规模，进一步加大特殊教育教师培养力度。据各地上报的数据统计，2014 年，共有 25 个省（区、市）61 所高校（含 4 所部属师大）计划招收特殊教育专业学生 7260 人（其中本科 3112 人、专科 4148 人），比 2013 年实际招生多 1628 人，增长率为 29.00%。

[①] 教育部等：《教育部　中央编办　国家发展改革委　财政部　人力资源社会保障部关于加强特殊教育教师队伍建设的意见》，参见中华人民共和国教育部网站，2012-11-08。

同时，采取多种措施，加强高校特殊教育师资培养培训基地建设，提升特教教师培养培训能力。鼓励高校在师范类专业中开设特殊教育课程，培养师范生的全纳教育理念和指导残疾学生随班就读的教学能力。结合实施卓越教师培养计划和教师队伍建设示范项目，推进特教教师培养模式改革，提高培养质量。①

2014年，《特殊教育提升计划（2014—2016年）》指出，扩大特殊教育教师培养规模，加大特殊教育教师培训力度，提高特殊教育教师的专业化水平。

《特殊教育提升计划（2014—2016年）》强调，对特殊教育教师的工资待遇以及在普通学校承担残疾学生随班就读教学和管理工作教师的绩效考核均予以倾斜。研究建立特殊教育教师专业证书制度，逐步实行特殊教育教师持证上岗，并将特殊教育相关内容纳入教师资格考试。

《特殊教育提升计划（2014—2016年）》指出，鼓励高校在师范类专业中开设特殊教育课程，培养师范生的全纳教育理念和指导残疾学生随班就读的教学能力。加大国家级教师培训计划中特殊教育教师培训的比重。采取集中培训和远程培训相结合的方式，逐级开展特殊教育教师全员培训和校长、骨干教师培训。加强普通学校随班就读、资源指导、送教上门等特殊教育

---

① 《中国教育年鉴》编辑部：《中国教育年鉴（2015）》，275～276页，北京，人民教育出版社，2016。

教师培训。①

2017 年,《第二期特殊教育提升计划（2017—2020 年）》指出,支持师范类院校和其他高校扩大特殊教育专业招生规模,提高培养质量。加大特殊教育专业硕士、博士研究生培养力度。各地采取公费培养、学费减免、助学贷款代偿等措施,为中西部贫困地区定向培养特殊教育教师。鼓励有条件的高等学校加强学前、普通高中及职业教育的特教师资培养。普通师范院校和综合性院校的师范专业普遍开设特教课程。

《第二期特殊教育提升计划（2017—2020 年）》强调,在教师资格考试中要含有一定比例的特殊教育相关内容。到 2020 年,所有从事特殊教育的专任教师均应取得教师资格证,非特殊教育专业毕业的教师还应经过省级教育行政部门组织的特殊教育专业培训并考核合格。加大培训力度,对特殊教育教师实行 5 年一周期不少于 360 学时的全员培训。"国培计划"加强特殊教育学校校长和骨干教师的培训。省一级承担特殊教育学校教师培训,县一级承担普通学校随班就读教师、资源教师和送教上门教师培训,增强培训的针对性和实效性。

《第二期特殊教育提升计划（2017—2020 年）》指出,根据特殊教育的特点,在职称评聘体系中建立分类评价标准。将儿童福利

---

① 国务院：《国务院办公厅关于转发教育部等部门〈特殊教育提升计划（2014—2016 年）〉的通知》,参见中华人民共和国中央人民政府网站,2014-01-18。

机构特教班教师职务（职称）评聘工作纳入当地教师职务（职称）评聘规划，拓宽晋升渠道。关心特教教师的身心健康，改善特教教师的工作和生活环境。表彰奖励教师向特殊教育教师倾斜。[1]

总体而言，《第二期特殊教育提升计划（2017—2020 年）》对特殊教育教师队伍建设的一系列重要问题，诸如招生规模与培养质量，培养与培训的力度与程度，评价、评聘、待遇与奖励的改进与完善等均进行了更加明确具体的规定与说明，体现出我国特殊教育教师队伍建设改革与发展进程的稳步推进和不断深化。

据统计，2012 年全国特教学校专任教师达 4.37 万人，比 2007 年增加了 25.00％；对特教教师建设规划、聘任条件、培养管理以及薪酬待遇等作出明确规定，将特教教师培训纳入"国培计划"。[2] 2013 年，全国特殊教育专任教师数为 4.60 万人，比上年增加 1956 人；专任教师中受过特殊教育专业培训的比例为 61.00％，比上年提高 14.30 个百分点。[3] 2014 年，全国特殊教育专任教师数为 4.80 万人，比上年增加 0.20 万人；专任教师中受过特殊教育专业培训的比例为 64.00％，比上年提高

① 教育部等：《教育部等七部门关于印发〈第二期特殊教育提升计划（2017—2020 年）〉的通知》，参见中华人民共和国中央人民政府网站，2017-07-28。
② 《中国教育年鉴》编辑部：《中国教育年鉴（2015）》，1042 页，北京，人民教育出版社，2016。
③ 教育部：《2013 年全国教育事业发展情况》，参见中华人民共和国教育部网站，2015-03-31。

3.00 个百分点。① 2015 年，全国特殊教育专任教师数为 5.00 万人，比上年增加 0.20 万人；专任教师中受过特殊教育专业培训的比例为 64.90%，比上年提高 0.90 个百分点。② 2016 年，全国特殊教育专任教师数为 5.30 万人，比上年增加 0.30 万人；专任教师中受过特殊教育专业培训的比例为 69.00%，比上年提高 4.10 个百分点。③ 2017 年，全国特殊教育专任教师数为 5.60 万人，比上年增加 0.30 万人；专任教师中受过特殊教育专业培训的比例为 73.30%，比上年提高 4.40 个百分点。④ 2018 年，全国特殊教育专任教师共有 5.87 万人，比上年增加 2677 人，增长 4.80%；专任教师中受过特殊教育专业培训的比例为 75.70%，比上年提高 2.30 个百分点。⑤ 2019 年，全国特殊教育专任教师 6.20 万人，比上年增加 0.40 万人，增长 6.30%；专任教师中受过特殊教育专业培训的比例由 75.70% 上升为 76.90%。⑥

---

① 教育部：《2014 年全国教育事业发展情况》，参见中华人民共和国教育部网站，2015-11-25。

② 教育部：《2015 年全国教育事业发展情况》，参见中华人民共和国教育部网站，2016-12-19。

③ 教育部：《2016 年全国教育事业发展情况》，参见中华人民共和国教育部网站，2017-11-10。

④ 教育部：《2017 年全国教育事业发展情况》，参见中华人民共和国教育部网站，2018-10-18。

⑤ 教育部：《2018 年全国教育事业发展情况》，参见中华人民共和国教育部网站，2019-09-29。

⑥ 教育部：《2019 年全国教育事业发展情况》，参见中华人民共和国教育部网站，2020-08-31。

可以看到，从 2012 年至 2019 年，我国特殊教育教师队伍不断充实，全国特殊教育学校专任教师数逐年稳步增长，特殊教育教师队伍改革与发展的进程不断推进和深化。

2. 制定实施特殊教育教师专业标准

2015 年，教育部印发《特殊教育教师专业标准（试行）》，《特殊教育教师专业标准（试行）》是国家对合格特殊教育教师的基本专业要求，是特殊教育教师实施教育教学行为的基本规范，是引领特殊教育教师专业发展的基本准则，是特殊教育教师培养、准入、培训、考核等工作的重要依据。《特殊教育教师专业标准（试行）》包括师德为先、学生为本、能力为重与终身学习四项基本理念，其基本内容如表 3-13 所示。

表 3-13 特殊教育教师专业标准

维度	领域	基本要求
专业理念与师德	职业理解与认识	1. 贯彻党和国家教育方针政策，遵守教育法律法规。
		2. 理解特殊教育工作的意义，热爱特殊教育事业，具有职业理想和敬业精神。
		3. 认同特殊教育教师职业的专业性、独特性和复杂性，注重自身专业发展。
		4. 具有良好的职业道德修养和人道主义精神，为人师表。
		5. 具有良好的团队合作精神，积极开展协作交流。
	对学生的态度与行为	6. 关爱学生，将保护学生生命安全放在首位，重视学生的身心健康发展。
		7. 平等对待每一位学生，尊重学生人格尊严，维护学生合法权益。不歧视、讽刺、挖苦学生，不体罚或变相体罚学生。

续表

维度	领域	基本要求
专业理念与师德	对学生的态度与行为	8. 理解残疾是人类多样性的一种表现，尊重个体差异，主动了解和满足学生身心发展的特殊需要。
		9. 引导学生正确认识和对待残疾，自尊自信、自强自立。
		10. 对学生始终抱有积极的期望，坚信每一位学生都能成功，积极创造条件，促进学生健康快乐成长。
	教育教学的态度与行为	11. 树立德育为先、育人为本、能力为重的理念，将学生的品德养成、知识学习与能力发展相结合，潜能开发与缺陷补偿相结合，提高学生的综合素质。
		12. 尊重特殊教育规律和学生身心发展特点，为每一位学生提供合适的教育。
		13. 激发并保护学生的好奇心和自信心，引导学生体验学习乐趣，培养学生的动手能力和探究精神。
		14. 重视生活经验在学生成长中的作用，注重教育教学、康复训练与生活实践的整合。
		15. 重视学校与家庭、社区的合作，综合利用各种资源。
		16. 尊重和发挥好少先队、共青团组织的教育引导作用。
	个人修养与行为	17. 富有爱心、责任心、耐心、细心和恒心。
		18. 乐观向上、热情开朗、有亲和力。
		19. 具有良好的耐挫力，善于自我调适，保持平和心态。
		20. 勤于学习，积极实践，不断进取。
		21. 衣着整洁得体，语言规范健康，举止文明礼貌。

续表

维度	领域	基本要求
专业知识	学生发展知识	22. 了解关于学生生存、发展和保护的有关法律法规及政策。
		23. 了解学生身心发展的特殊性与普遍性规律，掌握学生残疾类型、原因、程度、发展水平、发展速度等方面的个体差异及教育的策略和方法。
		24. 了解对学生进行青春期教育的知识和方法。
		25. 掌握针对学生可能出现的各种侵犯与伤害行为、意外事故和危险情况下的危机干预、安全防护与救助的基本知识与方法。
		26. 了解学生安置和不同教育阶段衔接的知识，掌握帮助学生顺利过渡的方法。
	学科知识	27. 掌握所教学科知识体系的基本内容、基本思想和方法。
		28. 了解所教学科与其他学科及社会生活的联系。
	教育教学知识	29. 掌握特殊教育教学基本理论，了解康复训练的基本知识与方法。
		30. 掌握特殊教育评估的知识与方法。
		31. 掌握学生品德心理和教学心理的基本原理和方法。
		32. 掌握所教学科的课程标准以及基于标准的教学调整策略与方法。
		33. 掌握在学科教学中整合情感态度、社会交往与生活技能的策略与方法。
		34. 了解学生语言发展的特点，熟悉促进学生语言发展、沟通交流的策略与方法。
	通识性知识	35. 具有相应的自然科学和人文社会科学知识。
		36. 了解教育事业和残疾人事业发展的基本情况。
		37. 具有相应的艺术欣赏与表现知识。
		38. 具有适应教育内容、教学手段和方法现代化的信息技术知识。

续表

维度	领域	基本要求
专业能力	环境创设与利用	39. 创设安全、平等、适宜、全纳的学习环境，支持和促进学生的学习和发展。
		40. 建立良好的师生关系，帮助学生建立良好的同伴关系。
		41. 有效运用班级和课堂教学管理策略，建立班级秩序与规则，创设良好的班级氛围。
		42. 合理利用资源，为学生提供和制作适合的教具、辅具和学习材料，支持学生有效学习。
		43. 运用积极行为支持等不同管理策略，妥善预防、干预学生的问题行为。
	教育教学设计	44. 运用合适的评估工具和评估方法，综合评估学生的特殊教育需要。
		45. 根据教育评估结果和课程内容，制订学生个别化教育计划。
		46. 根据课程和学生身心特点，合理地调整教学目标和教学内容，编写个别化教学活动方案。
		47. 合理设计主题鲜明、丰富多彩的班级、少先队和共青团等群团活动。
	组织与实施	48. 根据学生已有的知识和经验，创设适宜的学习环境和氛围，激发学生学习的兴趣和积极性。
		49. 根据学生的特殊需要，选择合适的教学策略与方法，有效实施教学。
		50. 运用课程统整策略，整合多学科、多领域的知识与技能。
		51. 合理安排每日活动，促进教育教学、康复训练与生活实践紧密结合。
		52. 整合应用现代教育技术及辅助技术，支持学生的学习。
		53. 协助相关专业人员，对学生进行必要的康复训练。

续表

维度	领域	基本要求
专业能力	组织与实施	54. 积极为学生提供必要的生涯规划和职业指导教育，培养学生的职业技能和就业能力。
		55. 正确使用普通话和国家推行的盲文、手语进行教学，规范书写钢笔字、粉笔字、毛笔字。
		56. 妥善应对突发事件。
	激励与评价	57. 对学生日常表现进行观察与判断，及时发现和赏识每一位学生的点滴进步。
		58. 灵活运用多元评价方法和调整策略，多视角、全过程评价学生的发展情况。
		59. 引导学生进行积极的自我评价。
		60. 利用评价结果，及时调整和改进教育教学工作。
	沟通与合作	61. 运用恰当的沟通策略和辅助技术进行有效沟通，促进学生参与、互动与合作。
		62. 与家长进行有效沟通合作，开展教育咨询、送教上门等服务。
		63. 与同事及其他专业人员合作交流，分享经验和资源，共同发展。
		64. 与普通教育工作者合作，指导、实施随班就读工作。
		65. 协助学校与社区建立良好的合作互助关系，促进学生的社区融合。
	反思与发展	66. 主动收集分析特殊教育相关信息，不断进行反思，改进教育教学工作。
		67. 针对特殊教育教学工作中的现实需要与问题，进行教育教学研究，积极开展教学改革。
		68. 结合特殊教育事业发展需要，制定专业发展规划，积极参加专业培训，不断提高自身专业素质。

资料来源于教育部：《教育部关于印发〈特殊教育教师专业标准（试行）〉的通知》，参见中华人民共和国教育部网站，2015-08-26。

《特殊教育教师专业标准（试行）》的制定与实施，对于特殊教育教师队伍建设而言，是在国家层面提供的政策依据和支撑。该标准所确立的基本要求和内容，在特殊教育教师专业规范性方面具有重要的指导意义。

3. 加强义务教育阶段随班就读教师队伍建设

2020 年，《教育部关于加强残疾儿童少年义务教育阶段随班就读工作的指导意见》指出，各地各校要选派具有一定特殊教育素养、更加富有仁爱之心和责任心的优秀教师，担任残疾学生随班就读班级班主任和任课教师；选派特殊教育专业毕业或经省级教育行政部门组织的特殊教育专业培训并考核合格、具有较丰富特殊教育教学和康复训练经验的优秀教师，担任特殊教育资源教师和巡回指导教师。

《教育部关于加强残疾儿童少年义务教育阶段随班就读工作的指导意见》重点指明了随班就读班级班主任和任课教师以及特殊教育资源教师和巡回指导教师应选派优秀教师来担任，体现出对随班就读教师队伍建设工作的充分关切和高度重视。

《教育部关于加强残疾儿童少年义务教育阶段随班就读工作的指导意见》强调，要加强随班就读教师的在职培训工作，同时也要提升所有普通学校教师以及师范生的特殊教育专业素养和随班就读工作能力。

同时，《教育部关于加强残疾儿童少年义务教育阶段随班就读工作的指导意见》指出，对于特殊教育教师的资格注册、考核评价、职称评聘、评优评先和绩效奖励等工作方面，要根据特殊教育的特点，给予适当倾斜。①

综上所述，《教育部关于加强残疾儿童少年义务教育阶段随班就读工作的指导意见》从义务教育阶段从事随班就读工作特殊教育教师的选派、培养、培训、考核、评聘、评优与奖励等一系列基本问题着眼，指明了加强从事残疾儿童少年义务教育阶段随班就读工作特殊教育教师队伍建设的独特价值和重要意义。

（三）推进与深化特殊教育教学改革

党的十八大以来，我国特殊教育教学改革工作不断推进和深化，在诸如特殊教育的课程标准制定、课程资源建设、教材编写、教材体系建设、教学方式方法革新以及信息化建设和应用等方面均取得了显著成效。

1. 全面深化特殊教育教学改革

2014 年，《特殊教育提升计划（2014—2016 年）》从制定盲、聋和培智三类特殊教育学校课程标准，新编和改编盲、聋和培智三类特殊教育学校的义务教育阶段课程教材，以及增加必要

---

① 教育部：《教育部关于加强残疾儿童少年义务教育阶段随班就读工作的指导意见》，参见中华人民共和国教育部网站，2020-06-22。

的职业教育内容，强化生活技能和社会适应能力培养等重要问题着眼，提出了深化特殊教育教学改革的一系列具体任务和要求。

同时，《特殊教育提升计划（2014—2016 年）》还从加强个别化教育、提升残疾学生的康复水平和知识接受能力、促进融合教育以及培养就业能力等角度出发，对特殊教育教学深化改革问题进行了明确规定与具体说明。①

2014 年，《教育部关于学习贯彻李克强总理等国务院领导同志有关特殊教育重要批示和讲话精神的通知》指出，要积极构建适合残疾学生的课程体系，制定盲、聋和培智学校义务教育课程设置实验方案。探索开展医教结合实验，发布特教学校教学康复仪器设备配备标准。要根据国家义务教育课程标准，结合残疾学生特点和需求，制定盲、聋和培智三类特教学校课程标准，完善覆盖所有学科所有年级的教材体系。加快研究制定和推广使用国家通用手语和通用盲文。要根据不同学生的残疾类型和程度，明确不同的教育目标和课程设计，推进个别化教育，更加注重学生的潜能开发和功能补偿，把适应社会、融入社会作为最根本的质量评价标准。②

---

① 国务院：《国务院办公厅关于转发教育部等部门特殊教育提升计划（2014—2016 年）的通知》，参见中华人民共和国中央人民政府网站，2014-01-18。

② 《中国教育年鉴》编辑部：《中国教育年鉴（2015）》，1042、1046 页，北京，人民教育出版社，2016。

2017年《第二期特殊教育提升计划（2017—2020年）》在《特殊教育提升计划（2014—2016年）》贯彻与落实的基础上，继续提出要大力推进特殊教育课程教学改革。《第二期特殊教育提升计划（2017—2020年）》明确要求，依据盲、聋和培智三类特殊教育学校义务教育阶段课程标准（2016年版），编写完成中小学各科教材。将新课标新教材的有关培训统筹纳入"国培计划"和省级全员培训。研制多重残疾、孤独症等学生的课程指南。加强学前、普通高中及职业教育课程资源建设。

同时，《第二期特殊教育提升计划（2017—2020年）》强调，推进差异教学和个别化教学，提高教育教学的针对性。加强特殊教育信息化建设和应用，重视教具、学具和康复辅助器具的开发与应用。加强特殊教育学校图书配备，开展书香校园活动，培养残疾儿童良好阅读习惯。创新随班就读教育教学与管理模式，建立全面的质量保障体系。完善特殊教育质量监测制度，探索适合残疾学生发展的考试评价体系。[①]

可以看到，《第二期特殊教育提升计划（2017—2020年）》更加凸显了对特殊教育教学改革与信息化技术深度融合以及完善特殊教育质量保障与监测等重要问题的关注、设计与规划。

2. 推进落实残疾学生教育教学特殊关爱

2020年，《教育部关于加强残疾儿童少年义务教育阶段随

---

① 教育部等：《教育部等七部门关于印发〈第二期特殊教育提升计划（2017—2020年）〉的通知》，参见中华人民共和国中央人民政府网站，2017-07-28。

班就读工作的指导意见》（以下简称《意见》）致力于落实教育教学特殊关爱这个特殊教育教学改革的基本目标要求，提出要注重课程教学调适。具体而言就是，普通学校要根据国家普通中小学课程方案、课程标准和统一教材要求，充分尊重和遵循残疾学生的身心特点和学习规律，结合每位残疾学生残疾类别和程度的实际情况，合理调整课程教学内容，科学转化教学方式，不断提高对随班就读残疾学生教育的适宜性和有效性。有条件的地方和学校要根据残疾学生的残疾类别、残疾程度，参照特殊教育学校课程方案增设特殊课程，参照使用审定后的特殊教育学校教材，并为残疾学生提供必要的教具、学具和辅具服务。

该《意见》强调，支持各地广泛征集遴选随班就读优秀教学案例，不断创新推广教学方法。普通学校要针对残疾学生的特性，制订个别化教育教学方案，落实"一人一案"，努力为每名学生提供适合的教育。

该《意见》要求，在重视残疾学生文化知识教育的同时，更要特别加强公共安全教育、生活适应教育、劳动技能教育、心理健康教育和体育艺术教育，帮助其提高自主生活质量和劳动能力，培养正确的生活、劳动观念和基本职业素养，为适应社会生活及就业创业奠定基础。

该《意见》强调，对随班就读残疾学生的评价要避免单纯以学科知识作为唯一的评价标准，应突出对社会适应能力培养、心理生理矫正补偿和劳动技能等方面的综合评价以及实施个别化评价。

同时，该《意见》指出，对随班就读学生，班主任和任课教师要加大关爱帮扶力度，并建立学生之间的同伴互助制度，在确定品学兼优的学生轮流给予关心帮助的基础上，鼓励全班学生通过"一对一""多对一"等方式结对帮扶。鼓励通过征文、演讲、主题班会、微视频等形式展示关爱帮扶优秀事迹，大力弘扬扶残济困、互帮互助等中华民族传统美德。在课堂教学中，教师要安排好随班就读残疾学生与普通学生的交流互动，创设有利于残疾学生和普通学生共同学习成长的良好课堂环境。[①]

综上所述，在残疾儿童少年学生随班就读教育教学活动的日常开展中，能否真正落实对残疾学生的特殊关爱，是决定残疾学生教育教学工作能否取得成功的关键举措所在。这一工作的有效开展，需要党和国家的坚强有力领导，需要全社会各方面的大力理解和支持，需要从事特殊关爱教育教学工作的广大特殊教育教师们的无私奉献和默默耕耘，这是一个漫长而艰辛的发展过程，需要付出经久不懈的艰苦努力。

---

① 教育部：《教育部关于加强残疾儿童少年义务教育阶段随班就读工作的指导意见》，参见中华人民共和国教育部网站，2020-06-22。

第四章 | 新时代中国特色社会主义各级各类教育发展(下)

党的十八大以来,在以习近平同志为核心的党中央坚强领导下,党和国家事业取得了全方位、开创性的历史性成就,发生了深层次、根本性的历史性变革,在波澜壮阔的实践中开启了中国特色社会主义新时代。进入新时代,我国社会主要矛盾发生了深刻变化,这对各级各类教育事业发展提出了新要求。适应新时代新要求,党中央为中国共产党干部教育、民族教育、留学教育和终身教育的发展指明了方向,加强了顶层设计和整体谋划,积极推进改革创新,取得了一系列重大成就,进入了新的发展时期。

一、中国共产党干部教育的发展

干部教育培训是建设高素质干部队伍的先导性、基础性、战略性工程，在推进中国特色社会主义伟大事业和党的建设新的伟大工程中具有不可替代的重要作用。近年来，随着国际局势的风云变幻和经济社会的不断发展，我们党肩负着新的重任。新时期、新形势、新任务对党的干部队伍建设提出更高要求，同时对干部教育培训事业也提出新的要求。党的十八大以来，习近平总书记就干部教育培训作出了一系列重要论述，党中央出台制定了一系列干部教育培训政策制度和法规，党的干部教育培训事业进入了新的重要发展时期。

（一）习近平总书记关于干部教育的重要论述

党的十八大以来，习近平总书记就干部教育作出了一系列讲话，论述了干部教育的重要意义，深刻回答了干部培养的目标为何、怎样培养干部和培养什么干部的时代命题，擘画了新时代党的干部教育工作的新思路与新格局。深刻把握习近平总书记关于干部教育重要论述的生成逻辑、理论创新和理论特征，对于建设一支满足新时代发展需求的干部队伍具有重大的理论意义和实践价值。

1. 干部教育重要地位的论述

　　领导干部的能力和素养直接决定党和国家事业发展的水平和效果。提升领导干部的素质本领是干部教育培训的主要任务。习近平总书记高度重视干部队伍建设和干部素质提高，高度重视干部教育培训工作，不仅肯定了"干部教育培训工作是干部队伍建设的先导性、基础性、战略性工程"①这一战略定位，而且把时代需求与干部教育培训工作紧密联系在一起，把党、国家、民族的发展和前途与干部教育培训紧密联系在一起。在中央党校建校 80 周年庆祝大会暨 2013 年春季学期开学典礼上的讲话中，习近平总书记指出："从总体上看，与今天我们党和国家事业发展的要求相比，我们的本领有适应的一面，也有不适应的一面。特别是随着形势和任务不断发展，我们适应的一面正在下降，不适应的一面正在上升。如果不抓紧增强本领，久而久之，我们就难以胜任领导改革开放和社会主义现代化建设的繁重任务。""中国共产党人依靠学习走到今天，也必然要依靠学习走向未来。我们的干部要上进，我们的党要上进，我们的国家要上进，我们的民族要上进，就必须大兴学习之风，坚持学习、

---

　　① 　新华社：《习近平在全国干部教育培训工作会议上强调以改革创新精神做好新一轮大规模培训干部工作》，载《人民日报》，2008-07-17。

学习、再学习，坚持实践、实践、再实践。"①"没有全党大学习，没有干部大培训，就没有事业大发展。"②

干部教育培训要实现全覆盖，越是重要岗位、关键岗位的干部越需要培训，这是习近平总书记的一贯思想。他指出，领导干部的学习不仅仅是自己的事情，而是关乎党和国家事业发展的大事情。领导干部只有加强学习，在领导和决策时才能把握规律性、富于创造性，从而避免陷入不知而盲的困境，避免迷失方向、落后于时代的危险。③ 2015 年 1 月，习近平总书记在为第四批全国干部学习培训教材所作序言中再次强调："各级领导干部要勤于学、敏于思，坚持博学之、审问之、慎思之、明辨之、笃行之，以学益智，以学修身，以学增才。要努力学习各方面知识，努力在实践中增加才干，加快知识更新，优化知识结构，拓宽眼界和视野，着力避免陷入少知而迷、不知而盲、无知而乱的困境，着力克服本领不足、本领恐慌、本领落后的问题。"④

---

① 习近平：《在中央党校建校 80 周年庆祝大会暨 2013 年春季学期开学典礼上的讲话(2013 年 3 月 1 日)》，载《人民日报》，2013-03-03。

② 新华社：《习近平为第五批全国干部学习培训教材作序 要求加快推进马克思主义学习型政党学习大国建设》，载《人民日报》，2019-03-01。

③ 郑金洲：《学习习近平总书记关于干部教育培训工作的重要论述》，载《中国浦东干部学院学报》，2020(3)。

④ 习近平：《第四批全国干部学习培训教材〈序言〉(2015 年 1 月 18 日)》，载《人民日报》，2015-02-28。

2. 干部教育目标的论述

习近平总书记先后提出了"五好"干部、"四个铁一般"干部和"五个过硬"干部三个干部教育目标。这三个目标之间，前一个是后一个的基础，后一个是前一个的深化、提升和补充，是层层递进、不断完善、相辅相成、不可分割的。

(1)培养德才兼备的"五好"干部

2013年6月，习近平总书记在全国组织工作会议上指出："好干部的标准，大的方面说，就是德才兼备。同时，好干部的标准又是具体的、历史的。不同历史时期，对干部德才的具体要求有所不同。革命战争年代，对党忠诚、英勇善战、不怕牺牲的干部就是好干部。社会主义革命和建设时期，懂政治、懂业务、又红又专的干部就是好干部。改革开放初期，拥护党的十一届三中全会确定的路线方针政策，有知识、懂专业、锐意改革的干部就是好干部。现在，我们提出政治上靠得住、工作上有本事、作风上过得硬、人民群众信得过等具体要求，突出了好干部标准的时代内涵。""概括起来说，好干部要做到信念坚定、为民服务、勤政务实、敢于担当、清正廉洁。"[1]这是进入新时代以来，习近平总书记首次为干部教育设定的根本遵循。

---

① 习近平：《在全国组织工作会议上的讲话(二〇一三年六月二十八日)》，见《十八大以来重要文献选编(上)》，337页，北京，中央文献出版社，2014。

（2）培养造就"四个铁一般"的干部队伍

习近平总书记在 2015 年 12 月召开的全国党校工作会议上首次提出"四个铁一般"干部："现在，我们进入了全面建成小康社会的决胜阶段，我们党正在进行具有许多新的历史特点的伟大斗争，形势环境变化之快、改革发展稳定任务之重、矛盾风险挑战之多、对我们党治国理政考验之大都是前所未有的。我们党要团结带领全国各族人民抓住机遇、战胜挑战，把'四个全面'战略布局落到实处，把创新、协调、绿色、开放、共享的发展理念落到实处，实现第一个百年奋斗目标、全面建成小康社会，进而实现第二个百年奋斗目标、实现中华民族伟大复兴的中国梦，关键在于培养造就一支具有铁一般信仰、铁一般信念、铁一般纪律、铁一般担当的干部队伍。"①"铁"有坚毅刚强、不屈不挠的寓意，习近平总书记把"铁一般"作为干部队伍建设目标，对党员干部的信仰、信念、纪律、担当提出了更高的要求。

（3）培养"五个过硬"的高级干部

2018 年 1 月，习近平总书记在十九大精神研讨班上指出，要把我们党建设好，必须抓住"关键少数"。中央委员会成员和省部级主要领导干部必须做到信念过硬，带头做共产主义远大理想和中国特色社会主义共同理想的坚定信仰者和忠实实践者；

---

① 习近平：《在全国党校工作会议上的讲话（2015 年 12 月 11 日）》，载《求是》，2016（9）。

必须做到政治过硬，牢固树立"四个意识"，在思想政治上讲政治立场、政治方向、政治原则、政治道路，在行动实践上讲维护党中央权威、执行党的政治路线、严格遵守党的政治纪律和政治规矩；必须做到责任过硬，树立正确政绩观，发扬求真务实、真抓实干的作风，以"钉钉子精神"担当尽责，真正做到对历史和人民负责；必须做到能力过硬，不断掌握新知识、熟悉新领域、开拓新视野，全面提高领导能力和执政水平；必须做到作风过硬，把人民群众放在心中，广泛开展调查研究，在全心全意为人民服务中提升政治站位、提高工作能力，在真心实意向人民学习中拓展工作视野、丰富工作经验、提高理论联系实际的水平，在倾听人民呼声、虚心接受人民监督中自觉进行自我反省、自我批评、自我教育，在服务人民中不断完善自己，持之以恒克服形式主义、官僚主义，久久为功祛除享乐主义和奢靡之风。① 在这里，习近平总书记把对党的高级干部的要求凝练为"五个过硬"，即信念过硬、政治过硬、责任过硬、能力过硬、作风过硬。"五个过硬"既是习近平总书记对党的高级干部的根本要求，也是对全体党员干部的殷切希望，为进一步推进全面从严治党、从严治吏指明了方向。

(4)以"四有""四种人"为目标培养县委书记

2015 年 6 月，习近平总书记在会见全国优秀县委书记时强

① 人民日报社评论部：《论学习贯彻习近平总书记"1·5"重要讲话》，5 页，北京，人民出版社，2018。

调，党员干部要以焦裕禄、杨善洲、谷文昌等优秀干部为榜样，始终做到心中有党、心中有民、心中有责、心中有戒，努力成为党和人民信赖的好干部。"心中有党"是信仰信念问题，"心中有民"是宗旨问题，"心中有责"是担当问题，"心中有戒"是廉洁问题。号召广大干部要把这些问题放在"心中"，做到在其职尽其责。习近平总书记还对县委书记提出要求："一是要做政治的明白人。县委书记担负着重要的政治责任，讲政治是第一位的。希望大家对党绝对忠诚，始终同党中央在思想上政治上行动上保持高度一致，坚定理想信念，坚守共产党人的精神家园，自觉践行社会主义核心价值观，自觉执行党的纪律和规矩，真正做到头脑始终清醒、立场始终坚定。二是要做发展的开路人，县委书记特别是贫困地区的县委书记在发展上要勇于担当、奋发有为。要适应和引领经济发展新常态，把握和顺应深化改革新进程，回应人民群众新期待，坚持从实际出发，带领群众一起做好经济社会发展工作，特别是要打好扶贫开发攻坚战，让老百姓生活越来越好，真正做到为官一任，造福一方。三是要做群众的贴心人。全心全意为人民服务是我们党的根本宗旨。县委书记直接面对基层群众，必须坚持全心全意为人民服务的根本宗旨。自觉贯彻党的群众路线，心系群众、为民造福。希望大家心中始终装着老百姓，先天下之忧而忧，后天下之乐而乐，真正做到心系群众、热爱群众、服务群众。四是要做班子的带头人。'羊群走路靠头羊。'带头人关键是'带头'二字。希望大家带头讲党性、重品行、做表率，带头搞好'三严三实'专题教育，带头抓班子带队伍，带头依法办事，带头廉洁自律，带头接受党和人民监督，带头清清白白做人、干干净净做事、堂堂正正做官，真正做到事事带头、时时带头、处处带头，真正做到率先垂范、以上率下。"①"四有"和"四种人"既是习近平总书记对县委书记的要求，也是对全体党员领导干部的要求。

3. 干部教育内容的论述

党的十八大以来，基于"两个一百年"奋斗目标，习近平总书记牢牢把握新时代党的执政使命，聚焦于干部队伍中存在的主要问题，提出一系列干部教育的思想观点，要求从理论素养、党性修养、专业能力和知识素养等方面加强干部教育培训。习近平总书记对干部教育内容体系的论述是中国共产党在新时代背景下加强党政干部队伍建设的行动指南。

（1）提高理论素养

习近平总书记强调："要高度重视理论学习，自觉提高政治水平和理论水平。"②应常态化开展马克思主义理论、中国特色

---

① 习近平：《做焦裕禄式的县委书记》，67～68 页，北京，中央文献出版社，2015。

② 习近平：《在中央党校 2012 年秋季学期开学典礼上的讲话》，载《学习时报》，2012-09-10。

社会主义理论体系和马克思主义经典著作的教育培训。

马克思主义理论是干部教育的必修课程。习近平总书记指出："马克思主义理论素养是领导干部的看家本领，是我们党克敌制胜的根本法宝。缺乏马克思主义理论素养的领导干部，不可能是合格的成熟的领导干部。"①"马克思主义始终是我们党和国家的指导思想，是我们认识世界、把握规律、追求真理、改造世界的强大思想武器。"②"只有学懂了马克思列宁主义、毛泽东思想、邓小平理论、'三个代表'重要思想、科学发展观，特别是领会了贯穿其中的马克思主义立场、观点、方法，才能心明眼亮，才能深刻认识和准确把握共产党执政规律、社会主义建设规律、人类社会发展规律，才能始终坚定理想信念，才能在纷繁复杂的形势下坚持科学指导思想和正确前进方向，才能带领人民走对路，才能把中国特色社会主义不断推向前进。"③

习近平新时代中国特色社会主义思想是干部教育的主课。2019年3月1日，习近平总书记在中央党校（国家行政学院）中青年干部培训班开班式上发表重要讲话，指出："学习新时代中

---

① 习近平：《做好新形势下干部教育培训工作》，载《学习时报》，2010-10-25。

② 习近平：《在纪念马克思诞辰200周年大会上的讲话》，载《人民日报》，2018-05-05。

③ 《习近平谈治国理政》第一卷，404～405页，北京，外文出版社，2014。

国特色社会主义思想，要深刻认识和领会其时代意义、理论意义、实践意义、世界意义，深刻理解其核心要义、精神实质、丰富内涵、实践要求。要紧密结合新时代新实践，紧密结合思想和工作实际，有针对性地重点学习，多思多想、学深悟透，知其然又知其所以然。"①

　　马克思主义经典著作是干部教育的重要内容。习近平总书记强调："干部教育培训工作在重点抓好中国特色社会主义理论体系教育的同时，还要抓好马克思列宁主义、毛泽东思想经典著作的学习教育。马克思主义经典著作是马克思主义理论的本源。学习马克思主义经典著作，有利于从源头上完整准确地理解马克思主义，系统掌握马克思主义科学真理，也有利于深化对中国特色社会主义理论体系的理解和运用。"②学习和研读马克思主义经典著作是我们党长期以来形成的优良传统。习近平总书记在新的历史条件下再次强调研读经典著作的重要意义，对于我们坚定理想信念，坚持正确政治方向，提高战略思维、历史思维、辩证思维、创新思维、法治思维、底线思维能力具有不可或缺的现实意义。③

---

　　①　《习近平在中央党校(国家行政学院)中青年干部培训班开班式上发表重要讲话强调　在常学常新中加强理论修养　在知行合一中主动担当作为》，载《党建》，2019(3)。

　　②　习近平：《做好新形势下干部教育培训工作》，载《理论探索》，2010(6)。

　　③　林国标：《学习经典著作　提升实践能力》，载《光明日报》，2020-11-02。

（2）加强党性修养

习近平总书记指出："坚强的党性，是成为高素质领导干部的首要条件。"①党性修养是干部教育的必修课，要通过加强宗旨意识、党章党规党纪、红色文化、中国优秀传统文化的教育来加强干部党性修养，提升政治素质和领导水平。党性教育主要包括理想信念教育、党章党规党纪教育、党的宗旨和作风教育、党内政治文化教育、党史国史和世情国情党情教育、政德教育、社会主义核心价值观教育等方面。

理想信念是党性教育的首要内容。理想信念主要包括共产主义远大理想、中国特色社会主义共同理想和马克思主义信仰三个方面。习近平总书记形象地指出："理想信念就是共产党人精神上的'钙'，没有理想信念，理想信念不坚定，精神上就会'缺钙'，就会得'软骨病'。"②习近平总书记指出："理论上清醒，政治上才能坚定。坚定的理想信念，必须建立在对马克思主义的深刻理解之上，建立在对历史规律的深刻把握之上。"③大力开展党员干部"四史"教育是新时代提高党性修养、坚定理想信念、加强党的建设的重要战略举措。近年来，习近平

---

① 《习近平在中央党校春季学期开学典礼上强调领导干部要加强党性修养提高综合素质》，载《领导科学》，2009(9)。

② 中共中央文献研究室：《十八大以来重要文献选编（上）》，80 页，北京，中央文献出版社，2014。

③ 中共中央党史和文献研究院：《十八大以来重要文献选编（下）》，348 页，北京，中央文献出版社，2018。

总书记多次强调："要把学习贯彻党的创新理论作为思想武装的重中之重，同学习马克思主义基本原理贯通起来，同学习党史、新中国史、改革开放史、社会主义发展史结合起来。"①"希望广大党员特别是青年党员认真学习马克思主义理论，结合学习党史、新中国史、改革开放史、社会主义发展史，在学思践悟中坚定理想信念，在奋发有为中践行初心使命。"②

党章和党规党纪是重要教育内容。习近平总书记要求"把党章学习教育作为经常性工作来抓""要把学习党章作为各级党校、干校培训党员领导干部的必备课程"，要"真正把党章作为加强党性修养的根本标准"。③

党的宗旨和作风是关键内容。党的宗旨是为人民服务，满意的服务离不开优良的作风，优良作风的关键是"始终把人民放在心中最高的位置，始终全心全意为人民服务，始终为人民利益和幸福而努力工作"④。

政治文化、历史时政、政治道德、社会主义核心价值观是基础性内容。这四个方面旨在通过系列政治与文化教育增强干

①　习近平：《在"不忘初心、牢记使命"主题教育总结大会上的讲话(2020年1月8日)》，载《人民日报》，2020-01-09。

②　新华社：《习近平给复旦大学青年师生党员回信勉励广大党员　在学思践悟中坚定理想信念　在奋发有为中践行初心使命》，载《人民日报》，2020-07-01。

③　习近平：《认真学习党章　严格遵守党章》，载《求是》，2012(23)。

④　习近平：《在第十三届全国人民代表大会第一次会议上的讲话(2018年3月20日)》，载《人民日报》，2018-03-21。

部政治生活的政治性、时代性、原则性、战斗性；通过开阔干部视野，提高判断、决策的准确性；引导干部铭初心、担使命、谋复兴、守底线、树新风；引领干部树立正确的历史观、民族观、国家观、文化观。

(3)加强知识和能力教育，提升专业素养

专业知识和能力培训是干部教育的主体内容。提高领导干部的专业素养和能力水平不仅是干部选拔任用工作的重要遵循，还是各级领导干部加强自身修养、提高执政本领的重要要求。国家发展和社会运行需要凭借专业能力进行科学决策，因此，必须重视帮助干部提高专业本领、培育专业思维、提升实务能力、提高治事理政的专业化水平。习近平总书记非常重视知识教育和能力教育，他指出："领导干部肩负领导责任，知识水平如何直接影响工作水平、领导水平和思想政治水平。对于领导干部来说，学习不只是个人的问题，也不是一般性的问题，而是关系到党和国家工作的推进、社会主义现代化事业的发展和党的执政地位的巩固问题。当今时代，知识增长、更新很快，新知识新事物层出不穷。面对这种情况，领导干部如果不加强学习，不加强知识武装，就可能跟不上形势的发展而落伍。"①他希望广大干部掌握做好领导工作、履行

① 习近平：《在中央党校2012年秋季学期开学典礼上的讲话(2012年9月1日)》，载《学习时报》，2012-09-10。

岗位职责所必备的各种知识，努力使自己真正成为行家里手、内行领导。① 重视领导干部的专业素养不仅是干部选拔任用工作的重要遵循，还是各级领导干部加强自身修养、提高执政本领的重要要求。对于干部特别是年轻干部的能力提升，习近平总书记寄予殷切期望，提出严格要求："提高解决实际问题能力是应对当前复杂形势、完成艰巨任务的迫切需要，也是年轻干部成长的必然要求。面对复杂形势和艰巨任务，我们要在危机中育先机、于变局中开新局，干部特别是年轻干部要提高政治能力、调查研究能力、科学决策能力、改革攻坚能力、应急处突能力、群众工作能力、抓落实能力，勇于直面问题，想干事、能干事、干成事，不断解决问题、破解难题。"②

(二)干部教育制度建设

党的十八大以来，为推进干部教育培训工作科学化、制度化、规范化，培养造就高素质干部队伍，中共中央在 2006 年《干部教育培训工作条例(试行)》等文件的基础上，制定颁布《干部教育培训工作条例》和《中国共产党党员教育管理工作条例》，

---

① 习近平：《在全党大兴学习之风　依靠学习和实践走向未来》，载《人民日报》，2013-03-02。

② 新华社：《习近平在中央党校(国家行政学院)中青年干部培训班开班式上发表重要讲话强调　年轻干部要提高解决实际问题能力　想干事能干事干成事》，载《人民日报》，2020-10-11。

为新时代做好党员干部教育培训工作提供了基本遵循。同时，为了与此前干部教育培训规划和党员教育培训工作规划衔接，中共中央相继出台《2013—2017 年全国干部教育培训规划》《2018—2022 年全国干部教育培训规划》《2014—2018 年全国党员教育培训工作规划》《2019—2023 年全国党员教育培训工作规划》《公务员培训规定》等文件，部署推进全国干部教育培训工作。各部门和行业系统则依据中央文件精神，结合本系统工作实际，制定实施系统内部干部教育制度，推动相关制度建设。

1. 干部教育培训宏观制度建设

(1)《干部教育培训工作条例》颁布实施

为推进干部教育培训工作科学化、制度化、规范化，培养造就高素质干部队伍，依据《中国共产党章程》《中华人民共和国公务员法》和其他有关法律法规，中共中央对《干部教育培训工作条例(试行)》进行了修订完善，于 2015 年 10 月印发《干部教育培训工作条例》。该文件体现了中共中央关于干部教育培训工作的新精神新要求，紧紧围绕全面从严治党的新要求，根据新形势新任务，对干部教育培训制度进行了改进完善，是做好新形势下干部教育培训工作的基本遵循。

2006 年颁布的《干部教育培训工作条例(试行)》经过近十年的贯彻实施，为培养造就高素质干部队伍、推动学习型政党建设发挥了重要作用，为推进干部教育培训工作的科学化、制度化、规范化打下了坚实的基础。实践证明,《干部教育培训工作条例(试行)》提出的工作原则和主要规定是行之有效的,由试行到正式颁布的条件已经成熟。同时还应看到,随着形势任务的发展变化,《干部教育培训工作条例(试行)》必须与时俱进,进行修订完善。一是党的十八大以来,习近平总书记发表了系列重要讲话,这是马克思主义中国化的最新成果,是做好新形势下干部教育培训工作的思想武器和行动指南,必须通过修订条例将之明确为指导思想和工作方针,贯彻落实到干部教育培训工作的各个方面。二是近年来中央深入实施"大规模培训干部、大幅度提高干部素质"战略任务,并且提出加强和改进干部教育培训、提高干部素质和能力的要求,在实践中创造了不少新做法新经验,需要总结吸收并上升为制度规范。三是在干部教育培训工作中还存在一些长期困扰我们的突出问题,比如,一些地方和部门对理想信念教育重视不够,干部教育培训的针对性、实效性不强,各方面优质培训资源整合不足,等等,需要从制度机制层面提出解决办法。四是需要与《中国共产党章程》《党政领导干部选拔任用工作条例》等衔接配套。总体来看,2015年的《干部教育培训工作条例》贯彻了党中央最新精神,吸收了改革创新成果,体现了问题导向,完善了干部教育培训体制机制,是党的干部教育培训事业发展的较新制度成果,是做好新形势下干部教育培训工作的根本遵循。它的颁布实施对培养造就高素质干部队伍、协调推进"四个全面"战略布局、实现中华民族伟大复兴的中国梦具有十分重要的意义。①

与《干部教育培训工作条例（试行）》相比，《干部教育培训工作条例》在保持原有框架基本不变的基础上，章节有所调整，内容有所增减，贯彻了党中央的最新精神，吸收了改革创新成果，体现了问题导向，完善了干部教育培训体制机制。

一是进一步明确了干部教育培训的重要地位和作用。进入新时期，特别是党的十八大以来，干部教育培训工作面临着新的形势，"四个全面"战略布局，加强党的执政能力建设和先进性建设，用更大的规模、下更大的力气抓好干部教育培训工作，比过去任何时候都显得更为紧迫、更为重要。因此，《干部教育培训工作条例》规定干部教育培训是建设高素质干部队伍的先导性、基础性、战略性工程，在推进中国特色社会主义伟大事业和党的建设新的伟大工程中具有不可替代的重要作用。这是我们党第一次以党内法规的形式明确了干部教育培训的重要地位和作用。

二是对干部教育培训提出了新要求。办好中国的事情，关键在党，关键在人，在于有一支思想上、政治上、作风上全面过硬的干部队伍。从干部教育培训的角度讲，《干部教育培训工

---

① 盛若蔚：《中组部负责人详解新颁布的〈干部教育培训工作条例〉：推动干部教育培训事业发展的根本遵循》，载《人民日报》，2015-10-20。

作条例》把引导党员干部做到对党忠诚、个人干净、敢于担当作为核心，把"三严三实"要求贯穿干部教育培训全过程，培养造就信念坚定、为民服务、勤政务实、敢于担当、清正廉洁的好干部，为不断夺取中国特色社会主义新胜利、实现中华民族伟大复兴的中国梦提供思想政治保证、人才保证和智力支持。

三是服务大局、以德为先等被列入干部教育培训原则。相较之前，《干部教育培训工作条例》对干部教育培训应遵循的原则进行了微调，增加了服务大局、以德为先、依法治教、从严管理等要求。围绕中心、服务大局是干部教育培训工作的永恒主题、根本要求和价值所在。《干部教育培训工作条例》要求始终坚持社会主义办学方向，紧紧围绕党和国家事业发展需要，结合干部岗位职责和健康成长需求，开展教育培训；坚持德才兼备、以德为先，突出理想信念教育和党性党规党纪教育，将能力培养贯穿始终，全面提高干部的德才素质和履职能力。

四是教育培训纳入考核指标。《干部教育培训工作条例》规定，开展干部教育培训工作情况应当作为领导班子考核的重要内容。考核的内容增加党性修养和作风养成情况，并要求建立健全跟班管理制度，加强对干部学习培训的监督。组织(人事)部门在干部年度考核、任用考察时，应当将干部接受教育培训情况作为一项重要内容。干部参加脱产培训情况应当记入干部年度考核表，参加两个月以上的脱产培训情况应当记入干任免审批表。干部教育培训考核不合格的，年度考核不得确定为优秀等次。

五是更加突出理想信念和党性教育。除在遵循原则中突出理想信念教育和党性党规党纪教育外，《干部教育培训工作条例》还在多处强调了两者的重要性。干部教育培训的重点从政治理论扩展为理想信念、党性修养、政治理论、政策法规、道德品行，把理想信念和党性修养教育放在了重要位置。在制度上切切实实保证了理想信念和党性教育始终是干部教育培训的第一位任务。

六是更加注重对培训教师的纪律要求。《干部教育培训工作条例》明确提出要建立专兼职结合的高素质干部教育培训师资队伍，并将政治合格列为首要原则。强调"干部教育姓党"，提出干部教育必须严守讲坛纪律，不得传播违反党的理论和路线方针政策、违反中央决定的错误观点，要求从事干部教育培训工作的教师必须对党忠诚、政治坚定，严守纪律、严谨治学。①

七是严格培训经费等方面的管理。严格经费管理，干部教育培训经费要按照厉行节约、勤俭办学的原则，提高经费使用效益，不再一味随着财政收入增长而提高。严格培训机构管理，对干部教育培训机构进行评估时增加了对学风建设情况的评估，对干部教育培训项目、干部教育培训课程的评估，并规范干部

① 罗旭：《全面从严治党的重要举措——解读〈干部教育培训工作条例〉》，载《光明日报》，2015-10-22。

教育培训收费标准,严禁借干部教育培训之名谋取不当利益。

(2)《中国共产党党员教育管理工作条例》颁布实施

党的十八大以来,以习近平同志为核心的党中央把党员教育管理作为党的建设的一项基础性经常性工作来部署推进,从严从实教育管理党员,推动管党治党不断从宽松软走向严紧硬,取得了明显成效。站在新的历史起点上,我们党统揽伟大斗争、伟大工程、伟大事业、伟大梦想,必须把党员教育管理放在更加突出的位置,着力激发党组织的生机活力,建设一支信念坚定、政治可靠、素质优良、纪律严明、作用突出的党员队伍。2019 年 5 月 6 日,中共中央印发《中国共产党党员教育管理工作条例》,以习近平新时代中国特色社会主义思想为指导,以党章为根本遵循,总结吸收实践创新成果,对党员教育管理的内容、方式、程序等作出规范。

《中国共产党党员教育管理工作条例》贯穿习近平新时代中国特色社会主义思想,并明确提出把用习近平新时代中国特色社会主义思想武装全党作为党员教育管理的首要政治任务。在学习内容方面,要求组织党员读原著、学原文、悟原理,深入学习领会习近平新时代中国特色社会主义思想的核心要义、基本精神、实践要求,掌握贯穿其中的马克思主义立场观点方法,增强政治自觉、理论自信、情感融入。在学习方式方面,要求坚持集中教育和经常性教育相结合,组织培训和个人自学相结合，形成习近平新时代中国特色社会主义思想学习教育长效机制。在实践要求方面，强调引导党员把自己摆进去、把职责摆进去、把工作摆进去，提高政治站位，强化责任担当，增强过硬本领，做好本职工作，自觉做习近平新时代中国特色社会主义思想的坚定信仰者和忠实实践者。

《中国共产党党员教育管理工作条例》按照党章有关规定，总结党员教育工作的历史经验，结合新时代党员队伍建设需要，从政治理论教育、政治教育和政治训练、党章党规党纪教育、党的宗旨教育、革命传统教育、形势政策教育、知识技能教育七个方面规定了党员教育的基本任务，并分别明确了教育的重点内容和目标要求。通过加强这七个方面的教育，引导广大党员坚定共产主义远大理想和中国特色社会主义共同理想，增强"四个意识"，坚定"四个自信"，做到"两个维护"，增强党性、提高素质，不忘初心、牢记使命，在生产、工作、学习和社会生活中充分发挥先锋模范作用。

《中国共产党党员教育管理工作条例》是新时代党员教育管理工作的基本遵循，其制定和实施"对于提高党员队伍建设质量，推动全面从严治党向纵深发展，夯实党长期执政基础，实现党伟大执政使命，具有十分重要的意义"①。

----

① 《新时代党员教育管理工作的基本遵循——中央组织部负责人就印发〈中国共产党党员教育管理工作条例〉答记者问》，见《中国共产党党员教育管理工作条例》，24～36页，北京，人民出版社，2019。

(3)《2013—2017 年全国干部教育培训规划》颁布实施

干部教育培训是建设高素质干部队伍的先导性、基础性、战略性工程，在推进中国特色社会主义伟大事业和党的建设新的伟大工程中具有不可替代的地位和作用。党的十七大以来，我们党坚持大规模培训干部，大幅度提高干部素质，积极推进改革创新，着力增强教育培训的统筹性、针对性、实效性，干部教育培训事业取得了新的重大进展，为建设高素质干部队伍、推动科学发展、促进社会和谐提供了有力支撑。党的十八大作出建设学习型、服务型、创新型马克思主义执政党的战略部署，对加强和改进干部教育培训、提高干部素质和能力提出了新的更高要求。为深入贯彻落实党的十八大精神，培养造就高素质干部队伍，根据干部教育培训工作实际，中共中央制定了《2013—2017 年全国干部教育培训规划》，并于 2013 年 9 月 28 日印发。

《2013—2017 年全国干部教育培训规划》提出干部教育培训的指导思想是：高举中国特色社会主义伟大旗帜，以马克思列宁主义、毛泽东思想、邓小平理论、"三个代表"重要思想和科学发展观为指导，深入贯彻落实党的十八大精神，牢牢把握加强党的执政能力建设、先进性和纯洁性建设这条主线，持续推进大规模培训干部、大幅度提高干部素质的战略任务，全面深化干部教育培训改革，全面提升干部教育培训质量，努力培养信念坚定、为民服务、勤政务实、敢于担当、清正廉洁的好干部，为全面建成小康社会、夺取中国特色社会主义新胜利、实现中华民族伟大复兴的中国梦提供坚强保障。相较于《2006—2010 年全国干部教育培训规划》，此次《2013—2017 年全国干部教育培训规划》在指导思想方面最突出的变化是将"大规模培训干部、大幅度提高干部素质"进一步拓展到"全面深化干部教育培训改革，全面提升干部教育培训质量"，这是干部教育培训工作指导思想的一个重要变化。

《2013—2017 年全国干部教育培训规划》首次提出干部教育培训的数量指标，包括"干部脱产培训量化指标"和"党政干部网络培训量化指标"。其目的在于督促组织（人事）部门和干部所在单位科学制订培训计划，创造培训条件，切实保证干部参加教育培训的权利，更好地发挥网络培训在干部教育培训中的作用。组织（人事）部门和干部所在单位只要严格按照指标要求，统筹制订培训计划，并抓好组织实施，可确保绝大多数干部五年内完成相应的脱产培训学时任务。对于个别可能"漏训"的干部，再辅以点名调训等办法，可实现全员培训目标。

此外，《2013—2017 年全国干部教育培训规划》还有很多突出的亮点，如强调深入开展马克思主义基本原理学习培训，并把它作为一个单独的板块凸显出来；突出中国特色社会主义理论体系特别是习近平系列讲话精神的学习培训，明确要求组织广大干部深入学习邓小平理论、"三个代表"重要思想、科学发展观和党的十八大以来习近平同志一系列重要讲话精神；充实完善了党性教育的具体内容，把党性教育的具体内容梳理为七个方面，这在中央印发的文件中还是第一次，极大地提高了对党性教育的认识，可有力促进党性教育的深入开展；注重社会主义核心价值体系的教育，将其单独作为一个板块加以论述；紧紧围绕"五位一体"的总体布局，提出了相应的五个方面能力培训的内容；突出重点对象，把领导班子成员特别是党政主要负责人和中青年干部作为教育培训的重点对象，这既坚持了以往做法，又赋予一定新意；把机关内设机构公务员和基层干部作为薄弱环节来抓，要求加强对他们的培训；首次提出培训能力建设要求，将办学体制改革、运行机制改革、内容方式改革、师资队伍建设、经费保障、学风建设、理论研究整合在一起，名之曰"培训能力建设"，这在中央印发的文件中尚属首次。①

(4)《2018—2022年全国干部教育培训规划》颁布实施

干部教育培训是干部队伍建设的先导性、基础性、战略性工程，在进行伟大斗争、建设伟大工程、推进伟大事业、实现伟大梦想中具有不可替代的重要地位和作用。为培养造就忠诚干净担当的高素质专业化干部队伍，不断把中国特色社会主义

---

① 熊云：《〈2013—2017年全国干部教育培训规划〉的主要特点及亮点》，载《学习时报》，2013-11-11。

新时代推向前进，中共中央结合干部教育培训工作实际，制定了《2018—2022 年全国干部教育培训规划》，并于 2018 年 11 月 1 日印发。

《2018—2022 年全国干部教育培训规划》提出了干部教育培训的主要目标：以习近平新时代中国特色社会主义思想为中心内容的理论教育更加深入；党性教育更加扎实；专业化能力培训更加精准；知识培训更加有效；干部教育培训体系改革更加深化。明确提出了各级各类干部参加不同类型教育培训的各项重要指标，并对党校（行政学院）、干部学院、社会主义学院的教学安排中各类课程的比例做了规定。

《2018—2022 年全国干部教育培训规划》对全面深入开展习近平新时代中国特色社会主义思想教育培训作出了部署，要求坚持把学习贯彻习近平新时代中国特色社会主义思想摆在干部教育培训最突出的位置。把习近平新时代中国特色社会主义思想作为党委（党组）理论学习中心组学习的主要内容，作为各级党校（行政学院）、干部学院、社会主义学院的主课，作为干部学习的中心内容。以县处级以上领导干部为重点，实施习近平新时代中国特色社会主义思想教育培训计划。要在学懂弄通做实上下功夫，要着力提升学习培训效果。强调要建立健全习近平新时代中国特色社会主义思想学习教育长效机制。

《2018—2022 年全国干部教育培训规划》要求完善干部教育

培训内容体系。党的基本理论教育立足于原原本本学、全面系统学、解决问题学、增进思维学，真正做到真学真懂真信真用；党性教育以坚定理想信念宗旨为根基；专业化能力培训紧紧围绕统筹推进"五位一体"总体布局和协调推进"四个全面"战略布局，突出问题导向和实践导向开展专题培训；知识培训则涵盖经济和政治、业务和党务、专业和管理、基础性知识和新知识新技能、社会治理和形势任务等，是全面增强执政本领的重要方面。培训内容体系为党校科学设置教学模块、项目、专题和加强学科建设等都提供了详细指导和内容遵循。

《2018—2022年全国干部教育培训规划》提出优化分级分类培训体系。分级分类培训体系是确保全员参培和实现精准施教的重要途径。《2018—2022年全国干部教育培训规划》将培训对象细分，并明确了每一类干部培训的目标和重点。以年轻干部为例，《2018—2022年全国干部教育培训规划》提出的要求是着眼培养造就忠实贯彻习近平新时代中国特色社会主义思想、符合新时期好干部标准、忠诚干净担当、数量充足、充满活力的高素质专业化年轻干部队伍，突出理想信念宗旨教育、思想道德教育、优良作风教育，加强年轻干部政治训练和实践锻炼，并对主要措施进行了详细说明和规定。

中国特色社会主义进入新时代，赋予了干部教育培训工作新的历史使命。面对世界政治经济外部环境的深刻变化，面对国内经济社会运行的新问题新挑战，迫切需要全党来一个大学习，切实加强和改进干部教育培训，不断提高党的执政能力和领导水平，不断提高广大干部的政治素质和执政本领。《2018—2022年全国干部教育培训规划》是党中央从全局和战略的高度作出的重大决策，是新时代加强和改进干部教育培训工作的重要依据。《2018—2022年全国干部教育培训规划》的颁布实施，对于贯彻落实新时代党的建设总要求和新时代党的组织路线、培养造就忠诚干净担当的高素质专业化干部队伍、确保党的事业后继有人，具有重大而深远的意义。①

(5)《2014—2018年全国党员教育培训工作规划》颁布实施

2014年7月2日，中共中央办公厅印发《2014—2018年全国党员教育培训工作规划》。《2014—2018年全国党员教育培训工作规划》的制定主要基于三个方面的考虑。一是中央对党员教育培训工作提出了一系列新要求。党的十八大明确提出，要以增强党性、提高素质为重点，加强和改进党员队伍教育管理。十八届三中全会、全国组织工作会议也对加强党员教育培训工作提出了新要求。中央的新精神新要求必须在党员教育培训工作中贯彻落实。二是党员教育培训工作面临一些新情况新问题。党员队伍不断壮大，党员的思想观念多元化、行为方式多样化、

---

① 《人民日报》评论员：《奋力开创新时代干部教育培训新局面》，载《人民日报》，2018-11-02。

价值取向复杂化,这都对党员教育培训工作提出了新的挑战,需要对新形势下党员教育培训工作进行新的全面部署。三是各地各部门在贯彻实施上个规划中,结合实际积极探索,积累了许多新经验,需要及时进行总结,形成规范,在今后工作中加以推广。

《2014—2018年全国党员教育培训工作规划》包括总体要求、目标任务、重点工作、主要措施、组织领导五个部分,对党员教育培训工作进行全面部署。主要有四个特点:一是落实党要管党、从严治党的要求,突出强调加强党员理想信念教育;二是坚持服务党员。按需施教的原则,对分类开展党员教育培训作出安排;三是坚持基层导向和问题导向,抓住重点、破解难题;四是加大制度创新力度,明确提出健全党员教育培训工作体系。

《2014—2018年全国党员教育培训工作规划》从指导思想和基本原则两个方面,明确了党员教育培训工作的总体要求。一是在指导思想上,强调要认真学习贯彻习近平系列重要讲话精神,牢牢把握加强党的执政能力建设、先进性和纯洁性建设这条主线开展党员教育培训;强调要适应建设学习型、服务型、创新型马克思主义执政党的要求,围绕全面深化改革、促进科学发展开展党员教育培训;强调要以增强党性、提高素质为重点,继续大规模开展党员教育培训,全面提高党员队伍素质能力，推动广大党员发挥先锋模范作用。二是提出了五条基本原则，即坚持围绕中心、服务大局，坚持服务党员、按需施教，坚持联系实际、学以致用，坚持基层为主、上下联动，坚持继承创新、注重实效。

《2014—2018 年全国党员教育培训工作规划》提出，要在深入开展党的群众路线教育实践活动、切实加强经常性教育的基础上，对广大基层党员普遍进行教育培训，使广大党员理想信念进一步坚定，党性观念进一步增强，改革意识进一步强化，优良作风进一步发扬，履职服务能力进一步提高，先锋模范作用进一步发挥，不断增强党的生机活力。主要有三项任务：一是坚持以理想信念为重点，开展主题教育培训，切实加强中国特色社会主义理论体系和中国梦、党章和党性党风党纪、党的路线方针政策和形势任务、业务知识和职业技能等教育培训；二是根据不同领域基层党组织担负任务和党员特点，有针对性地开展分类教育培训；三是围绕深化党的建设制度改革，健全党员教育培训工作体系。

《2014—2018 年全国党员教育培训工作规划》还就基层党组织书记培训、农村党员远程教育培训、非公有制经济组织和社会组织党员培训、新党员培训、流动党员培训、边疆民族地区基层党员教育培训、党员创业就业技能培训的重点工作作出具体规定。

中共中央组织部要求，学习宣传、贯彻落实《2014—2018年全国党员教育培训工作规划》是各级党组织的一项重要任务。各地各部门要结合实际制定贯彻落实《2014—2018年全国党员教育培训工作规划》的具体意见和年度计划，切实加强组织领导，有计划有步骤地推进各项工作。一是各级党委(党组)要高度重视党员教育培训工作，将其列入重要议事日程，纳入党建工作责任制，作为党建工作述职、评议、考核的重要内容，一级抓一级，层层抓落实。基层党组织要履行具体组织实施党员教育培训的职责，落实各项教育培训任务。党员领导干部要带头参加所在单位的党员教育培训，做刻苦学习、学以致用的模范。二是各级组织部门和纪检机关、宣传部门、党校要健全党员教育培训职能机构，落实工作人员，配强工作力量。三是落实经费保障。四是各级组织部门要加强督促检查。

(6)《2019—2023年全国党员教育培训工作规划》颁布实施

党员教育培训是党的建设基础性经常性工作。党中央高度重视党员教育培训工作，对其作出一系列重要论述、重大部署，指出"贯彻落实党的十九大精神，在新时代坚持和发展中国特色社会主义，要求全党来一个大学习"[1]，强调增强党员教育管理针对性和有效性。为更好贯彻落实党中央关于党员教育培训工

***

① 习近平：《在十九届中央政府局第一次集体学习时的讲话(2017年10月27日)》，载《人民日报》，2017-10-29。

作的部署要求，适应新形势新任务和党员队伍新情况，与2009 年和 2014 年的两轮五年规划相衔接，需要制定实施新一轮规划，以推动党员教育培训事业创新发展。

在此背景下，2019 年 11 月，中共中央办公厅印发《2019—2023 年全国党员教育培训工作规划》。这是党中央从全局和战略高度，对加强新时代党员教育培训工作作出的重要部署。《2019—2023 年全国党员教育培训规划》的颁布实施对于贯彻落实习近平新时代中国特色社会主义思想和党的十九大精神，推进马克思主义学习型政党建设，培养造就政治合格、执行纪律合格、品德合格、发挥作用合格的党员队伍，具有十分重要的意义。①

《2019—2023 年全国党员教育培训工作规划》提出党员教育培训工作总体要求：党员教育培训工作，以马克思列宁主义、毛泽东思想、邓小平理论、"三个代表"重要思想、科学发展观、习近平新时代中国特色社会主义思想为指导，认真落实新时代党的建设总要求，把学习贯彻习近平新时代中国特色社会主义思想作为首要政治任务，以坚定信仰、增强党性、提高素质为重点，坚持思想建党、理论强党、从严治党，坚持围绕中心、服务大局，坚持分类指导、按需施教，坚持联系实际、继承创

① 《人民日报》评论员：《努力开创党员教育培训工作新局面》，载《人民日报》，2019-11-12。

新，坚持简便易行、务实管用，不断增强针对性和有效性，引导党员增强"四个意识"、坚定"四个自信"、做到"两个维护"，努力建设政治合格、执行纪律合格、品德合格、发挥作用合格的党员队伍。从 2019 年开始，用 5 年时间，有计划分层次高质量开展党员教育培训，把全体党员普遍轮训一遍。

中共中央组织部要求，学习宣传、贯彻落实《2019—2023 年全国党员教育培训工作规划》是一项重要任务，各级党组织要高度重视，加强组织领导，制定具体措施，有计划有步骤推进党员教育培训工作。一是落实领导责任。各级党委(党组)要认真履行党建主体责任，党委(党组)书记要履行第一责任人职责。各级党员教育管理工作协调机构要落实党员教育培训联席会议制度，相关职能部门要密切配合，形成工作合力。二是加强学风建设。各级党组织要认真落实党中央关于加强学风建设的要求，力戒形式主义、官僚主义。党员教育培训机构要坚持从严治校、从严治教、从严治学。党员要端正学习态度，严守培训纪律。党员领导干部要在学习上发挥示范表率作用。三是严格考核评估。要将党员教育培训工作作为党委(党组)书记抓基层党建工作述职评议考核的重要内容。①

---

① 《全面提高新时代党员教育培训工作质量——中央组织部负责人就印发〈2019—2023 年全国党员教育培训工作规划〉答记者问》，见《2019—2023 年全国党员教育培训工作规划》，15～24 页，北京，人民出版社，2019。

（7）《公务员培训规定》颁布实施

为推进公务员培训工作科学化、制度化、规范化，建设信念坚定、为民服务、勤政务实、敢于担当、清正廉洁的高素质专业化公务员队伍，中组部对 2008 年《公务员培训规定（试行）》进行了修订，于 2019 年 11 月 26 日发布《公务员培训规定》。该文件要求，公务员培训必须把学习贯彻习近平新时代中国特色社会主义思想作为首要任务，把提高治理能力作为重大任务，加强思想淬炼、政治历练、实践锻炼、专业训练，高质量培训公务员，高水平服务党和国家事业发展，体现不同类别、不同层级、不同岗位公务员能力素质需要，着力增强时代性、针对性、有效性。该文件对公务员培训的对象、学时、类型、方式方法及培训保障等均作出明确的规定。在培训内容一章强调，公务员培训要突出政治素质，把深入学习贯彻习近平新时代中国特色社会主义思想作为公务员培训的重中之重，持续加强党的理论和路线方针政策、理想信念教育，强化党史、新中国史、改革开放史学习，引导公务员增强"四个意识"，坚定"四个自信"，做到"两个维护"，自觉在思想上政治上行动上同以习近平同志为核心的党中央保持高度一致。

2. 部门和行业系统干部教育培训制度建设

为贯彻落实中央关于干部教育培训的文件精神，加强各系统干部教育培训工作，充分发挥干部教育培训的先导性、基础性、战略性作用，建设高素质干部队伍，各部门和行业系统结合自身实际，制定实施本部门和行业系统干部教育制度，大力推进干部教育培训制度建设。

(1)中华全国总工会干部教育培训制度建设

2016年，中华全国总工会(以下简称"全总")为深入学习贯彻习近平总书记系列重要讲话精神，特别是关于加强干部队伍建设的重要论述，落实中央党的群团工作会议精神，打造"绝对忠诚党的事业、竭诚服务职工群众"的工会干部队伍，根据《干部教育培训工作条例》《2013—2017年全国干部教育培训规划》《中华全国总工会关于进一步加强工会干部教育培训工作的意见》，制定了《2016—2020年全国工会干部教育培训规划》。该培训规划提出实现2016—2020年将全国专兼职工会干部轮训一遍的目标，确保各级工会干部每年达到一定的调训率、参训率和人均脱产培训学时数、网络培训学时数。培训重点内容包括：围绕政治性这一灵魂加强学习培训，坚持先进性这一着力点加强学习培训，立足群众性这一根本特点加强学习培训。培训对象主要为县级以上工会领导班子成员、县级以上工会机关干部、基层工会干部和工会专业人才。该培训规划同时要求突出抓好新任工会主席教育培训，重视抓好社会化工会工作者和工会系统兼职、挂职干部以及中青年干部、女干部、少数民族干部、非中共党员干部的教育培训。加大对革命老区、民族地区、边疆地区、贫困地区工会干部教育培训的支持力度。东部地区要做好对口支援西部地区工会干部教育培训工作。

为深入学习贯彻全国干部教育培训工作会议精神，贯彻落实《干部教育培训工作条例》和《2018—2022年全国干部教育培训规划》的要求，根据"全总"十七大确定的目标任务，着眼建设忠诚干净担当的高素质专业化工会干部队伍，努力开创新时代工运事业和工会工作新局面，2019年4月，"全总"结合工会工作和工会干部队伍实际，印发《2019—2023年全国工会干部教育培训规划》。该培训规划提出了干部教育培训的指导思想、基本原则和主要目标，从理论培训、党性教育、专业培训、知识培训和其他培训等方面对培训内容做了详细阐释。该培训规划强调，落实《2018—2022年全国干部教育培训规划》要求，工会机关县处级及以上干部五年内参加党校（行政学院）、工会干部院校以及干部教育培训管理部门认可的其他培训机构累计三个月或550学时以上的培训；工会机关科级及以下干部每年参加培训累计不少于12天或90学时；基层工会干部每年参加培训累计不少于5天或40学时。2019—2023年把全国专职和兼职、挂职工会干部轮训一遍。在干部教育培训保障体系建设方面，重点强调规范工会干部教育培训基地建设，推动纳入地方党政教育培训基地建设范围，建设一支高素质专业化工会干部培训师资队伍，逐步构建富有时代特征、实践特色、务实管用的课程体系，建立健全各项制度，提高干部教育培训教学和管理信息化水平。要求省级工会根据本规划，结合实际制定具体实施意见并抓好落实，每年要对工会干部教育培训工作进行检查总结，并将有关情况报"全总"。"全总"对本规划实施情况进行督促检查，开展中期和五年总结评估工作。

(2)共青团中央干部教育培训制度建设

全国青少年井冈山革命传统教育基地(以下简称井冈山基地)是由中央领导同志倡导建立、团中央直属、对青少年进行革命传统教育的全国性培训机构，旨在利用井冈山丰富而独特的教育资源帮助青少年深入学习党史，坚定理想信念，继承优良传统，为党的事业培养合格建设者和可靠接班人。井冈山基地位于井冈山茨坪，于 2010 年 7 月开工建设，2012 年 7 月投入使用，占地 75 亩(5.00 万平方米)，总建筑面积 4.40 万平方米，可同期容纳 2000 余人在校培训。截至 2013 年 11 月，共举办各类培训班 115 期，培训人数达 59863 人次。[①]

为充分发挥井冈山基地作用，切实加强青少年和团干部教育培训，2013 年 10 月 14 日，共青团中央办公厅印发《关于发挥全国青少年井冈山革命传统教育基地作用　加强青少年和团干部教育培训工作的意见》，对井冈山基地的基本定位、培养目

---

① 团中央：《发挥井冈山基地作用　加强青少年和团干部教育培训工作》，参见中国共产党新闻网，2013-11-01。

标、班次设置和课程体系做了明确规定。该意见指出，井冈山基地着眼于以下四个定位：各级团组织实施"青年马克思主义者培养工程"的重要依托；对大、中学生和青年干部进行革命传统和基本国情教育、思想品质和行为习惯培养、素质提升和作风锤炼的重要阵地；传播井冈山文化、弘扬井冈山精神的重要窗口；开展国内外青少年培训、交流与合作的重要平台。基地的培养目标是引导和帮助青少年和团干部坚定理想信念，加强党性修养，改进工作作风。

2014 年 4 月 23 日，共青团中央印发《关于进一步加强团干部教育培训工作的意见》。该意见强调，团干部教育培训是建设高素质团干部队伍的先导性、基础性、战略性工程。面对经济社会深刻变革，共青团工作面临着大量的新问题、新挑战，对团干部队伍能力素质提出了更高要求。该意见提出，团干部教育培训的目标任务是通过大规模团干部教育培训，使广大团干部理想信念更加坚定，业务能力更加过硬，工作作风更加扎实，综合素质明显提高，并对教育培训提出了数量指标。团干部教育培训重点内容包括：加强理想信念教育；加强党性作风教育；强化团的业务能力培训；适度安排知识教育。

2020 年 2 月 18 日，共青团中央印发《2020—2023 年全国团干部教育培训规划》。该规划以习近平新时代中国特色社会主义思想为指导，认真落实新时代党对共青团工作的各项要求，对加强全国团干部教育培训工作，努力培养忠诚干净担当的高素质专业化团干部队伍作出全面规划部署。该规划指出，团干部教育培训是团干部队伍建设的先导性、基础性、战略性工程。要通过教育培训，使广大团干部深入学习领会习近平新时代中国特色社会主义思想，进一步增强"四个意识"，坚定"四个自信"，做到"两个维护"，扎实筑牢党性根基、品德根基、作风根基，政治理论素养、群众工作能力、团的业务水平等得到有效提升。到 2023 年，实现团干部任职培训和任期轮训全覆盖。该规划要求，团干部教育培训要以习近平新时代中国特色社会主义思想作为主干构建培训内容体系，把学习贯彻习近平新时代中国特色社会主义思想作为首要政治任务和核心业务，不断强化理论教育、党性教育、实践教育。在系统性培训的课程安排中，以习近平新时代中国特色社会主义思想课程为主，理论教育和党性教育比重不低于总课时的 70%。①

（3）全国妇联干部教育培训制度建设

为深入贯彻落实党的十八大精神和中国妇女十一大精神，充分发挥干部教育培训的先导性、基础性、战略性作用，培养建设一支信念坚定、为民服务、勤政务实、敢于担当、清正廉洁、让党放心、让妇女群众满意的高素质妇联干部队伍，根据

---

① 《共青团中央印发〈2020—2023 年全国团干部教育培训规划〉》，载《中国青年报》，2020-02-27。

《2013—2017 年全国干部教育培训规划》要求，结合妇联系统干部教育培训工作实际，2014 年 8 月，全国妇联印发《2014—2018 年全国妇联干部教育培训规划》，从指导思想和总体要求、重点培训内容、重点培训对象及措施、基础建设、组织领导五个方面对妇联系统干部教育培训提出了明确的要求。该培训规划提出，按照干部管理权限，妇联系统干部要积极参加党委组织部门调训。各级妇联要加强对新任妇联主席的业务工作培训。坚持一级培训一级，实现妇联干部全覆盖，有条件的地方要加强对兼职妇女工作者的培训，五年内轮训一遍。以妇联领导班子成员、妇联执委、妇联机关干部、基层组织负责人等为重点培训对象，着重开展以下内容的培训：深入开展习近平系列重要讲话精神学习培训，突出抓好中国妇女十一大精神的学习培训，着力加强妇女工作基本理论和业务培训，积极开展多领域知识、技能培训。培训规划还要求，各省（区、市）妇联按照省委统一要求和全国妇联干部教育培训规划，制订干部教育培训规划或计划，完成培训任务，确保规划实施取得实效。

（4）教育部干部教育培训制度建设

为深入学习贯彻党的十八大精神，培养造就一支高素质专业化办学治校骨干队伍，深入推进教育规划纲要的全面实施，努力办好人民满意的教育，2013 年 4 月 25 日，教育部党组印发《全国教育系统干部培训规划（2013—2017 年）》，对教育系统干部培训的指导思想、目标任务、培训对象、培训要求、重点培训计划、培训模式、体制机制、保障措施和组织实施等做了规定。该培训规划提出，全国教育系统干部培训的主要目标是把学习贯彻党的十八大精神引向深入，全面落实大规模培训干部战略任务，做到服务提高干部素质和能力更加显著，服务教育改革发展实践更加有力，教育特点更加鲜明，培训体系更加完备，体制机制更有活力。主要培训对象为党政教育部门干部、普通高等学校管理干部、职业院校管理干部、中小学校长和幼儿园园长、高等学校人才和专家。重点培训计划包括高等学校书记校长培训计划、职业院校校长能力提升计划、中小学名校长和幼儿园名园长培养计划、教育管理干部专业素养提升计划、教育部机关干部能力提升计划、中西部教育干部培训支持计划、民办教育管理者培训计划、教育干部网络培训计划、培训者培训计划。

2019 年 4 月 17 日，中共教育部党组印发《关于贯彻落实〈2018—2022 年全国干部教育培训规划〉的实施意见》，旨在贯彻落实全国教育大会精神和全国组织工作会议精神，建设忠诚干净担当的高素质教育系统干部队伍，不断推进新时代教育改革发展，根据《2018—2022 年全国干部教育培训规划》要求，结合教育实际，做好今后一个时期教育系统干部教育培训工作。该实施意见要求，深刻认识做好新时代干部教育培训工作的重大意义，全面把握干部教育培训工作的目标任务，严格落实各级各类干部教育培训学时要求。突出干部教育培训重点内容，全面开展习近平新时代中国特色社会主义思想教育培训，扎实开展党性教育，深入开展全国教育大会精神培训。文件就落实教育系统干部分类培训作出部署，要求按照分级管理、分类实施的原则，教育部负责规划、指导全国教育系统干部培训工作，组织开展教育部直属系统干部培训、教育系统部分关键岗位干部的示范性业务培训，围绕教育改革发展重点工作开展专题培训。各地教育部门、各高校安排干部分期分批参加培训，配合完成调训任务，指导或组织开展全员培训。分类做好各级教育部门干部培训、高校干部培训、中小学校领导人员培训、基层党务工作者、思想政治工作者培训、高层次人才和专家培训及年轻干部培训。该实施意见提出，各级教育部门应围绕服务脱贫攻坚大局，在培训项目、调训名额等方面，加大对革命老区、民族地区、边疆地区、贫困地区教育系统干部培训支持力度，推动优质培训资源向贫困地区延伸倾斜。继续深入实施东部地区和中西部地区教育系统干部培训对口支持项目。

(三)干部教育事业发展

政治路线确定之后，干部就是决定的因素。党的干部是党和国家事业的中坚力量。当前，中国特色社会主义进入新时代，在新的历史起点上，必须培养和造就一支能够肩负起新时代重任、适应新时代要求、忠诚干净担当的高素质专业化干部队伍。党的十八大以来，以习近平同志为核心的党中央高度重视并继续推进干部教育培训工作改革创新，干部教育培训事业取得了新的发展，开创了新的局面。

1. 加强以理想信念教育和党性教育为核心的内容体系建设

党的十八大以来，以习近平同志为核心的党中央秉承党的优良传统，进一步凸显党性教育的战略地位，对新形势下加强和改进党性教育提出了新要求新目标。各地区各部门根据中央的部署要求，坚持把习近平系列重要讲话精神作为党性教育的重中之重，加强了马克思主义基本理论和中国特色社会主义理论体系、理想信念、党章党规党纪、宗旨意识、群众路线等教育培训，教育引导党员干部坚定"四个自信"，增强"四个意识"，取得了明显成效。

《2013—2017 年全国干部教育培训规划》提出深入开展马克思主义基本原理学习培训，突出抓好中国特色社会主义理论体系学习培训，大力加强党性党风党纪和党史国史教育，深入开展社会主义核心价值体系教育。2015 年《干部教育培训工作条例》提出："干部教育培训坚持以理想信念、党性修养、政治理论、政策法规、道德品行教育培训为重点。""引导干部坚定共产主义远大理想和中国特色社会主义共同理想，增强中国特色社会主义道路自信、理论自信、制度自信。""增强党的意识、宗旨意识、执政意识、大局意识、责任意识、规矩意识，做到对党忠诚、个人干净、敢于担当。"《2018—2022 年全国干部教育培训规划》则更明确地提出加强党的基本理论教育，并特别强调要原原本本学习和研读经典著作；更明确地提出加强党性教育，包括理想信念教育，党章学习培训，党规党纪特别是政治纪律和政治规矩教育，党的宗旨和作风教育，党内政治文化教育，党史国史、党的优良传统和世情国情党情教育，政德教育，社会主义核心价值观教育。2014 年，中共中央组织部印发《关于在干部教育培训中加强理想信念和道德品行教育的通知》，对加强干部的理想信念、道德品行和党性教育提出具体要求。2015 年中共中央印发《关于加强和改进新形势下党校工作的意见》明确提出，马克思主义理论教育和党性教育是党校的主课，是党校教学最重要的任务；这两类课，在中央党校、省（自治区、直辖市）委党校、市（地）委党校教学安排中不低于总课时的70%；每个主体班次都要设置专门的"党性教育单元"，针对不同班次的学制长短，安排充分的教学内容和时间，确保党性教育课不低于总课时的 20%。①

随着《关于加强和改进新形势下党校工作的意见》中规定和

①《中共中央关于加强和改进新形势下党校工作的意见（2015 年 12 月 9日）》，载《人民日报》，2015-12-14。

要求的贯彻实施，党校在帮助党员领导干部掌握马克思主义理论这一看家本领、保持共产党人政治本色方面的教育作用将会得到更好的发挥。中国延安干部学院从 2009 年开始举办党性教育"延安论坛"，中国井冈山干部学院形成了以党性教育为"纲"的教学理念，使党员干部在理想信念教育和党性教育中坚定信仰、筑牢底线思维。

各地区各部门结合开展党的群众路线教育实践活动、"三严三实"专题教育、"两学一做"学习教育，扎实开展党性教育。充分发挥党校、行政学院和干部院校主渠道主阵地作用，突出党章和新形势下党内政治生活若干准则、廉洁自律准则、纪律处分条例、党内监督条例等党规党纪学习教育，深入开展党的宗旨、党史国史、党的优良作风等教育，引导干部弘扬光荣传统、传承红色基因、提升党性修养。浙江对 1800 多名省管干部和 3.50 万名县处级以上领导干部进行党章党规党纪集中轮训，强化党章意识、规矩意识。广东突出加强政治纪律和政治规矩教育，对 500 多名新任省管干部进行集中培训。①

与此同时，对党的基本理论教育、专业化能力培训和知识培训等内容的培训也不断深化和加强，形成了干部教育的内容体系，以习近平新时代中国特色社会主义思想为中心内容的理

---

① 《立根固本，依靠学习走向未来——党的十八大以来干部教育培训跃上新台阶》，载《人民日报》，2017-08-01。

论教育更加深入。干部教育事业要适应新时代的新形势新要求，就必须牢牢把握干部教育规律，把加强干部教育作为新时代的一项战略任务、基础工程抓实抓好；必须以政治理论培训为重点，坚持用中国化的马克思主义武装干部头脑，让习近平新时代中国特色社会主义思想真正成为党员干部的工作指南；必须以坚定理想信念的党性教育为关键，通过加大党史国史教育、采取现场教学等方式，不断提高党员干部的党性修养；必须紧紧围绕党和国家事业发展需要这个基本要求，结合干部自身需求，完善干部教育布局、优化干部教育课程、细化干部教育评估；必须围绕全面提升党的执政本领这个关键，坚持问题导向，全面深化干部教育改革，不断提高干部教育质量。

随着干部教育内容体系的不断发展和完善，传统的教育方式方法已无法实现新时代干部教育目标，创新干部教育方式方法成为新时代对干部教育培训工作提出的新要求。党的十八大以来，各级党组织和干部教育培训机构与时俱进，适应互联网等现代网络信息技术发展趋势，注重线上和线下结合，综合运用讲授式、研讨式、案例式、体验式、访谈式、警示教育等方法，增强了党性教育的实效性。同时，共产党员网、"共产党员"微信公众号、易信等平台及慕课(MOOC)、微课程也逐渐进入党性教育领域，拓宽了党性教育渠道。例如，2015 年 3 月，全国首批 76 个党性教育基地网上展馆项目正式启动；2015 年

7月，"全国党建云平台"(今名"党史学习教育")微信公众号正式上线。在实践的基础上，2015年颁布的《干部教育培训工作条例》以法规形式对党性教育的方式方法做了规定，提出要充分运用现代信息技术，完善网络培训制度，建立兼容、开放、共享、规范的网络培训体系；要用好大数据、"互联网+"等技术手段，提高教育培训教学和管理信息化水平。①

2. 加强干部教育机构建设

干部教育机构是具体承担和实施干部培训项目的单位，其教学、管理、服务的水平直接影响培训质量和效果。没有高水平的干部教育机构，就没有高质量的干部教育培训。干部教育事业的深入发展，对加强干部教育培训机构建设提出了迫切要求。党的十八大以来，各地区各部门着力加强干部教育机构、师资队伍及课程教材等基础建设，干部教育培训资源不断整合优化。截至2018年年初，全国共有县级以上各类实体培训机构5000多家。国家级培训机构6家，省区市(含副省级)党校、行政学院、干部学院56家，市地州盟学校、行政学院502家，县市区旗党校、行政学校2600多家，中央部委所属干部培训机构200多家，中央企业所属培训机构1700多家，全国干部教育培训高校基地14家。初步形成了具有一定办学规模和教学科研水

① 肖小华：《十八大以来党性教育的主要特点和经验》，载《中国井冈山干部学院学报》，2017(5)。

平、基本满足干部教育培训需求、具有中国特色的干部教育培训机构体系。①

（1）党校（行政学院）建设

2018 年 3 月，按照中共中央关于深化党和国家机构改革的统一部署，为全面加强党对干部培训工作的集中统一领导，统筹谋划干部培训工作，统筹部署重大理论研究，统筹指导全国各级党校（行政学院）工作，将中央党校和国家行政学院的职责整合，组建新的中央党校（国家行政学院），实行一个机构两块牌子。中央党校和国家行政学院合并重组，迎来了党校（行政学院）工作改革发展的重要历史机遇期。这是加强党对干部教育培训工作集中统一领导的重大举措，是校院强强联合、优势互补的大好事，在党的干部教育史上具有标志性意义。

中央党校（国家行政学院）校（院）委明确提出，要根据党中央关于新组建的中央党校（国家行政学院）的职能定位，经过五年乃至更长一些时间的努力，把中央党校（国家行政学院）建设成为党内外公认的、具有相当国际影响力的党的最高学府，建设成为在党的思想理论建设特别是研究宣传习近平新时代中国特色社会主义思想上不断开拓创新、走在前列的思想理论高地，建设成为英才荟萃、名师辈出、"马"字号和"党"字号学科

① 何毅亭等：《中国共产党的成功奥秘与中央党校》，81 页，北京，外文出版社，2018。

乃至其他一些学科的学术水准在全国处于领先地位的社科学术殿堂，建设成为为党和国家重大问题研究和决策提供高质量咨询参考的国家知名高端智库，从而在服务党和国家事业发展大局中谱写新的精彩篇章。

贯彻落实全国党校工作会议精神，坚持"党校姓党"原则，主阵地建设进一步加强。中央党校深化教学改革，组织起草《全国党校系统党的理论教育和党性教育教学大纲》，在全校教职工中开展"对党忠诚"集中教育。中国浦东、井冈山、延安干部学院持续开展"办学质量年""管理年"活动，办学质量和管理水平不断提升。各地稳步推进市县党校办学体制改革，探索采取市辖区党校与市委党校联合办学、县级党校加挂市委党校分校牌子等模式，把基层党校建强办好。黑龙江研究制定县级党校标准化建设指标体系。河南、江西开展市县党校办学质量评估，以评促改、以评促建。同时，坚持开门开放办学，普遍形成了"党校(行政学院、干部学院)＋高校基地＋现场教学基地"一主多元的办学格局，积极运用大数据、"互联网+"技术手段建立了中国干部网络学院等一大批网络培训平台，促进了优质培训资源互联互通、共建共享。①

为坚持和加强党对党校(行政学院)事业的领导，提高新时

---

① 《立根固本，依靠学习走向未来——党的十八大以来干部教育培训跃上新台阶》，载《人民日报》，2017-08-01。

代党校(行政学院)工作科学化、制度化、规范化水平，2019年
10月25日，中共中央发布《中国共产党党校(行政学院)工作条
例》，2008年9月3日中共中央印发的《中国共产党党校工作条
例》同时废止。新的工作条例坚持以习近平新时代中国特色社会
主义思想为指导，把习近平总书记关于党校(行政学院)工作的
一系列重要论述贯穿其中，充分体现党中央对党校(行政学
院)工作的新要求，充分反映新组建的党校(行政学院)的职能定
位，充分吸收各级党校(行政学院)办学实践中的好经验好做法，
对进一步做好党校(行政学院)工作作出新的规范，是新时代党
校(行政学院)工作的基本遵循。该工作条例对党校(行政学
院)作出清晰定位："党校(行政学院)是党领导的培养党的领导
干部的学校，是党委的重要部门，是培训党的各级领导干部的
主渠道，是党的思想理论建设的重要阵地，是党和国家的哲学
社会科学研究机构和重要智库。"明确将坚持党校姓党放在办学
原则的首要位置，并作为一条主线贯穿始终；明确把坚持从严
治校作为党校(行政学院)工作必须遵循的重要原则，进一步确
立有利于打造良好政治生态的各项制度规范；明确把质量立校
作为办学重要原则，在教学科研咨询管理等各方面工作中都提
出质量要求，积极回应各级党校(行政学院)在办学实践中遇到
的新情况新问题，为解决制约党校(行政学院)事业发展的突出
问题提供明确思路和切实措施。该工作条例的颁布实施，对于

进一步加强党对党校(行政学院)工作的领导，提高党校(行政学院)工作的科学化、制度化、规范化水平，推进党的干部教育培训和思想理论建设，具有十分重要的意义。

(2)干部学院建设

干部学院是中国共产党进行干部教育培训的又一重要培训机构，从党的创建初期就开始建立，在一百年的发展中，为党在不同时期的建设发展提供了源源不断的组织保障。中国共产党干部学院是干部教育培训主渠道主阵地中除党校(行政学院)、社会主义学院之外的干部教育培训机构，主要是对党政机关、企事业单位、社会团体等单位的人员进行中短期的学习理论知识、进行实践体验、拓展业务能力的专业教育机构，分为国家级和省(部)级干部学院。党的十八大以来，伴随建设高素质专业化干部队伍的要求，干部学院的建设和发展也更加完善和专业，干部学院的教育体系逐渐形成。

当前，国家级干部学院主要包括中国浦东干部学院、中国井冈山干部学院和中国延安干部学院。2019年4月，中共中央组织部办公厅下发《中共中央组织部办公厅关于印发干部党性教育基地备案目录的通知》，将全国64所干部学院作为省(部)级干部党性教育基地。包括国家级干部学院在内的67所干部学院分布在20个省、4个自治区、3个直辖市，形成了遍布全国、覆盖范围广、层次划分清晰的干部学院分布格局。与三大国家级干部学院类似，这些省（部）级干部党性教育基地充分依托本地资源，结合地区优势和教育资源，办成一所所独具特色的干部学院。例如，方志敏干部学院以传承红色基因、弘扬方志敏精神为主题，面向全国开展革命传统教育、爱国主义教育、加强理想信念教育，承接各类干部学院、各地党校主体班次等特色党性教育培训；大别山干部学院紧紧依托大别山丰富的红色资源，以大别山 28 年红旗不倒的革命历史为主线，以弘扬大别山精神为主题，以理想信念教育为核心；遵义干部学院按照习近平总书记"传承红色基因，讲好遵义故事"重要指示，依托以遵义会议会址、娄山关战斗遗址为代表的革命传统教育基地，大力开展以红色教育为魂的党性教育培训工作。

（3）社会主义学院建设

党的十八大以来，以习近平同志为核心的党中央高度重视统一战线人才教育培养和社会主义学院工作。从 1956 年中央社会主义学院成立以来，全国社会主义学院已发展到 700 多所，形成了从中央到省、市、县的党外代表人士政治培训院校体系。2016 年 10 月，习近平总书记在中央社会主义学院建院 60 周年之际专门致信祝贺。他强调，中央社会主义学院作为中国共产党领导的统一战线性质的高等政治学院，作为我国干部教育培训体系的重要组成部分，要继承和发扬优良传统，坚持"社院姓社"，突出政治培训，强化政治共识，不断增强中国特色社会主义道路自信、理论自信、制度自信、文化自信，不断巩固团结奋斗的共同思想政治基础，努力把学院建设成为民主党派和无党派人士联合党校、统一战线人才教育培养主阵地，为实现全面建成小康社会奋斗目标、实现中华民族伟大复兴的中国梦作出新的更大的贡献。[①] 习近平总书记的这些重要论述，深刻回答了新时代社会主义学院培养什么人、怎样培养人、为谁培养人等重大问题，将中国共产党对统一战线人才教育培养和社会主义学院工作的规律性认识提升到了新的高度。在习近平总书记的思想引领下，我国社会主义学院建设与发展迎来了新时代。

①《社会主义学院工作条例》颁布实施

为巩固和发展新时代爱国统一战线，加强党对社会主义学院的领导，推进社会主义学院工作科学化、制度化、规范化，2018 年 12 月，中共中央印发《社会主义学院工作条例》。这是第一部由党中央制定的关于社会主义学院工作的党内法规。2003 年 11 月中央统战部印发的《社会主义学院工作暂行条例》同时废止。该条例全面贯彻习近平新时代中国特色社会主义思想，特别是习近平关于加强和改进统一战线工作的重要思想，集中体现了党中央对统一战线人才教育培养和社会主义学院工作的

---

① 习近平：《习近平致中央社会主义学院建院 60 周年的贺信》，参见新华网，2016-10-14。

新精神新要求，为做好新时代社会主义学院工作提供了方向引领。与2003年中央统战部印发的《社会主义学院工作暂行条例》相比，《社会主义学院工作条例》对社会主义学院工作作出了全方位的深化部署。

《社会主义学院工作条例》着眼新时代统一战线人才教育培养工作面临的新形势新任务，突出强调了社会主义学院的性质定位，进一步明确了办学的总体要求、工作方针、基本任务等。《社会主义学院工作条例》强调，"社会主义学院是中国共产党领导的统一战线性质的政治学院，是民主党派和无党派人士的联合党校，是统一战线人才教育培养的主阵地，是开展党的统一战线工作的重要部门，是党和国家干部教育培训体系的重要组成部分"。《社会主义学院工作条例》将习近平新时代中国特色社会主义思想作为社会主义学院工作的指导思想，强调坚持社会主义办学方向，体现了指导思想的与时俱进和政治学院的根本要求；明确了社会主义学院在统一战线人才培养、理论研究、方针政策宣传方面的三大基本职能和"教育培训""理论研究和宣传""决策咨询""开展中华文化教育、研究和对外交流""联谊交友"五项基本任务，延伸拓展了社会主义学院的政治功能。

《社会主义学院工作条例》明确："中央社会主义学院是中央统战部管理的党中央直属事业单位。中央统战部领导中央社会主义学院党组，指导中央社会主义学院工作。""地方社会主义学院是本级党委直属事业单位，由本级党委统战部门指导和管理。"在此基础上，对地方党委的领导责任和党委统战部门的指导管理责任明确了具体内容。"社会主义学院经批准可设立党组，在本单位发挥领导核心作用"，强调了党组的领导核心作用，并要求地方社会主义学院"党组书记由本级党委统战部门负责人担任"，加强统战部门对社会主义学院工作的指导和管理。

《社会主义学院工作条例》对各级党委政府支持统一战线人才教育培养和社会主义学院工作作出了规定，要求保障机构、人员编制、办学经费，特别是对与其他干部教育培训机构合办的社会主义学院，要确保其有效发挥职能。"各级党委和政府应当重视社会主义学院建设，保证必要的机构和人员编制，将学院所需经费列入年度财政预算"，明确了各级党委和政府对社会主义学院办学的必要支持。"与其他干部教育培训机构合办的社会主义学院，应当设立专门机构，保证人员和经费，确保社会主义学院职能发挥"，避免合办的社会主义学院作用发挥不充分、职能弱化。

②第三次全国社会主义学院工作会议

2019年6月27日，第三次全国社会主义学院工作会议在北京召开。中共中央政治局常委、全国政协主席汪洋接见参加会议的全体代表并讲话。汪洋充分肯定各级社会主义学院办学成绩。他指出，党中央历来高度重视社会主义学院工作，中国特色社会主义进入新时代，统一战线凝聚共识、凝聚人心、凝聚智慧、凝聚力量的任务艰巨繁重，对社会主义学院工作提出了更高要求。各级社会主义学院要深入学习领会习近平致中央社会主义学院建院 60 周年贺信精神，认真贯彻落实中共中央印发的《社会主义学院工作条例》，深刻把握新时代社会主义学院的性质定位、功能作用、主要任务，推动社会主义学院工作迈上新台阶。要坚持"社院姓社"不动摇，牢牢把握正确办学方向，把筑牢共同思想政治基础作为一切工作的根本目标，贯穿教学科研全过程。要结合统战工作新实践、党外人士新特点，扎实推进特色学科体系建设，打造特色品牌课程，提高办学水平。要加强理论研究和智库建设，为新时代统战事业提供理论支持和智力支撑。要坚持从严治院，细化实化内部管理措施，推动形成良好学风院风，实现高质量立院、高标准办学。

汪洋强调，各级党委要把社会主义学院工作纳入整体工作部署和统战工作总体安排，研究解决社会主义学院发展中的困难和问题。统战部门要加强对事关社会主义学院工作各方面的统筹协调，切实履行好指导和管理责任。各民主党派、工商联和无党派人士要探索"联合党校联合办"的新方式，发挥协同作用。中央社会主义学院要加强对地方社会主义学院的指导，共同开创新时代社会主义学院工作新局面。

中共中央书记处书记、中央统战部部长尤权在第一次全体会议上讲话，强调要深入贯彻习近平总书记重要指示精神和《社会主义学院工作条例》，切实把中共中央对统一战线人才教育培养和社会主义学院工作的新精神新要求落实到位。要立足社会主义学院的政治性质、政治地位、政治功能、政治特色和政治责任，把准政治方向，健全协作机制，创新工作方式，突出主责主业，加强自身建设，提高社会主义学院工作科学化制度化规范化水平，为画出最大同心圆、找到最大公约数作出贡献。①

(4)其他类型干部教育培训机构建设

部门和行业系统干部教育培训机构专门从事和负责本部门和本行业系统的干部教育培训机构，在干部教育培训中占有重要地位。这些机构承担了大量的部门和行业系统的干部教育培训工作，是我国干部教育培训机构的重要组成力量。部门和行业系统干部教育培训机构性质多样，既包括事业单位性质，也包括企业单位性质等；既有负责本部门和本行业系统干部培训的，也有实行干部培训与国民教育双轨制的，如中国人民公安

① 《第三次全国社会主义学院工作会议在京召开》，载《人民日报》，2019-06-27。

大学、国家检察官学院、国家法官学院等。截至 2018 年年初，全国共有部门和行业系统干部教育培训机构 2000 多家。其中，中央部委所属干部培训机构 200 多家，中央企业所属培训机构 1700 多家。这些机构承担了大量的部门和行业系统的干部教育培训工作，是我国干部教育培训机构的重要组成力量，其培训人次占全国培训总规模的一半以上。①

为适应干部教育培训发展新形势，中组部进一步拓展干部教育培训优质机构资源。在 2009 年建立的北京大学、清华大学、中国人民大学、北京师范大学、复旦大学等 13 个全国干部教育培训高校基地的基础上，2014 年又新增西北农林科技大学，至此，共有 14 家全国干部教育培训高校基地。各省区市的干部教育培训高校基地建设工作也随之得到持续推进。2015 年年底，中组部确定了第一批全国党员教育培训示范基地，包括北京市委党校二分校、北京市海淀区委党校、辽宁社区干部学院、上海市浦东新区区委党校、江苏省昆山市委党校、浙江传媒学院、江西干部学院、湖南省长沙县委党校、成都村政学院、遵义干部学院 10 家机构。2018 年 6 月，又公布了第二批示范基地，包括梁家河培训学院、浙江生态文明干部学院、古田干部学院、新乡先进群体教育基地、深圳市委党校、华中师范大学、

①　何毅亭等：《中国共产党的成功奥秘与中央党校》，87 页，北京，外文出版社，2018。

铁人学院 7 家机构。随着干部教育培训工作的深入开展，这些高等学校和科研院所面向党和国家事业发展需要和干部成长需要，把自己的学科优势与干部教育培训需求有效对接起来，努力提高培训的针对性和实效性，积极参与新时代党的干部教育培训工作，与党校、行政学院、干部学院等机构优势互补、各展所长、相互促进。

3. 加强干部教育师资队伍建设

干部教育教师是干部教育事业发展的核心资源，干部教育师资队伍建设直接关系到干部教育的质量和水平。在 2015 年 12 月召开的第七次全国党校工作会议上，习近平总书记指出："在党校所有财富中，教师和其他各类人才是最宝贵的财富；在党校所有资源中，优秀教师和优秀人才是最急需的资源。为什么这样说？就是因为党校教师是我们党直接掌握的一支教师队伍，是我们党一支不可多得的理论力量。"①

党的十八大以来，党中央对干部教育师资队伍建设作出了一系列重要部署。《2013—2017 年全国干部教育培训规划》要求加强国家级干部教育培训机构师资队伍建设，培养造就一批名师和中青年知名学者，提出实施骨干教师培训计划，完善兼职教师选聘和管理办法，建立国家级、省级干部教育培训师资库，

---

① 习近平：《在全国党校工作会议上的讲话(2015 年 12 月 11 日)》，22～23 页，北京，人民出版社，2016。

探索建立符合干部教育培训特点的师资考核评价体系和职称评定、岗位聘任制度。《干部教育培训工作条例》提出，加强干部教育培训管理者队伍建设，加强培养，严格管理，促进交流，优化结构，提高素质。2015 年中共中央印发的《关于加强和改进新形势下党校工作的意见》要求进一步发挥党校培训党员领导干部的主渠道作用，在多个方面加强党校师资队伍建设。《2018—2022 年全国干部教育培训规划》要求加大名师培养吸收力度，把干部教育培训师资纳入各级人才政策支持范畴，努力造就一批马克思主义理论大家和忠诚于马克思主义、在学科领域有影响力的知名专家，定期评聘全国干部教育名师，给予支持和奖励；并就继续实施骨干教师培养计划、建立健全专职教师知识更新机制和实践锻炼制度、出台领导干部上讲台实施意见、建好用好各级师资库等作出进一步要求。《中国共产党党校(行政学院)工作条例》提出，人才队伍建设是党校(行政学院)事业发展的关键。按照专职为主、专兼结合的原则，加强党校(行政学院)教学科研人才队伍建设。逐步建立既区别于公务员又不同于普通事业单位，符合党校(行政学院)发展特点的教师管理体系。建立健全符合干部教育培训特点、具有党校(行政学院)特色的师资准入和退出机制、师资考核评价体系、职称评审和岗位聘用办法，有序推行教师竞聘上岗，形成有效的人才激励机制。建立一支政治合格、素质优良、规模适当、结构合理、适应新时代干部教育培训要求的党校(行政学院)工作人员队伍。

在以上政策的指导下，中央和各地党校、行政学院及其他各类干部教育机构大力开展师资队伍建设，取得了一系列成绩。

一是引进各类优秀人才。通过政策支持直接引进各级各类优秀人才是提升干部教育机构人才队伍总体素质的重要措施。《中国共产党党校(行政学院)工作条例》明确提出："引进政治素质好的高水平专家学者和有志于党校(行政学院)事业的优秀干部等人才。"随着中央对人才工作日益重视，各地纷纷出台本地经济社会发展急需紧缺的人才目录及人才认定、支持办法。地方干教机构积极利用当地政府人才引进政策，大力引进各类急需紧缺人才、高层次人才、青年优秀人才等。上海市委党校积极引进领军人才、学科带头人、教学科研骨干。四川省委党校重点引进学科拔尖人才、学科带头人才、学科骨干人才等高层次人才。中国延安干部学院将引进人才对象分为国内外著名专家和学术带头人、省部级优秀人才、中青年骨干教师、出站博士后和优秀博士四个层次，分别给予不同的引进政策。

二是打造兼职教师队伍。《干部教育培训工作条例》要求："选聘思想政治素质过硬、实践经验丰富、理论水平较高的领导干部、企业经营管理人员、专家学者和先进模范人物、优秀基层干部等担任兼职教师，充分发挥兼职教师的作用。"《中国共产党党校（行政学院）工作条例》提出："选聘政治素质过硬、实践经验丰富、理论水平较高、善于课堂讲授的党政领导干部、企事业单位领导人员、先进典型人物、知名专家学者担任兼职教师，建立健全兼职教师管理制度。"一些干部教育机构除通过人事调动（录用）手续正式引进人才外，灵活运用双聘教授、特聘教授、客座教授、兼职教授等方式，打造兼职教师队伍。中国浦东干部学院已形成 500 余名相对稳定、不断优化的兼职教师队伍。上海市委党校专职教研人员有 150 余人，另聘请 100 余位专家学者担任兼职教授和客座教授。各地还积极建立完善领导干部上讲台制度，积极探索"不求所有，但求所用"的柔性引才机制。

三是加强对教师的培训开发，促进教师知识更新和整体素质提升。各地干教机构积极健全专职教师知识更新制度，切实保证专职教师每年参加教育培训时间的最低限，通过上级干部教育培训机构轮训、高等院校进修访学、资助青年教师攻读学位等形式，有计划地组织教师提升理论水平，加强党性修养，拓展业务知识，更新知识结构，提高学历层次。推动实施名师培养工程、骨干教师培养计划和导师带教制度，培养教学名师、骨干教师、青年优秀人才。通过挂职锻炼、实地调研、蹲点调研、跟班学习等制度措施，大力提升教师队伍整体素质和水平。

四是加强教师队伍监督与激励。对教师讲课、参加会议、接受采访等活动提出明确要求，落实集体备课、教学督导、领导听课等制度，对教学活动严把关、严监督，严防干部教育培训讲坛成为不良思想传播的平台。在教、研、咨等领域建立成果奖励制度，对引进人才提供住房解决方案，对急需紧缺的人才解决子女入学、配偶随迁等问题。一些机构探索实施"项目制＋年薪制"等柔性方式引进聘任制教研人员，对引进的急需紧缺优秀人才、学科优秀人才、应届博士毕业生，按一定标准给予相关补助，吸引和稳定优秀的干部教育人才，激发教师队伍活力。

二、民族教育的发展

(一)民族地区各级各类教育协调发展

党的十八大以来，中国特色社会主义进入新时代。党中央、国务院针对民族教育发展新趋势和新特点，颁布了一系列普惠性政策和扶持性政策，着力推进民族地区教育均衡发展、深化课程和教学改革，特别关注教师队伍建设、儿童发展、教育经费、招生考试、教育扶贫、学校建设与校园安全、均衡发展等内容，仅2010—2014年中央财政就累计向五个民族自治区投入1201.70亿元①，推动民族地区教育迈向新的发展阶段。尤其最近几年，民族地区地方政府也出台众多配套政策，通过多渠道扩充教师数量，并将民族地区教育发展与教育扶贫相结合，使民族地区教育规模不断扩大。

2019年，全国各级各类学校中，少数民族在校生3200.35万人，占全国在校生总数的11.50%，较2011年的2372.12万人增加828.23万人，少数民族在校生占学生总数的比例上升2.54个百分点。这一数据表明，自2011年开始，民族教育总人数呈现持续增长的态势。就教育内部而言，各学段间呈现协调发展的特点。第一，由于连续三期学前教育三年行动计划的开展和实施，民族地区学前教育毛入园率迅速增加。其中薄弱地区的双语幼儿园在缓解民族地区学前教育资源严重不足的问题上发挥了重要的作用。2019年学前教育入园幼儿数比2011年增加271.64万人，占学生总数的比重为11.08%，与2011年相比增加3.76个百分点，总人数增长了1.08倍。这与十年前学前教育资源严重不足的现象相比，取得了跨越式发展。第二，在各级各类教育中，民族地区特殊教育学生比例增长最为明显，2019年与2011年相

---

① 上海教科院、国家教育发展研究中心、华东师范大学、湖北教科院联合评估组：《〈教育规划纲要〉贯彻落实情况总体评估报告（摘要）》，参见中华人民共和国教育部网站，2015-12-10。

比在校总学生数增加 10.17 万人，占学生总数的比重由 2.97%
增长至 14.29%，增加 11.32 个百分点。第三，为满足经济和社
会发展需要，这一时期我国持续大力培养服务民族地区的高素
质人才，2019 年高等教育在校生人数增加至 432.73 万人，比
2011 年的 237.34 万人增加 195.39 万人。其中，在 2007 年少数
民族高层次骨干人才的招生管理方面的政策和措施修改完善后，
经过几年的发展，2014 年培养规模逐渐增加到 5000 人，其中包
括 4000 名硕士、1000 名博士。第四，中等教育的人数稳步增
长，其中民族地区普通高中人数 2019 年为 266.33 万人，较
2011 年的 191.45 万人增加 74.88 万人；中等职业教育学生人数
2019 年为 127.77 万人，比 2011 年的 126.64 万人增加 1.13 万
人。第五，初中阶段学生有了一定幅度增长，在校生总数为
552.90 万人，这一数字比 2011 年初中阶段教育人数的
492.22 万人增加 60.68 万人。第六，初等教育人数增长迅速，
2019 年普通小学人数 1282.87 万人，比 2011 年 1044.02 万人增
加 238.85 万人，增长 22.90%，占学生总数的比重增加 1.63 个
百分点。[①]

　　以上数据说明，最近几年民族地区各级各类教育均呈现积
极向好的发展态势，特别是学前教育、特殊教育实现了跨越式

---

　　①　教育部：《各级各类学校少数民族学生数》，参见中华人民共和国教育部
网站。

发展。民族教育事业形成了覆盖各个学段、各种类型的现代教育体系，表现出更加完整、融合、开放的特征，并逐步从关注数量和规模向关注质量过渡。

（二）教师队伍进一步充实和加强

百年大计，教育为本；教育大计，教师为本。民族地区教师是铸牢民族共同体思想的主力军，是与民族地区共生、共建的生力军，是促进民族地区全面发展的重要主体。

党的十八大以来，在一系列政策推动下，民族地区教师规模进一步扩大。2019 年普通高等院校专任教师总数为 10.31 万，较 2011 年 6.86 万增加 3.45 万人，占专任教师总数的比重上升 0.99 个百分点；2019 年高中专任教师总数为 15.98 万人，占专任教师总数的比重为 8.58%，较 2011 年高中专任教师总数的 10.75 万人增加 5.23 万人，占专任教师总数的比重上升 1.68 个百分点。据不完全统计，2019 年中等职业院校教师人数为 4.13 万人，较 2011 年 3.51 万人增加 0.62 万人；初中专任教师总数为 34.18 万人，占专任教师总数的 9.12%，较 2011 年 30.63 万人增加 3.55 万人；普通小学专任教师人数为 63.73 万人，占专任教师总数比重的 10.17%，较 2011 年 58.36 万人增加 5.37 万人。在各级各类学校少数民族教师中，以特殊教育和学前教育教师增长最为明显。2019 年特殊教育教师总数为

5569 人，占专任教师总数比重的 8.93％，较 2011 年的 2810 人增加近一倍，占专任教师总数比重增加 2.13 个百分点；2019 年学前教育专任教师总数为 21.72 万人，占专任教师总数比重的 7.86％，民族地区较 2011 年的 7.08 万人增加 14.64 万人，2019 年学前教育专任教师总数是 2011 年的 3.07 倍。这几年时间内全国学前教育教师规模增加了 144.75 万人，民族地区学前教育教师规模的扩充与整个国家学前教育发展的步调一致，实现了跨越式增长。以上数据足以说明，民族地区教师队伍规模在逐年上升，民族地区教师队伍是国家教师体系的重要组成部分。①

　　民族地区教师队伍建设之所以拥有相当规模，与相关政策保障密切相关。改革开放以来，民族地区教师队伍建设政策经历了从无到有、从少到多的过程，经历了从保证民族地区教师稳定的政策探索阶段到提供教师制度保障的政策规范阶段，再逐渐过渡到加快教师专业化的政策稳定发展阶段。党的十八大以来，关于民族地区教师政策研究进入深化阶段，更加注重民族教师质量问题。2012 年，国务院发布《关于加强教师队伍建设的意见》，对如何全面加强教师队伍建设、创新教师管理体制、加强教师工作薄弱环节等关键问题提出了具体的任务、要

---

　　①　教育部：《各级各类学校少数民族教师、教职工数》，参见中华人民共和国教育部网站。

求和措施，特别指出"民族地区教师队伍建设要以提高政治素质和业务能力为重点，加强中小学和幼儿园双语教师培养培训，加快培养一批边疆民族地区紧缺教师人才"，"加大民族地区双语教师和音乐、体育、美术等师资紧缺学科教师培训"，"依托现有资源，加强中小学幼儿园教师、职业学校教师、特殊教育教师、民族地区双语教师培养培训基地建设"。随后，国务院印发《关于加快发展民族教育的决定》(2015)，国务院办公厅出台《关于加快中西部教育发展的指导意见》(2016)，国务院发布《国家教育事业发展"十三五"规划》(2017)，这些文件都在提高民族地区教师水平、双语教师的培养、东西部地区教育帮扶等方面提出了相应要求。2018年，《中共中央 国务院关于全面深化新时代教师队伍建设改革的意见》明确要求："考虑区域、城乡、校际差异，采取有针对性的政策举措，定向发力，重视专业发展。"2018年，教育部等五部门联合发布《教师教育振兴行动计划(2018—2022年)》，该政策要求进一步扩大教师规模，保障师资供给，明确提出"加强中西部地区和乡村学校教师培养，重点为边远、贫困、民族地区教育精准扶贫提供师资保障"，并且进一步关注到教师素质提升，强调"加大紧缺薄弱学科教师和民族地区双语教师培养力度"。纵观国家关于民族地区师资队伍建设政策，近几年基于民族地区教育落后的现实和民族地区教育实际的差异，先后出台的政策举措加强了倾斜力度，进一步关注民族地区教育公平，政策内容也更具针对性和可操作性。

在相关政策推动下，民族地区教师队伍在规模与质量上均取得明显进步，这对于促进教育资源均衡、实现教育公平具有重要意义。当前，国家对教育和教师发展均提出了新的要求，办人民满意的教育、满足人民对于美好生活的向往是教育发展的主题。站在我国新发展阶段，向第二个百年目标奋斗的关键时间点看民族地区教师队伍建设，还面临着需要进一步增加民族地区本土教师稳定性、增强教师民族文化适应性、增强教师职业吸引力、使教师发展体制机制与时代要求更好适应等诸多挑战。不得不说，民族地区教师建设仍然是一项长期且艰巨的任务，需要我们共同努力。

(三)双语教育模式转型并"增量提质"

当前，我国已经开启全面建设社会主义现代化国家新征程，双语教育的深入开展是凝聚各民族力量，将各民族统一到全面实现第二个百年目标行动中的重要抓手。2010 年发布的《教育规划纲要》将国家通用语言的学习和推广放在前面，接下来强调尊重和保障少数民族使用本民族语言文字接受教育的权利。这一表述直接说明了国家通用语言的地位和作用，同时明确了双语教育的进一步探索的重要价值。

2012 年，国家制定《国家教育事业发展第十二个五年规划》，明确了要探索幼小衔接的双语教育体系、加强双语学校的管理模式、开展双语教学方法研究、建设双语师资队伍、建立双语教学质量评价与督导机制。这表明我国双语教育开始全面建设双语教学体系，正式步入内涵式发展阶段。2015年，《国务院关于加快发展民族教育的规定》第三条明确提出"国家通用语言文字教育基础薄弱地区学前教育阶段基本普及两年双语教育，义务教育阶段全面普及双语教育"，这意味着双语教育向学段的两极延伸，要努力实现双语教育在所有学段全覆盖；在第二十一条同时规定了"要科学稳妥推进双语教育，结合实际坚定不移推行国家通用语言文字教育，确保少数民族学生基本掌握和使用国家通用语言文字，少数民族高校毕业生能够熟练掌握和使用国家通用语言文字"。《国家教育事业发展第十二个五年规划》在以往政策基础上进一步强调了少数民族学生学习国家通用语言的重要性，还提出"积极培育和践行社会主义核心价值观""建立民族团结教育常态化机制""促进各族学生交往交流交融"，这对于发展民族团结教育，保障各民族情感交流畅通，促进民族地区经济社会发展具有重要意义。

"十二五"时期，各地响应国家政策，积极探索多种形式的双语教育模式，加强了双语教材的编译和出版，民族文字教材实现了与汉语文字教材配套同步供书，开发了以部分民族语言文字为载体的学科教学、专题教学、传统文化教育等资源。

2012—2016 年，我国民族省份基础教育学校中的双语教学班数量稳步增长，从 7.96 万个增加到 10.90 万个，双语教学班占教学班总数的比例为 6.70％；民族省份基础教育阶段接受双语教学学生数持续增长，从 276.80 万人增加到 384.60 万人；双语教学专任教师数快速增长，从 15 万人增加到 23.40 万余人，增长率高达 56.00％。

"十三五"时期少数民族双语教育迎来发展新机遇。首先，城市化有序推进使得传统乡村人口分布格局发生改变。城镇化的汇聚使共同语言的使用成为各民族人民生活和工作的需求。其次，世界迎来百年未有之大变局，中华民族实现团结统一需要在尊重差异的同时实现各民族共同发展，共同的语言环境是铸牢中华民族共同体意识的需要。再次，"一带一路"的建设要求政策沟通、设施联通、贸易畅通、资金融通、民心相通，而这五通的前提是语言相通。由此，"一带一路"为双语教育发展提供了新动力，双语教育在"十三五"时期发展迎来新契机。2016 年，《"十三五"促进民族地区和人口较少民族发展规划》发布，该文件明确指出支持双语人才培养培训基地和双语培养培训机构建设，支持民族地区师范院校重点培养双语教师。由此，我国开始着重建立双语人才队伍。在一系列政策推行下，2017 年我国从幼儿园到普通高中的双语学校共有 1.20 万所，学生达 323 万人，双语师资规模约为 21 万人，在全国范围内各民族进行教学活动的文字共有 27 种，并建立了民族文字教材建设长效机制。[1] 各地方在稳妥推进双语教学方面也取得了较大进展。以内蒙古自治区为例，率先对蒙汉双语教学的学生实行 12 年免费教育；进一步完善了蒙汉双语教学高考学生的考试科目及计分办法；制定了促进蒙汉兼通大学毕业生就业的优惠政策；每年免费培训蒙汉双语教学中小学各个学科教师 350 多人次和 600 多名校（园）长；每年编译出版 220 多种蒙汉双语大中小学教材；完成蒙古文版本教学资源的开发建设任务，总容量为 295.73GB，总时长为 1064 小时，在少数民族地区实现了少数民族语言文字教学的多学科、高标准的优质教育资源共享。[2] 随着双语教学模式在一线探索时间增加，部分地区积累的经验更加丰富，双语教师培训项目更多，民族地区对教师文化素养培育更为重视，这体现出民族地区教师队伍建设更加具有本地特征，民族性更加鲜明。通过这些举措，少数民族地区教师队伍结构进一步优化，教师拥有了更多的专业培训机会，大大促进了其专业发展，整体素质进一步提升。

与此同时，双语教学也面临诸多问题和挑战。一是不同地区、不同层次、不同民族对于发展双语教育看法不一，存在认

---

① 毛力提·满苏尔：《40 年民族教育变化翻天覆地》，载《中国民族教育》，2018(11)。

② 苏德：《中国民族教育发展报告（2015—2018）》，20 页，北京，社会科学文献出版社，2019。

识片面甚至偏激的做法；二是教学手段在很多地区缺乏科学性，双语教学衔接和转换存在困难，影响学习进度；三是双语教学虽然有了一定数量的相关教学资源，但仍然无法满足教学需求；四是双语教师队伍结构不合理，教师数量无法满足需求，教师培训工作亟待加强。

(四)内地民族班办学成效显著

内地民族班是少数民族地区教育的重要补充形式。自教育部发布《关于一九八零年在部分重点高等学校试办少数民族班的通知》以来，内地民族班已经走过了40年的发展历程。这40年来，我国内地民族班相关政策从1980年至1995年开始以探索试点为重心的初创期过渡到1999年至2009年以全面推广为抓手的发展期，自2010年开始进入以内涵建设为特色的第三个阶段完善期。内地民族班是一场特殊的教育实验，最初这种探索性的实验到如今已经成为一种重要的办学形式，从最初只在高等教育招生到如今已经形成涵盖初中、普通高中、中职、预科、本专科和研究生教育在内的办学新格局，在人才培养方面发挥了重要作用。

内地民族班办学成效显著，主要体现在以下几个方面。

第一，内地民族班教育政策逐步实施并初步形成体系。自2010年开始，国家先后印发了《内地西藏班、内地新疆高中班管理办法》《关于在内地部分省（市）举办内地西藏中职班的意见》《关于举办内地新疆中职班的意见》《内地西藏中职班、新疆中职班管理规定》《少数民族事业"十二五"规划》《关于加快中西部教育发展的指导意见》《贯彻落实〈职业教育东西协作行动计划（2016—2020年）〉实施方案》（2017年）等政策文件，这一系列政策初步形成了以宪法、教育法、职业教育法为上位法，以《内地西藏班、内地新疆高中班管理办法》《内地西藏中职班、新疆中职班管理规定》等为具体法规的内地民族班法律法规体系，明确了内地民族班的办学具体事项，标志着我国内地民族班教育体系初步形成。

第二，内地民族班规模不断扩大。1985年西藏班开始招生，当年招生1300人，之后逐年扩招，2003年后，年招生数量稳定在4800人左右；内地新疆高中班2000年开始招生，最初招生1000人，之后逐年扩招，2013年后，年招生人数近万人。2016年，我国20个省市的18所初中、66所高中举办内地西藏班，年招生4800人，在校生达1.56万人，累计已招收9.42万人。14个省市的93所高中举办内地新疆高中班，年招生1.00万人，在校生达3.20万人，累计已招生7.00万人。仅上海市就有25所学校举办内地民族班，办班种类包括内地西藏初中班、高中班、中职班和内地新疆高中班、中职班五种类型，在校生规模达到7000余人。截至2017年，内地西藏初中班已累计下达招生计划 5.13 万人，毕业 4.62 万人；内地西藏高中班累计下达招生计划 4.47 万人，毕业 3.36 万人；内地西藏中职班年招生计划保持在 3000 人左右；内地新疆高中班累计招收 10.00 万余人；内地新疆中职班年招生计划 3300 人；高校少数民族预科年招生规模 5.00 万人左右；少数民族高层次骨干人才累计培养 4.20 万人。①

　　第三，办学结构进一步优化。2010 年开始，内地民族班政策为适应地方发展而作出系列调整。这些调整措施包括：一是扩大内地高中班的招生规模。2015 年 8 月 17 日国务院发布的《关于加快发展民族教育的决定》明确指出，"要适度扩大高校民族班、预科班招生规模以及东中部高校招收内地西藏新疆班高中毕业生规模"。二是为培养大批技能性人才，2011 年 7 月 12 日，教育部、国家发展改革委、财政部联合颁发了《关于举办内地新疆中职班的意见》，大力开展内地中职班，开设水利水电资源与环境以及交通运输等应用性极强的专业，在东中部地区 9 省市 31 所国家级重点中专举办内地新疆中职班。这一系列措施为边疆建设提供了强有力的智力支撑。三是提升内地初中班办学质量。2018 年 4 月，教育部办公厅下达了《内地西藏中职班、新疆中职班管理规定》，从管理体制、教师队伍、招生录

---

①　毛力提·满苏尔：《40 年民族教育变化翻天覆地》，载《中国民族教育》，2018(11)。

取、教学管理、学生管理、毕业就业、办学经费、后勤管理、安全稳定等方面对内地西藏中职班、新疆中职班管理作出了相应规定，办学得以进一步规范。

第四，民族内地班在探索中基本形成三种办学模式。一是独立建校模式，这种形式专门针对少数民族地区学生独立建校。这种办学模式具有鲜明的民族特色，少数民族学生具有相同的教育背景、生活环境和文化基础，有利于文化传承。二是独立编班模式，这是大多数学校的主要形式。这种形式是典型的"校中校"模式，它将新疆地区或者西藏地区学生单独编班，单独授课，单独管理，大多情况下学生也在相同区域共同生活。三是混合模式编班，这种模式将少数民族学生融入内地学生中，共同生活和学习，有利于民族融通。

第五，民族团结进步教育得以切实加强。近年来，国家高度重视内地民族班的民族团结进步教育问题，在国家支持和地方政府努力下，取得了多方面进展：一是民族地区下发了关于明确民族团结进步教育指导思想、根本原则和目标任务的相关政策文件；二是在省市设立内地民族班思想政治教育专项经费，在财政上予以支持和保障；三是将民族团结进步教育相关课程列入考试内容，以考试评价促进民族团结进步教育落实；四是不断修订和完善民族团结进步教育相关教材；五是深入开展与民族团结进步教育相关的主题活动。

第六，内地民族班管理工作进一步加强。2010 年教育部颁发《内地西藏班、内地新疆高中班管理办法》，对民族教育班的领导体制、办学方针、学校内部管理、教师队伍建设、学校管理等事务予以规定。随后，教育部办公厅、国家民委办公厅和各级政府，针对内地民族班清真食堂、学生大病医疗救助资金、教师推荐与选拔工作及干部管理等出台了一系列辅助政策，提高了办学效率，提升了办学质量，促进了内地民族班办学项目从招生管理到运行更加科学规范。

从内地民族班的办学历程和成效来看，内地民族班已经从扩大规模、初步构建的高速发展阶段进入提升质量、关注内涵的平稳发展阶段。这一阶段，党和国家提出了更加精细化、科学化的新要求，要求我们以系统的、发展的眼光全方位构建内地民族班师资、管理制度、课程教学等内容。

三、留学教育的发展

党的十八大以来，随着我国进入全面深化改革、扩大对外开放的新阶段，国际影响力显著提升，留学工作承担的使命更加重大。在《教育规划纲要》的指导下，在以习近平同志为核心的党中央领导下，我国教育对外开放的蓝图更清晰、布局更宽广、助力更显著、品牌更鲜明、影响更深远。

2013 年 10 月，习近平总书记在欧美同学会成立 100 周年庆祝大会上，明确提出"支持留学、鼓励回国、来去自由、发挥作用"的新时期留学工作方针，成为新时期我国留学工作的总指针。2014 年 12 月，教育部在北京召开了全国留学工作会议，在新中国历史上第一次统筹谋划部署出国来华留学工作，习近平总书记、李克强总理专门对留学工作作出重要批示，刘延东同志出席会议并发表重要讲话。会议指出，留学工作要坚持"人才培养和发挥作用、出国留学和来华留学、公费留学和自费留学、规模和质量、依法管理和完善服务"五个并重的原则。① 2016 年 2 月，中共中央办公厅、国务院办公厅正式印发《关于做好新时期教育对外开放工作的若干意见》，这是新中国成立以来第一份全面指导我国教育对外开放事业发展的纲领性文件，留学工作是其中的重要内容。《关于做好新时期教育对外开放工作的若干意见》中指出新时期我国教育对外开放工作总体目标，即"到2020 年，我国出国留学服务体系基本健全，来华留学质量显著提高，涉外办学效益明显提升，双边多边教育合作广度和深度有效拓展，参与教育领域国际规则制定能力大幅提升，教育对外开放规范化、法治化水平显著提高，更好满足人民群众多元

① 北京外国语大学国际教育研究院：《70 年中国教育的对外开放：中国国际教育发展报告 2019》，64 页，上海，华东师范大学出版社，2019。

化、高质量教育需求,更好服务经济社会发展全局"①。在党中央、国务院的高度重视下,我国出国留学和来华留学实现了高速发展,规模、层次、结构等不断优化,我国已成为世界最大的国际学生生源国和亚洲最大的留学目的地国②,并逐步迈入提质增效新通道。

(一)出国留学教育的发展

2010年《教育规划纲要》强调"创新和完善公派出国留学机制,在全国公开选拔优秀学生进入国外高水平大学和研究机构学习。加强对自费出国留学的政策引导,加大对优秀自费留学生资助和奖励力度。坚持'支持留学、鼓励回国、来去自由'的方针,提高对留学人员的服务和管理水平。吸引海外优秀留学人员回国服务"③。党中央、国务院对留学工作的高度重视为留学事业的发展指明了方向,提供了遵循,明确了任务。2013年到2020年,以党的十八大召开为标志,我国出国留学事业进入全面发展的新时代,展现出前所未有的勃勃生机和旺盛活力。

---

①　北京外国语大学国际教育研究院:《70年中国教育的对外开放:中国国际教育发展报告2019》,27页,上海,华东师范大学出版社,2019。

②　《教育部等八部门印发意见加快和扩大新时代教育对外开放》,载《光明日报》,2020-06-23。

③　《国家中长期教育改革和发展规划纲要(2010—2020年)》,50页,北京,人民出版社,2010。

据教育部统计，党的十八大以来出国留学规模稳步扩大，回国人数逐年提升，七年间各年度出国留学人员总数不断刷新：2013 年约 41.39 万人，2014 年约 45.98 万人，2015 年约 52.37 万人，2016 年约 54.45 万人，2017 年约 60.84 万人，2018 年约 66.21 万人，2019 年约 70.35 万人。[①] 这一时期出国留学除了继续扩大规模外，还重点关注完善公派出国留学机制、加强对出国留学人员的管理与服务以及吸引高层次留学人员回国服务等几个方面的问题。

1. 创新公派出国留学机制

国家留学基金委数据显示，2012 年，国家公派出国留学新派出 13394 人；到 2016 年，年度派出人数已达 30014 人，国家公派出国留学年度派出人数增长了 1.20 倍。[②] 2018 年度我国出国留学人员总数为 66.21 万人。2018 年度与 2017 年度的统计数据相比较，出国留学人数增加 5.37 万人，增长 8.83%。[③] 公派出国留学人员的增多以及留学层次的提升对我国创新和完善公派出国留学机制提出了新的挑战和要求。

2013 年，教育部将"提高公派出国留学质量与效益"作为工

---

① 《出国留学 培养有家国情怀国际视野的建设人才》，载《中国教育报》，2019-09-27。

② 教育部：《十八大以来国家公派出国留学情况》，参见中华人民共和国教育部网站，2017-03-01。

③ 北京外国语大学国际教育研究院：《70 年中国教育的对外开放：中国国际教育发展报告 2019》，65 页，上海：华东师范大学出版社，2019。

作要点，以此全方位提高我国教育对外开放水平。为贯彻落实人才强国战略，推动出国留学事业发展，国家设立出国留学专项经费，用于资助国家公派出国留学人员赴国外学习、访问、交流，奖励优秀自费出国留学人员，支持出国留学人员回国服务，以及开展留学管理工作。为规范出国留学经费管理，提高经费使用效益，教育部和财政部于2013年印发《出国留学经费管理办法》，提出规范出国留学经费管理，提高经费使用效益的具体举措，强调要明确经费管理责任和要求，确定经费收入来源、支出范围，加强预决算管理，保障经费合理使用，并对预算、收入、支出、监督检查和绩效考核等作出具体的指导意见。2014年，刘延东副总理亲自主持召开全国留学工作会议，对留学事业作出了总体谋划，明确了新形势下我国留学工作的指导思想、基本原则和战略任务。

2015年，教育部等五部委联合发布《2015—2017年留学工作行动计划》，强调"在稳步扩大公派出国留学规模的基础上，进一步提升公派出国留学服务于国家战略和重要行业发展的能力"。2016年，教育部牵头制定的《推进共建"一带一路"教育行动》指明出国留学目的国的优先发展战略方向，"以国家公派留学为引领，推动更多中国学生到沿线国家留学。未来三年，中国每年面向沿线国家公派留学生2500人"。2017年教育部数据显示，当年出国留学人数达60.84万人，其中"一带一路"国家成为新的增长点，当年赴"一带一路"沿线国家留学人数为 6.61 万人，比上年增长 15.70%，超过整体出国留学人员增速。其中国家公派 3679 人，涉及 37 个"一带一路"沿线国家。[①] "一带一路"教育行动充分体现了我国公派出国留学机制的创新之处，为我国留学教育事业带来了新的生机与活力。

除此之外，为在更大范围方便留学人员办事，2019 年教育部留学服务中心还按照《国务院关于加快推进全国一体化在线政务服务平台建设的指导意见》的精神，根据教育部的统一部署，依托国家政务服务平台，推动国（境）外学历学位认证、国家公派留学派出、留学回国就业报到和留学存档四项留学公共服务事项整合建设"互联网+留学服务"平台，并在国务院办公厅主办的"中国政务服务平台"上，面向广大留学人员提供全程在线、一网通办的服务。[②]

2. 加强对出国留学人员的管理与服务

伴随着出国留学人员的迅速增多，新时期加强对出国留学人员的管理与服务成为留学教育提质增效的重要工作。2011年，教育部、外交部印发了《教育部外交部关于进一步做好在外留学人员工作的意见》，成为改革开放以来第一个全面指导在外

---

① 教育部：《2017 年出国留学、回国服务规模双增长》，参见中华人民共和国教育部网站，2018-03-30。

② 教育部留学服务中心：《"互联网+留学服务"平台整合建设及上线试运行情况》，参见中华人民共和国教育部网站，2019-08-29。

留学人员工作的政策文件。

2015年1月22日，时任教育部部长袁贵仁在全国教育工作会议中强调在出国留学教育方面，"要认真落实全国留学工作会议精神，牢牢坚持'人才培养和发挥作用、出国和来华、公费和自费、规模和质量、管理和服务'五个并重，把握好留学工作的大方向。公派留学要科学规划，把国家需要的专业人才、这方面最优秀的学生选拔出来，送到国外高水平的学校、研究机构和国际组织学习深造。今年将出台留学工作行动计划，瞄准国家战略需求，加大尖端人才、国际组织人才、非通用语种人才、国别和区域研究人才的培养力度。要加强对自费出国留学生的服务，规范自费留学中介，完善留学预警办法，加大实施'国家优秀自费留学生奖学金'力度，将优秀自费留学生纳入国家留学基金遴选范围"[①]。

在此基础之上，《2015—2017年留学工作行动计划》指出要完善自费出国留学监管体系，加强对自费出国留学的服务与引导，加大对优秀自费留学生的资助力度。2016年《关于做好新时期教育对外开放工作的若干意见》进一步强调"通过完善'选、派、管、回、用'工作机制，规范留学服务市场，完善全链条留学人员管理服务体系，优化出国留学服务"，并制定出留学教育

---

① 《全面深化综合改革　全面加强依法治教加快推进教育现代化——袁贵仁部长在2015年全国教育工作会议上的讲话》，载《中国教育报》，2015-01-22。

发展的总体目标。同年，为进一步规范留学中介服务从业机构行为，保障消费者合法权益，教育部、国家工商行政管理总局还联合印发了《自费出国留学中介服务合同示范文本》（以下简称《示范文本》）。《示范文本》以 2004 年版本为基础，新增了退费约定等条款，进一步细化了服务范围、付费方式、违约条款、争议解决办法等内容，共计 12 条。《示范文本》的发布，更好地反映了自费出国留学市场的新变化，进一步明确了留学中介合同双方的权利和义务，有利于推动教育部"放管服"改革工作。

2016 年，《推进共建"一带一路"教育行动》强调"完善全链条的留学人员管理服务体系，保障平安留学、健康留学、成功留学"。为更好地为出国留学人员提供服务，国家还重视进行出国留学行前培训。2020 年数据显示，2016 年至 2020 年，教育部在全国 31 个省、自治区、直辖市共组织举办了 474 场"平安留学"出国行前培训会，接受现场培训人员达 17.00 万人，接受网络培训人员达 124.40 万人，"平安留学伴你行"系列宣传推广活动参与人数达 1147.00 万人，"平安留学"理念逐渐深入人心。我国还通过在全国 21 个省市建立的 36 家"教育部出国留学培训和研究中心"，举办出国留学行前系列培训、集训和实景演练。调查显示，参加培训的留学人员对培训满意度平均超过 80.00%。① "十三五"期

---

① 教育部国际合作与交流司：《教育部公布 2016 出国 54.45 万人，来华留学 44 万人》，参见中华人民共和国教育部教育涉外监管信息网，2017-03-01。

间，在出国留学方面，国家更是聚焦完善服务，打造"平安留学"服务体系，健全留学人员回国服务体系，深化"放管服"改革，取消留学回国人员证明，留学服务的科学化、信息化、人性化水平稳步提高。

3. 吸引高层次留学人员回国服务

改革开放初期，我国留学生归国率仅占留学生总数的三成左右。21 世纪初，为吸引留学生归国，国家通过提供广阔的发展空间和政策支持，为归国人员提供良好的生活及工作条件。2000 年以后，国家相继发布《关于鼓励海外高层次留学人才回国工作的意见》（2000 年）、《关于鼓励海外留学人员以多种形式为国服务的若干意见》（2001 年）、《关于在留学人才引进工作中界定海外高层次留学人才的指导意见》（2005 年）等文件，对高层次归国人员在任职条件、工资津贴、科研经费、家庭保障等方面做了一系列规定。这些政策方案为留学归国人员设立了回国的"绿色通道"，并相继设立了包括"千人计划""高层次留学人才回国资助计划"等项目，在为留学归国人才提供更广阔的发展平台、充足的科研经费以及优厚的物质待遇方面提供了政策保障。党的十八大以来，我国在引导出国留学人员回国服务方面也取得重大成就。

2013 年 10 月，习近平总书记提出了"支持留学、鼓励回国、来去自由、发挥作用"的方针，在原有十二字方针的基础上强调

"发挥作用"，强调要"把做好留学人员工作作为实施科教兴国战略和人才强国战略的重要任务，以更大力度推进'千人计划''万人计划'，千方百计创造条件，使留学人员回到祖国有用武之地，留在国外有报国之门"①。在这一方针的指引下，我国在完善留学人员回国服务方面不断取得进步。

据统计，从改革开放初期至 2013 年年底，我国各类出国留学人员总数达 305.86 万人，学成回国人员总数达 144.42 万，有 72.38％的在外留学人员有选择回国发展的意愿。在之后的几年中，我国出国留学和学成回国的留学人员总数持续增加。为避免学成回国的留学人员在职业选择上存在盲目性，与国内就业市场需求脱节，作为直接为留学人员提供服务的国家级机构，教育部留学服务中心聘请人力资源管理、统计分析等有关方面的专家学者，对采集的留学回国人员数据进行专业的统计分析，并编写留学回国人员就业报告。2013 年 3 月，教育部留学服务中心首次发布了《2012 万名留学人员回国就业报告》，该报告客观分析了留学回国人员就业特征、留学目的地、留学时间、学科分布、学历学位以及留学回国就业状况等，引起了有关方面的关注。2014 年，教育部留学服务中心又组织专家对采集到的 2013 年数十万留学回国人员数据进行分析，编写了《2013 留学

①　习近平：《习近平在欧美同学会成立 100 周年庆祝大会上的讲话》，载《人民日报》，2013-10-22。

人员回国就业报告》，展示留学回国人才特点、就业意愿和就业现状。为更好地发挥《2013 留学人员回国就业报告》的积极作用，留学服务中心对报告的内容做了进一步的修改、完善、充实、丰富，最终形成了《2014 中国留学回国就业蓝皮书》，并于 10 月 25 日正式对外出版发行。《2014 中国留学回国就业蓝皮书》以数十万留学回国人员的数据为支撑，展示了我国留学回国人才特点、就业意向与就业现状。通过分析留学回国就业人才队伍特征、就业意向以及就业状况，这些报告旨在为留学人员、用人单位和政府相关部门提供第一手信息，为形成市场主导、政府扶植和留学人员积极参与的留学回国就业市场环境提供优质的信息支持，为留学人员回国提供了更为便利的服务。

2015 年制定的《2015—2017 年留学工作行动计划》强调，"留学人员回国工作和创新环境明显改善。保持公派出国留学回国率 98％以上。延揽百万留学人员回国工作和创新创业"。2018 年，教育部还将"加强国家公派留学工作，加大拔尖创新高层次人才、国际组织人才、国别和区域研究人才等的选派和培养力度，做好留学生回国服务和为国服务工作"作为年度工作要点。越来越多海外高层次人才归国源于中国综合实力的不断增强，中国持续向好的经济氛围为留学归国人才提供了充足的创业条件、科研经费。特别是在"十三五"期间，教育部为留学人员提供了从人才招聘、创新创业、学位认证、派遣落户、人事档案等一站式服务，为留学归国人员提供了诸多便利。据教育部统计，2016 年，我国出国留学人员总数为 54.50 万人，较 2012 年增长 14.49 万人，增幅为 36.26%。2016 年，留学回国人员总数为 43.30 万人，较 2012 年增长 15.96 万人，增幅为 58.48%。逾八成留学人员学成后选择回国发展。留学回国与出国留学人数"逆差"在逐渐缩小。[1]

在 2019 年全国教育工作会议中，时任教育部部长陈宝生进一步强调"要对接国家科技创新亟需，进一步做好出国留学服务工作，鼓励留学生学有所成、报效祖国"[2]。2019 年，我国出国留学人员总数为 70.35 万人，较上一年度增加 4.14 万人，增长 6.25%；各类留学回国人员总数为 58.03 万人，较上一年度增加 6.09 万人，增长 11.73%。1978 年至 2019 年，各类出国留学人员累计达 656.06 万人，其中 165.62 万人正在国外进行相关阶段的学习或研究；490.44 万人已完成学业，423.17 万人在完成学业后选择回国发展，占已完成学业群体的 86.28%。[3] 2016 年至 2019 年，我国出国留学人数 251.80 万人，回国

① 《这 5 年，教育开放筑新局》，载《中国教育报》，2018-03-20。

② 陈宝生：《落实 落实 再落实——在 2019 年全国教育工作会议上的讲话》，参见中华人民共和国教育部网站，2019-01-30。

③ 教育部：《2019 年度出国留学人员情况统计》，参见中华人民共和国教育部网站，2020-12-14。

201.30万人,学成回国占比达八成(79.90％)。①

总的来说,党的十八大以来,我国出国留学事业的空前发展,是在我国独特的文化传统、基本国情和社会形态下演进的。实践表明,我国的留学政策制度体系日臻完善,并逐步形成了"国家公费、单位公费、个人自费和境外奖学金等多条出国留学渠道并存,多层次、多学科、多领域、多国别等多种留学人才培养模式并举,支持留学、鼓励回国与来去自由、发挥作用等多项留学工作方针并重"的总体格局,必将培养更多具有家国情怀、国际视野、创新能力的中国各类留学人才。②

(二)来华留学教育的发展

跨入21世纪后,我国搭上了国家对外开放、经济高速发展的快车,已成为高等教育大国,但还需向高等教育强国迈进。2010年《教育规划纲要》强调"进一步扩大外国留学生规模。增加中国政府奖学金数量,重点资助发展中国家学生,优化来华留学人员结构。实施来华留学预备教育,增加高等学校外语授课的学科专业,不断提高来华留学教育质量"③。为贯彻落实

---

① 《教育部:2016至2019年留学生学成回国占比达八成》,参见中华人民共和国教育部网站,2020-12-22。

② 《出国留学培养有家国情怀国际视野的建设人才》,载《中国教育报》,2019-09-27。

③ 《国家中长期教育改革和发展规划纲要(2010—2020年)》,50页,北京,人民出版社,2010。

《教育规划纲要》的精神，教育部于 2010 年 9 月出台《留学中国计划》，加快推进来华留学教育工作，《留学中国计划》提出："到 2020 年，使我国成为亚洲最大的留学目的地国家。建立与我国国际地位、教育规模和水平相适应的来华留学工作与服务体系；造就出一大批来华留学教育的高水平师资；形成来华留学教育特色鲜明的大学群和高水平学科群；培养一大批知华、友华的高素质来华留学毕业生。"①明确了从 2010 年到 2020 年我国来华留学教育的总体目标。在《留学中国计划》的指导下，这一时期我国来华留学教育也保持上一阶段的发展速度，开始进入增量提质的阶段。特别是党的十八大以来，我国建立了较为完善的来华留学招生、教学、管理、服务和就业的法规政策体系，形成了较为完善的政策链条，提升了来华留学的吸引力。

1. 来华留学教育规模稳定扩大

2013 年，教育部强调"采取措施吸引境外学生来华留学，扩大来华留学规模"②。在 2014 年全国留学工作会议上，习近平总书记作出重要指示，对我国留学事业取得的成绩给予充分肯定，对做好新形势下留学工作提出要求。习近平总书记强调，在新形势下，留学工作要适应国家发展大势和党和国家工作大

① 教育部：《教育部关于印发〈留学中国计划〉的通知》，参见中华人民共和国中央人民政府网站，2010-09-28。
② 教育部：《教育部关于印发〈教育部 2013 年工作要点〉的通知》，参见中华人民共和国教育部网站，2013-01-24。

局，统筹谋划出国留学和来华留学，综合运用国际国内两种资源，培养造就更多优秀人才，努力开创留学工作新局面。刘延东在会上讲话指出，要准确把握留学工作新形势新要求，坚持教育开放合作不动摇，立足中国，面向世界，加强顶层设计，瞄准战略需求，突出人才培养和发挥作用、出国留学和来华留学、公费留学和自费留学、规模和质量、依法管理和完善服务五个并重，促进留学事业持续健康发展，为国家现代化建设及与各国合作共赢提供高层次人才支撑。[①] 这些方针政策的制定有力地推动了我国来华留学教育的迅猛发展。

2013 年至 2018 年，来华留学生数量保持稳定增长。2017 年共有 48.92 万名外国留学生在我国高等院校学习，规模增速连续两年保持在 10.00％以上，其中学历生 24.15 万人，占总数的 49.38％，同比增长 15.04％。2017 年来华留学工作扎实稳步有序推进，留学生规模持续扩大，生源结构不断优化，中国政府奖学金吸引力不断提升，来华留学事业发展态势总体良好，向高层次高质量发展。[②] 新时期我国来华留学事业进一步扩大发展，截至 2018 年，已有 196 个国家和地区的 49.22 万名各类外国留学人员在全国 31 个省、自治区、直辖市的 1004 所高等

[①] 新华社：《习近平对全国留学工作会议作出重要指示强调　适应国家发展大势和党和国家工作大局　培养更多优秀人才开创留学工作新局面　李克强作出批示》，参见新华网，2014-12-13。

[②] 《我国已是亚洲最大留学目的国》，载《光明日报》，2018-03-31。

院校学习。从 2012 年到 2018 年，我国来华留学生总数由 328330 人增加到 492185 人，其中学历生人数由 133509 人增长至 258122 人，体现了这一时期来华留学生量和质的稳步提升。（详见表 4-1）

表 4-1　2012 年到 2018 年来华留学生总数的变化①

年份	洲别数/个	国别数/个	院校数/所	院校数增幅/%	学生总数/人	学生总数增幅/%	学历生/人	学历生增幅/%
2012	5	200	690	4.55	328330	12.21	133509	12.35
2013	5	200	746	8.12	356499	8.58	147890	10.77
2014	5	203	665	3.89	377054	5.77	164394	11.16
2015	5	202	811	4.65	397635	5.46	184799	12.41
2016	5	205	829	2.22	442773	11.35	209966	13.64
2017	5	204	935	12.79	489200	10.49	241500	15.02
2018	5	196	1004	7.38	492185	0.62	258122	6.86

2.“一带一路”沿线国家来华留学规模迅速扩大

在“一带一路”倡议下，丝绸之路沿线国家来华留学规模迅速扩大，为来华留学教育快速发展起到了重要的作用。2013 年 10 月，习近平在出访中亚和东南亚国家期间，先后提出了共同构建“丝绸之路经济带”和“21 世纪海上丝绸之路”的重大倡议，引起各国的广泛关注。2015 年 5 月 22 日，由西安交通大学发起，包括 22 个国家和地区近百所大学的新丝绸之

① 本表根据教育部国际合作与交流司编印的 1999—2016 年《来华留学生简明统计》以及历年《中国教育年鉴》与教育部公布的数据整理而成。

路大学联盟正式成立，提出"共建教育合作平台，推动区域开放发展"的主题，推动沿线国家高校间的交流与合作。2016年教育部在《推进共建"一带一路"教育行动》中明确提出："实施'丝绸之路'留学推进计划。设立'丝绸之路'中国政府奖学金，为沿线各国专项培养行业领军人才和优秀技能人才。全面提升来华留学人才培养质量，把中国打造成为深受沿线各国学子欢迎的留学目的地国。以国家公派留学为引领，推动更多中国学生到沿线国家留学。坚持'出国留学和来华留学并重、公费留学和自费留学并重、扩大规模和提高质量并重、依法管理和完善服务并重、人才培养和发挥作用并重'，完善全链条的留学人员管理服务体系，保障平安留学、健康留学、成功留学。"①这为"一带一路"留学教育行动提供了方向指导。2018年教育部印发了《高校科技创新服务"一带一路"倡议行动计划》，强调"加强对'一带一路'沿线国家的研究生来华留学资助"。② 来自中国政府的奖学金资助政策有力地吸引了"一带一路"沿线国家留学生来华学习深造。

2013年的"一带一路"倡议为来华留学教育提供了新的发展机遇，2014年沿线国家的来华留学生人数猛增，增长率达到

①　教育部：《教育部关于印发〈推进共建"一带一路"教育行动〉的通知》，参见中华人民共和国教育部网站，2016-07-15。

②　教育部：《教育部关于印发〈高校科技创新服务"一带一路"倡议行动计划〉的通知》，参见中华人民共和国教育部网站，2018-11-12。

20.44％，较前几年有大幅度提升，是同年全球增速水平的近4倍。据统计，2016年来华留学生规模突破44万，比2012年增长了35％。中国凭借占全球8.41％的留学生比例成为亚洲第一、世界第三的留学目的地国。自我国提出"一带一路"倡议以来，"一带一路"沿线国家来华留学生数量增长明显。截至2014年，"一带一路"沿线国家来华留学生以年均20.09％的增长率领先于世界平均水平，由2005年占全球来华留学生总数的23.04％上升至2014年的45.51％。到2016年，"一带一路"沿线国家在华留学生共207746人，同比增幅达13.60％。[1] 教育部数据显示，2016年在华留学生生源国家和地区总数为205个，创历史新高。前10位生源国依次为韩国、美国、泰国、巴基斯坦、印度、俄罗斯、印度尼西亚、哈萨克斯坦、日本和越南。相较2012年，巴基斯坦、哈萨克斯坦和泰国学生数量排名分别上浮了5位、2位和1位。[2] 2017年，共有31.72万名"一带一路"沿线国家学生来华留学，占来华留学总人数的64.85％，增幅达11.58％，高于各国平均增速。[3]

由此可见，"一带一路"倡议对沿线国家来华留学发挥着积

---

[1] 人民网：《中国成为亚洲最大留学目的国 "一带一路"沿线国家领跑》，参见人民网，2017-03-03。

[2] 中国网：《"一带一路"沿线国家来华留学生数据增幅明显》，参见中华人民共和国教育部网站，2017-03-01。

[3] 北京外国语大学国际教育研究院：《70年中国教育的对外开放：中国国际教育发展报告2019》，89页，上海，华东师范大学出版社，2019。

极的推动作用,是过去几年来华留学生规模增长的重要因素。

3. 来华留学教育进入提质增效阶段

在来华留学规模稳步扩大的同时,我国留学教育面临着解决来华留学教育的全面质量管理的问题,进入提质增效阶段。2010 年的《留学中国计划》强调以"统筹规模、结构、质量和效益,推进来华留学事业全面协调可持续发展,打造中国教育的国际品牌"为指导思想,以"扩大规模,优化结构,规范管理,保证质量"为新时期我国来华留学教育的工作方针。① 该计划成为我国第一个来华留学的战略性指导计划。

随着党的十八大的成功召开,2013 年年初,为深入贯彻落实党的十八大关于深化教育领域综合改革的要求和部署,《教育部关于 2013 年深化教育领域综合改革的意见》颁布。该文件强调要"扩大教育对外开放。扩大来华留学规模,落实《留学中国计划》,出台外国留学生招收和管理有关规定,提高来华留学教育水平"②。2014 年,教育部将"出台《学校招收和培养国际学生规定》《高校国际学生勤工助学管理暂行办法》""不断提高来华留学质量,成立全国留华毕业生工作组织"作为工作重点,突出了对来华留学教育的重视和管理。在 2014 年全国留学工作会议

---

① 教育部:《教育部关于印发〈留学中国计划〉的通知》,参见中华人民共和国中央人民政府网站,2010-09-28。

② 教育部:《教育部关于 2013 年深化教育领域综合改革的意见》,参见中华人民共和国教育部网站,2013-01-29。

上，中共中央政治局常委、国务院总理李克强作出批示，指出留学事业是我国改革开放事业的重要组成部分，要进一步完善来华留学管理服务。

2015年，教育部进一步强调启动来华留学质量认证体系建设、加强中外合作办学和自费出国留学中介服务机构监管。在2015年全国教育工作会议中，时任教育部部长袁贵仁强调，要"加大来华留学工作力度。实施《留学中国计划》，建设来华留学示范基地，吸引全世界优秀青年来华留学。要优化培养结构，推动高校提升学科水平，打造品牌课程，开设高质量双语课程，吸引更多优秀外国学生来华攻读学位。要加强质量建设，开展国际化师资培训，改进国际学生教学内容和教学方式。要加强来华留学管理和服务，为来华学生提供学习、生活和工作的便利"①。

2016年中共中央办公厅、国务院办公厅发布的《关于做好新时期教育对外开放工作的若干意见》，更为新时代的留学教育指明了新的发展方向，明确要求"加快留学事业发展，提高留学教育质量，教育对外开放要坚持提升水平、内涵发展、提高质量和效益，即提质增效"。在2016年全国来华留学管理工作会议中，教育部副部长郝平肯定了来华留学工作的突出成就，同

---

① 《全面深化综合改革　全面加强依法治教加快推进教育现代化——袁贵仁部长在2015年全国教育工作会议上的讲话》，载《中国教育报》，2015-01-22。

时强调"为服务我国高校'双一流'建设，服务外交战略大局，各地各高校要规范管理、提质增效，内涵发展，为加快建成'留学强国'贡献力量。一是要把来华留学工作作为'一把手工程'来抓，进一步加强顶层设计和发展规划。二是要将来华留学纳入高校'双一流'建设和教育国际化战略等整体规划中。三是进一步树立质量和品牌意识，走特色发展之路，打造来华留学新品牌。四是要规范管理，堵住管理漏洞。五是要进一步提升宣传服务水平，壮大知华、友华力量"。① 这为今后来华留学事业指明了方向、明确了目标。

2018 年，为认真贯彻落实党的十九大精神，推动高等教育内涵式发展，提高来华留学生高等教育质量，教育部发行了《来华留学生高等教育质量规范(试行)》。这是教育部首次专门针对来华留学教育制定的质量规范文件，是指导和规范高校开展来华留学教育的全国统一的基本准则，也是开展来华留学内部和外部质量保障活动的基本依据，强调各地方各高校在此文件基础上，制定本地本校层面的配套规范，完善来华留学质量保障体系，以质量促发展，以规范促管理，实现来华留学教育工作健康可持续发展。2019 年，中共中央、国务院印发的《中国教育现代化 2035》指出，"开创教育对外开放新格局。实施留学中

---

① 《全国来华留学管理工作会议召开　规范管理服务推动来华留学事业迈上新台阶》，载《中国教育报》，2016-11-01。

国计划，建立并完善来华留学教育质量保障机制，全面提升来华留学质量"①，这体现了我国政府对来华留学生培养质量的重视，政策文件的制定更加凸显其教育质量本位。

在来华留学教育管理方面，这一阶段除了沿用上一时期的各项制度规定外，2017年，教育部、外交部和公安部联合制定的《学校招收和培养国际学生管理办法》对这一时期我国境内各级各类教育，特别是高等教育招收和培养来华留学生作出了明确的行政性指令，具体对来华留学生的招生管理、教学管理、校内管理、奖学金、社会管理、监督管理进行了进一步规范。值得注意的是，《学校招收和培养国际学生管理办法》明确指出"来华留学教育管理由政府宏观统筹，学校自主办学"，进一步明确了高校的办学地位，各大高校特别是研究型大学也把提高来华留学生数量和质量作为提高办学水平和国际竞争力的重要手段。2020年5月28日，教育部还按照《学校招收和培养国际学生管理办法》的要求，对高等学校接受国际学生申请进入我高等学校本专科阶段学习作出补充规定。② 综合来看，这一时期的来华留学教育凸显其培养模式和内涵的转变，来华留学教育跨入"提质增效"的新征程。

---

① 新华社：《中共中央、国务院印发〈中国教育现代化2035〉》，参见中华人民共和国中央人民政府网站，2019-02-23。

② 教育部：《教育部关于规范我高等学校接受国际学生有关工作的通知》，参见中华人民共和国教育部网站，2020-06-02。

　　总的来说，党的十八大以来，在党对留学教育事业的方针引导和政策之下，我国的留学教育更加制度化、体系化，教育国际化水平也进一步提升，出国留学和来华留学成果显著。这一时期的留学教育事业呈现新趋势：一方面，出国留学规模稳步扩大，回国与出国人数"逆差"逐渐缩小，逾八成留学人员学成后回国发展；另一方面，来华留学生数量增幅显著，尤其是"一带一路"倡议给我国留学事业带来新的机遇。特别是在"十三五"期间，我国留学教育事业取得显著进展，但在新的发展阶段，仍需进一步"着力破除体制机制障碍、加大中外合作办学改革力度，优化出国留学工作布局、做强'留学中国'品牌，打造'一带一路'教育行动升级版、扩大教育国际公共产品供给"。[①]

四、终身教育的发展

(一)加快终身教育体系构建

　　党的十八大以来，我国终身教育改革与发展的进程日益加快，终身教育体系愈加成熟与完善，以全民终身学习为主要推

[①]《八部门部署新时代教育对外开放工作　实现优质教育资源"引进来""走出去"》，载《光明日报》，2020-06-19。

动方式的学习型城市和学习型社会的建设也不断向前迈进。

1. 构建灵活、开放的终身教育体系

2013年10月13日，由教育部职业教育与成人教育司、中国联合国教科文组织全国委员会秘书处、中国成人教育协会联合主办的第九届全民终身学习活动周全国总开幕式在天津市举行。活动周的主题是"为实现中国梦——终身学习·人人成才"。教育部职业教育与成人教育司领导在开幕式上宣读了教育部副部长鲁昕的书面讲话。

鲁昕在书面讲话中指出，发展继续教育、促进终身学习，一是要加快建设学习型城市。加快终身学习立法步伐，研究制定学习型城市建设标准，加强队伍建设，落实经费保障，完善体制机制。二是要加快发展继续教育。大力发展非学历继续教育，稳步发展学历继续教育，创新继续教育人才培养模式，促进继续教育与职业教育、普通高等教育的沟通衔接。广泛开展城乡社区教育，满足群众的多元学习需求。三是要加强国际交流与合作。推进更多的城市把继续教育作为国际交流合作的重要内容，共建共享优质学习资源，为经济社会发展作出更大贡献。四是要营造良好氛围。各地要因地制宜，面向不同群体积极开展主题突出、特色鲜明、形式多样、内容丰富的学习活动。广泛宣传"百姓学习之星"等典型人物的事迹，用身边的人、身边的事去吸引人、鼓舞人、激励人，传递正能量，不断提高全

民终身学习活动周的社会参与率。

活动周总开幕式上展示了 100 余名"百姓学习之星"的学习风采和成果,推出了 70 多种"第二届全国社区教育特色课程(通识课程)"优秀教学资源,面向社区居民举办了摄影、书法篆刻、茶具创意设计、音乐教育、中国画、百姓理财等竞赛活动,同时举办了"为实现中国梦——终身学习·人人成才"主题报告会。

据不完全统计,全年全国共有 27 个省(区、市)的 890 个县(市、区)围绕"中国梦"的主题,结合各自实际,陆续开展了一系列全民终身学习宣传活动,比 2012 年增加了 316 个城市。

2013 年,教育部职业教育与成人教育司会同中国成人教育协会和中国教育发展战略学会组织编写了《中国学习型城市建设发展报告》、《中国学习型城市建设案例》(第一辑)。《中国学习型城市建设发展报告》阐述了中国学习型城市建设的基本情况,推进学习型城市建设的意义;通过对近几年发展起来的学习型城市案例进行归纳和总结,介绍了不同地域的学习型城市建设的特色、经验和研究成果。《中国学习型城市建设案例》(第一辑)汇集了 16 个城市的案例材料,集中展示了学习型城市建设的成果。

同年 10 月,由教育部、联合国教科文组织和北京市政府联合举办了首届国际学习型城市大会,来自 100 多个国家的代表参加会议。大会形成了《北京宣言》和《学习型城市主要特征》两大成果。[1]

2014年，《教育部等七部门关于推进学习型城市建设的意见》指出，全面贯彻党的十八大和十八届三中全会精神，着力培育和践行社会主义核心价值观，以服务全面建成小康社会和满足人民群众对美好生活的新期盼为宗旨，把全民终身学习作为城市发展的重要基础，以改革创新为动力，以信息技术为支撑，努力构建灵活、开放的终身教育体系，积极推进城市各类学习资源的建设与共享，创造人人皆学、时时能学、处处可学的社会环境，促进全民学习、终身学习，促进城市的包容、繁荣与可持续发展。

《教育部等七部门关于推进学习型城市建设的意见》提出了构建灵活、开放的终身教育体系的目标要求，强调构建终身教育体系，促进各类教育融合开放。这种融合开放则主要体现在学历教育与非学历教育协调发展，职业教育与普通教育相互沟通，职前教育与职后教育有效衔接等方面。

同时，《教育部等七部门关于推进学习型城市建设的意见》就各类学习资源的统筹与社会化，各种公共学习服务平台的建设，农村、边远地区现代远程教育的服务与支持，数字学习环

境的优化，以及广大学习者个性化学习需求的满足等重要问题方面均进行了明确的规定和说明。①

2. 构建服务全民终身学习的教育体系

2014 年，《现代职业教育体系建设规划(2014—2020 年)》指出，各类职业院校是继续教育的重要主体，通过多种教育形式为所有劳动者提供终身学习机会。

《现代职业教育体系建设规划(2014—2020 年)》的这一意见表达，凸显出职业继续教育对于所有劳动者终身学习的特殊价值所在。

《现代职业教育体系建设规划(2014—2020 年)》强调，社会培训机构是职业继续教育的重要组成部分，应增强职业教育体系的开放性和多样性，使劳动者能够在职业发展的不同阶段通过多次选择、多种方式灵活接受职业教育和培训，促进学习者为职业发展而学习，使职业教育成为促进全体劳动者可持续发展的教育。②

2019 年，《中国教育现代化 2035》指出，要构建服务全民的终身学习体系。具体表现为建立全民终身学习的制度环境、国家资历框架、跨部门跨行业的工作机制和专业化支持体系，建

---

① 《中国教育年鉴》编辑部：《中国教育年鉴(2015)》，1079～1081 页，北京，人民教育出版社，2016。

② 教育部等：《教育部等六部门关于印发〈现代职业教育体系建设规划(2014—2020 年)〉的通知》，参见中华人民共和国教育部网站，2014-06-23。

立健全国家学分银行制度和学习成果认证制度等。全民终身学习体系的构建在强化职业学校和高等学校的继续教育与社会培训服务功能、扩大社区教育资源供给、加快发展城乡社区老年教育，以及推动各类学习型组织建设等方面均需不断推进改革。①

2019年，中共十九届四中全会通过的《中共中央关于坚持和完善中国特色社会主义制度　推进国家治理体系和治理能力现代化若干重大问题的决定》提出要构建服务全民终身学习的教育体系，同时强调，发挥网络教育和人工智能优势，创新教育和学习方式，加快发展面向每个人、适合每个人、更加开放灵活的教育体系，建设学习型社会。②

《中共中央关于坚持和完善中国特色社会主义制度　推进国家治理体系和治理能力现代化若干重大问题的决定》对于服务全民终身教育体系构建的设计和规划，立足于借助和发挥网络信息以及人工智能等高新技术资源的优势，以促成学习型社会的更快更好建成。

2020年，中共十九届五中全会通过的《中共中央关于制定

---

① 新华社：《中共中央、国务院印发〈中国教育现代化2035〉》，参见中华人民共和国中央人民政府网站，2019-02-23。

② 新华社：《中共中央关于坚持和完善中国特色社会主义制度　推进国家治理体系和治理能力现代化若干重大问题的决定》，参见中华人民共和国中央人民政府网站，2019-11-05。

国民经济和社会发展第十四个五年规划和二〇三五年远景目标的建议》指出，发挥在线教育优势，完善终身学习体系，建设学习型社会。①

2020 年，时任教育部部长陈宝生指出："构建服务全民终身学习的教育体系，拓展教育服务全民的宽度。促进学前教育、义务教育、高中阶段教育、职业教育和高等教育等各个学段在育人目标、教学标准、培养方案等方面的有效衔接；畅通中职、高职、本科、研究生之间的通道，加强职业教育与普通教育间的对接合作，使教育选择更多样、成长道路更宽广。进一步打通整合普通教育、职业教育、老年教育、继续教育、社区教育等资源，丰富终身教育资源供给。探索建立国家资历框架，实现学历证书和职业技能等级证书等值、互认。充分利用新技术新模式，发挥在线教育优势，完善终身学习体系，助力建设学习型社会，实现从一次性终结性学历教育向终身教育转变。"②

这是在党的十九届五中全会精神指引下，对"十四五"时期我国开启全面建设社会主义现代化国家新征程中，对包括终身教育体系在内的终身教育整体事业改革与发展所作出的全面设

---

① 新华社：《中共中央关于制定国民经济和社会发展第十四个五年规划和二〇三五年远景目标的建议》，参见中华人民共和国中央人民政府网站，2020-11-03。

② 陈宝生：《建设高质量教育体系　加快建成教育强国》，载《旗帜》，2020(12)。

计与规划。

3. 充分发挥开放大学在终身教育体系构建中的重要作用

2012 年以来，开放大学的改革力度不断加强，改革成效日益显现，其在我国终身教育体系构建中的地位和作用也愈加重要。

据统计，2014 年，国家开放大学、北京开放大学、上海开放大学、江苏开放大学、广东开放大学、云南开放大学 6 所开放大学累计招生 200 多万人，其中本科生 60 余万人、专科生 140 余万人；共设置专业（方向）200 个，其中本科专业 54 个、专科专业 126 个；开展非学历培训项目 56 个，共培训 381853 人次，70 万名老年人参加了老年远程学习。[①]

2016 年，《教育部关于办好开放大学的意见》指出，开放大学要以终身教育思想为引领，树立开放、灵活、优质、便捷的办学理念，充分运用现代信息技术，创新办学形式、组织模式和运行机制，努力办成服务全民终身学习的新型高等学校；要依据区域经济社会发展水平、高等教育状况、教育普及程度等因素，确定学校在构建区域终身教育体系和建设学习型社会中的功能作用。[②]

---

① 《中国教育年鉴》编辑部：《中国教育年鉴（2015）》，231 页，北京，人民教育出版社，2016。

② 教育部：《教育部关于办好开放大学的意见》，参见中华人民共和国教育部网站，2016-01-21。

《教育部关于办好开放大学的意见》明确了开放大学建设要以终身教育思想为引领,并努力在构建区域终身教育体系和建设学习型社会中发挥独特功能和作用。

2020年,教育部印发《国家开放大学综合改革方案》,该文件指出,面对5G(第五代移动通信技术)、大数据、人工智能等高新技术正在对教育产生革命性影响,我国高等教育正从大众化快速迈向普及化,以及全民学习、终身学习的学习型社会加速形成的新的时代背景,国家开放大学只有进一步解放思想、深化改革,才能补齐继续教育的发展短板,更好地发挥在"构建服务全民终身学习的教育体系"中的应有作用。

《国家开放大学综合改革方案》强调,积极主动适应数字化、智能化、终身化、融合化教育发展趋势,经过五年左右时间,将国家开放大学建设成为我国终身教育的主要平台以及服务全民终身学习的重要力量。[1]

(二)加强与完善终身教育教师队伍建设

2012年以来,随着我国终身教育事业整体改革与发展进程的不断加快与深化,终身教育教师队伍建设也在不断加强和完善,这对促进全民终身学习目标的有效达成以及推动学习型城

---

[1]　教育部:《教育部关于印发〈国家开放大学综合改革方案〉的通知》,参见中华人民共和国教育部网站,2020-09-02。

市和学习型社会的更好实现，具有重要的保障和支撑作用。

1. 多措并举加强城乡终身教育教师队伍建设

2014 年，《教育部等七部门关于推进学习型城市建设的意见》指出，加强参与学习型城市建设相关工作的社会工作者队伍建设；培育一支结构合理、素质高的继续教育专兼职教师队伍，扩大一支热心参与终身学习服务的志愿者队伍，组建一支水平高、责任心强的咨询指导专家队伍；加强队伍培养培训，不断提高业务水平和服务能力。①

《教育部等七部门关于推进学习型城市建设的意见》对终身教育教师队伍的建设，主要是着眼于专兼职教师队伍这个核心环节来展开。同时，该意见对诸如扩大和组建服务于终身学习的志愿者队伍与咨询指导专家队伍等多种举措的设计与规划，也是与终身教育教师队伍的整体建设工作相得益彰与相辅相成的必要之举。

就我国农村终身教育教师队伍建设而言，亦有一些典型案例和宝贵经验值得借鉴和推广。

2014 年，中共中央组织部和教育部将西北农林科技大学列为全国干部教育培训高校基地，这是全国唯一的农业农村干部教育培训的高校基地。在教育部支持下，西北农林科技大学于

---

① 《中国教育年鉴》编辑部：《中国教育年鉴（2015）》，1082 页，北京，人民教育出版社，2016。

2013 年开始举办全国涉农职业院校校长培训班(共 4 期)，2014 年开始举办全国涉农职业教育干部培训班(共 9 期)，截至 2019 年合计培训学员 1835 人。

西北农林科技大学组建了由专家教授、领导干部、一线典型"三结合"的师资队伍，结合成人教育特点，不断创新培训方式方法，每期培训班均安排预备会、开班式、涉农部委专题报告、专家讲座、案例教学、现场教学、分组研讨、经验交流、成果交流、结业式等环节，在涉农职业培训领域打造了"西农样板"，为培养新型职业农民提供了有力保障。①

可以说，西北农林科技大学所创办的农村终身教育师资队伍建设模式，是一种可贵的实践创新探索，对我国广大农村地区终身教育师资队伍建设颇具启发意义。

2. 促进开放大学师资队伍建设的创新性发展

2016 年，《教育部关于办好开放大学的意见》提出，要适应教学变革的需要，创新师资队伍建设。

《教育部关于办好开放大学的意见》要求，围绕课程建设和学生自主学习，加快建成一支适应开放教育特点、擅长运用信息技术教学的专兼职结合教师队伍。同时，通过培训开放大学系统的教师，广泛聘请高水平教师、行业企业专家等措施，开

---

① 教育部：《对十三届全国人大三次会议第 5815 号建议的答复》，参见中华人民共和国教育部网站，2020-09-24。

展教学辅导，确保每门课程都有辅导教师，形成一大批提供远程学习导学、助学和促学的专兼职教师。

《教育部关于办好开放大学的意见》指出，作为终身教育重要平台的开放大学，其教师队伍建设的重点之一仍在专兼职结合教师队伍建设这一方面，文件同时也对在课程设计、资源开发、软件开发、学习咨询、教学组织、学习引导等方面建设专职教师队伍提出了明确要求，主要通过招聘、引进、培养、培训等方式来加以实施和完成。

《教育部关于办好开放大学的意见》强调，应转变教师角色，教师应由授课者转变为学生学习的咨询者、引导者、组织者，重点支持学生自主学习、组织学生交互讨论、提供在线辅导答疑等，使"以教为主"变成"以学为主"。教师应加强线下交流与讨论，强化学生体验学习，提高教学效率，确保学习质量。

此外，《教育部关于办好开放大学的意见》还对建设"学分银行"，实现学习成果积累和转换以及适应全民终身学习需求，不断拓展开放大学办学功能，为学习者学习成果转换提供便利服务等重要问题进行了规定和说明。①

终身教育教师队伍建设是推动终身教育整体事业改革与发展的重要保障和支撑力量，自 2012 年以来，我国终身教育教师

---

① 教育部：《教育部关于办好开放大学的意见》，参见中华人民共和国教育部网站，2016-01-21。

队伍建设取得了显著成就。但当前，我国终身教育教师队伍的构成来源仍以兼职教师为主，终身教育教师队伍建设的职前培养与职后培训等主要专业化建设工作的开展，仍有较大需要改善与提升的空间。此外，诸如终身教育教师队伍的资格学历、工资待遇以及日常管理等重要建设工作方面，也存在一系列短板和不足，尚待不断规范、提高和加强。

(三)终身教育教学改革的全面深化发展

党的十八大以来，我国终身教育教学改革逐步走向全面深化发展阶段，数字化信息技术资源与终身教育教学改革日渐实现深度融合，极大地增强了我国终身教育事业改革与发展的活力。为更好地解决人民日益增长的对优质高等教育的迫切需求与优质高等教育资源不足之间的矛盾，需要不断加强和提升开放大学对我国终身教育事业整体改革与发展的作用，推进和深化开放大学教育教学改革是促进这一作用发挥的重要方面。

1. 促进数字化技术资源与终身教育教学改革的深度融合

当前，我国终身教育教学改革所需面对的最具影响力的现实状况就是数字化技术的迅猛发展，如何使数字化技术资源与终身教育教学改革实现深度融合，进而推动全民终身学习社会的更快实现与更好发展，这既是当下终身教育教学改革的重要动因，也是基本目标所在。

2014 年，国家开放大学和 15 所地方广播电视大学建设的面向 15 个省市的终身学习公共服务平台，整合了 200T 的数字化学习资源，550 万的注册学习用户，5 亿访问人次，实施了 1000 余个各类培训项目。清华大学等 50 所普通高校参与的继续教育基地项目，形成了 200 多个基地建设示范案例、300 个品牌培训项目、近 237 项理论研究成果。

高校继续教育数字化学习资源开放与在线教育联盟，向社会开放了 2 万门课程和 5 万门微课程，启动了 22 个面向行业企业、不同人群和不同专题的大规模资源开放 e 行动计划和教改计划；大学与企业继续教育联盟高校启动了面向 10 个行业开展基于行业职业和岗位人才需求的课程标准建设和人才培养模式改革，搭建高校和企业课程资源、师资、实训（实践）共享与交流的平台等。

北京中医药大学启动了基于中医学历继续教育与师承教育、执业资格准入、助理全科医生培训相融合，"网络与面授、临床与师承"相结合，旨在提升在职中医从业人员的学历层次和促进医疗服务能力的人才培养模式改革。①

到 2017 年，在继续教育领域，"高等继续教育数字化学习资源开放与在线教育联盟"得以组建，建设和开放网络课程

① 《中国教育年鉴》编辑部：《中国教育年鉴（2015）》，231 页，北京，人民教育出版社，2016。

1.5 万余门，微课程 2 万余门，一亿多人学习受益。

国家开放大学和上海等地探索学分银行建设，以终身教育学分认定、累积和转换为主要内容，建立适应终身教育发展的学习成果管理与服务系统，构建市民终身学习的"立交桥"。国家开放大学的学分银行信息平台注册用户已达 500 多万，在全国 31 个省市和 20 个行业建立了 70 个学习成果认证中心，组建了由 30 个多家颁证机构组成的学习成果互认联盟，开发了涉及信息技术、信息安全、物流、金融、教育、机械等领域近 1500 个学分认证单元标准，推进资源共享与学分互认以及不同类型学习成果之间的转换。学分银行信息平台提供学历教育课程、非学历培训课程、5 分钟课程和通识课程等资源，已有数百万在校生获得在线课程学分，社会学习者也可根据自身需求在选学完成之后获得证书。[①]

如上一系列数据结果表明，当下我国终身教育教学改革的基本运作方式，是与数字化技术资源的有效开发与应用紧密结合在一起的，这主要表现为通过网络课程、微课程等在线教育课程的传授途径使最大规模的继续教育学习者从中受益，而相关的学分、学历等的获取与认证工作，也得到了相当程度的提升和完善，这充分彰显出我国终身教育教学改革数字化发展路

---

① 教育部：《关于政协十二届全国委员会第五次会议第 3368 号(教育类 343 号)提案答复的函》，参见中华人民共和国教育部网站，2017-09-15。

向的强劲活力。

2. 全面推进开放大学教育教学改革

2016年，《教育部关于办好开放大学的意见》指出，要加强引进各类教育培训机构的视频公开课、精品课程、各类非学历教育教学资源，实现优质教学资源的共享。

《教育部关于办好开放大学的意见》所表达的这一目标诉求，体现出开放大学教学改革对于优质教学资源吸纳问题的一种更加开放多元的鲜明取向。

同时，《教育部关于办好开放大学的意见》也秉持了努力发挥数字化学习资源在开放大学教育实施中所具重要地位和作用的一贯立场，提出要加强"数字化学习资源中心"建设，研究制定网络教育数字化学习资源共享机制、标准、技术与平台。整合国家和高等学校网络教育精品课程及相关学习资源，推动优质网络教育资源开放与共享。吸收引进国内外各类在线课程、视频课件等优质资源，按照学科门类、学历层次、资源类型等进行分类整合，向社会开放。

《教育部关于办好开放大学的意见》提出，要优化课程内容呈现方式和教学活动设计环节，加强课程交互性，加快推进学分制改革，完善自主选课制度，以及丰富学习媒介，从而有力支持和保障学生进行自主学习并有效满足其个性化学习的一系列需求。

此外,《教育部关于办好开放大学的意见》强调,要主动沟通高校、行业、企业和用人单位,通过协议或联盟等方式,推进相互之间学习成果的互认。探索建立"学分银行",将学习者的各类学习成果转换成学分进行存储,实现不同类型学习成果的转换,为学习者申请相关学历证书、学位证书、毕业证书、资格证书等提供依据。[①]

2020年,《国家开放大学综合改革方案》指出,要坚持以学习者为中心,运用现代信息技术手段持续改进学习者在线学习体验和效果,加快构建有利于学习者自主学习、协作学习的线上学习社区,便捷先进的线下学习(体验、服务)中心,以及基于互联网的智能化学习管理(服务)系统和考试测评系统等软硬件环境。要依靠5G、人工智能、虚拟现实、区块链、大数据、云计算等新技术,加快建设服务全民终身学习的在线教育平台,构建纵向贯通、横向融通的学习网络,支撑信息技术与教育教学的深度融合,促进开放大学教育的数字化、智能化、终身化、融合化,提高教育现代化水平。

《国家开放大学综合改革方案》凸显了以学习者为中心的终身教育基本理念,并体现出在开放大学教育过程中需重视对信息化、智能化等技术手段的运用,促进信息技术与教育教学深

---

① 教育部:《教育部关于办好开放大学的意见》,参见中华人民共和国教育部网站,2016-01-21。

度融合的鲜明改革取向。

同时，《国家开放大学综合改革方案》对加快学分银行建设，建立学分认定体系和标准，开展学分互认试点，实现学历教育与非学历教育学分有机衔接等重要问题也进行了规定和说明。

《国家开放大学综合改革方案》强调，为各级各类学校和社会培训机构以及各类社区教育、老年教育机构等提供接入通道，依托平台实现师资、课程、设施、数据等全方位共享，积极聚集、整合和推广国内外各类优质精品课程及学习资源，使开放大学教育平台成为全民终身学习领域的公共服务平台。①

总体而言，我国以开放大学建设为重要实施途径和基本运行方式的终身教育教学改革以及终身教育事业的整体改革与发展，是以满足社会成员对于终身学习的多种需求，努力成为社会继续教育资源和教育服务的重要提供者、学习型社会建设的有力推动者以及教育公平和均衡发展的重要促进者等作为基本目标，这是中国开放大学不同于国外开放大学的一个重要特色。开放大学在中国的发展，特别是教学质量和水平的提高，以及比较灵活的管理制度的实施，将有助于解决人民日益增长的对优质高等教育的迫切需求与优质高等教育资源不足之间的矛盾。

同时，开放大学亦是推进国家教育信息化的先行者，要努

---

① 教育部：《教育部关于印发〈国家开放大学综合改革方案〉的通知》，参见中华人民共和国教育部网站，2020-09-02。

力建设信息化终身学习支撑服务体系和优质资源公共服务平台，在促进信息技术与教育教学融合方面率先作出创新探索。可以预见，伴随着我国终身教育事业致力于"加快发展面向每个人、适合每个人、更加开放灵活的教育体系，建设学习型社会"的长远改革进程的不断推进和深化，开放大学的教育教学改革之路也将会不断拓展延伸，其发展前景也必将会更加光明灿烂。

第五章 | 新时代中国共产党领导教育的主要成就、显著特点与未来展望

　　党的十八大以来，以习近平同志为核心的党中央，着眼统筹推进"五位一体"总体布局、协调推进"四个全面"战略布局，对教育工作作出了一系列重大决策部署。我国教育改革发展事业，贯彻习近平总书记系列重要讲话精神和治国理政新理念新思想新战略，始终围绕创新、协调、绿色、开放、共享新发展理念，坚持发展抓公平、改革抓体制、安全抓责任、整体抓质量、保证抓党建，加快推进教育现代化，取得了辉煌的成就，并在改革发展的过程中彰显了中国特色社会主义教育体系独特的生机与活力。

一、主要成就

（一）形成了党的中国特色社会主义教育思想

中国特色社会主义教育思想主要包括党的立德树人根本任务思想、培养德智体美劳全面发展的社会主义建设者和接班人的教育方针、教育优先发展战略思想、扎根中国大地办教育思想、以人民为中心发展教育思想以及新时代"好老师"思想等。

党的十八大报告首次把"立德树人"写入了党的全国代表大会，并把它作为教育的根本任务，这标志着新时代立德树人根本任务这一思想的正式形成。党的十九大报告明确要求"全面贯彻党的教育方针，落实立德树人根本任务"。2018 年全国教育大会上，习近平总书记再次强调，要把立德树人融入思想道德教育、文化知识教育、社会实践教育各环节，贯穿基础教育、职业教育、高等教育各领域。新时代立德树人根本任务思想具有重大的理论价值和实践意义。习近平总书记在 2018 年全国教育大会上把"劳"与"德智体美"并列，明确提出要"培养德智体美劳全面发展的社会主义建设者和接班人"，要"努力构建德智体美劳全面培养的教育体系"。① 这标志着党的教育方针进入了"五育并举"的新时代。2019 年 6 月，国务院办公厅印发了《关于新时代推进普通高中育人方式改革的指导意见》，明确要求"到 2022 年，德智体美劳全面培养体系进一步完善，立德树人落实机制进一步健全"。2020 年 3 月，中共中央颁布了《关于全面加强新时代大中小学劳动教育的意见》。这些都是对中共中央提出的"五育并举"教育方针的认真贯彻与积极落实。新时代教育优先发展战略思想也具有双重价值论内涵，即本体性价值与功能性价值。本体性价值在于，新时代教育优先发展战略以满足人民日益增长的对教育美好生活的需要为内在目的，这种旨在改善民生、增进幸福的价值本身就是中华民族伟大复兴中国梦的本质内涵。功能性价值是指新时代教育优先发展战略引领和支撑促进中国梦实现的价值。2019 年年初，中共中央、国务院印发了《中国教育现代化 2035》，随后又印发了《加快推进教育现代化实施方案（2018—2022 年）》，这些政策文件既是教育优先发展战略的体现，又是对教育优先发展战略目标的落实行动。想要办好中国教育，就必须扎根中国大地。概括地讲，扎根中国大地办教育思想，以富有内涵的隐喻，高度凝练的话语，蕴含

---

① 《习近平在全国教育大会上强调　坚持中国特色社会主义教育发展道路　培养德智体美劳全面发展的社会主义建设者和接班人》，载《人民日报》，2018-09-11。

着新时代办教育的目的论、价值论与方法论，回答了新时代办什么样的教育和如何办教育的根本性问题。新时代办教育要扎入为社会主义现代化建设服务、为中国梦的实现而服务的目的之根；要扎入为人民谋幸福，满足人民日益增长的对教育美好生活需要的价值之根；要扎入为弘扬中华民族优良文化传统，增强文化自信的文化之根；要扎入遵循教育事业普遍规律与中国教育特殊国情相结合的科学方法之根。这对引领新时代我国教育事业发展具有重要的理论指导价值。

此外，新时代以人民为中心发展教育的思想，也具有重要的理论与实践价值。发展是当代世界的时代主旋律，科教兴国，以教育的发展谋求经济社会的健康持续发展。以人民为中心发展教育思想，充分体现了中国的社会主义特色，真正彰显了中国共产党领导教育发展和为人民谋幸福、为国家谋富强、为民族谋复兴的价值立场，也有利于充分调动人民群众参与教育发展的积极性，充分激发人民群众的聪明才智，为办好人民满意的教育贡献智慧和力量。新的历史发展时期，教师教育同样备受重视，新时代"好老师"思想，是新时代教师队伍建设的重要指导思想。2018 年 1 月，中共中央、国务院发布了《关于全面深化新时代教师队伍建设改革的意见》，充分体现了"好老师"思想。它确立了教师地位关键和建设发展的置顶优先性，"第一资源"的价值性，"党管教师"的政治性，"教师工作"的优先性，

"师德位置"的首要性。

(二)形成了教育现代化不断推进的政策体系

提升教育现代化水平的政策举措和政策创新主要包括坚持党对教育工作的全面领导、坚持社会主义办学方向、落实立德树人教育工作根本任务、深入推进教育现代化、建设高素质专业化创新型教师队伍、大力推进教育信息化和扩大教育对外开放七大方面。

中国特色社会主义最本质的特征是中国共产党领导。没有共产党，就没有新中国，就没有新中国的繁荣富强。坚持中国共产党这一坚强领导核心，是中华民族的命运所系。中国共产党的领导是包括各民主党派、各团体、各民族、各阶层、各界人士在内的全体中国人民的共同选择，是中国特色社会主义最本质的特征，也是人民教育事业发展进步的根本保证。在2018年全国教育大会上，习近平总书记强调，在党的坚强领导下，全面贯彻党的教育方针，坚持马克思主义指导地位，坚持中国特色社会主义教育发展道路，坚持社会主义办学方向。马克思主义照亮了人类探索历史规律和寻求自身解放的道路，是我党必须长期坚持的指导思想，是教育系统加强党的领导工作的指导思想。习近平新时代中国特色社会主义思想是当代中国马克思主义、二十一世纪马克思主义，是中华文化和中国精神的时代精华，实现了马克思主义中国化新的飞跃。

培养什么人，如何培养人，是党和国家教育的根本问题。党的十八大以来，以习近平同志为核心的党中央，要求全面贯彻党的教育方针，坚持教育必须为社会主义现代化建设服务、为人民服务，必须与生产劳动和社会实践相结合，培养德智体美劳全面发展的社会主义建设者和接班人。培养社会主义建设者和接班人，是我们党的教育方针，是我国各级各类学校的共同使命。为实现教育现代化，2017年，中央全面深化改革领导小组第三十五次会议审议通过，由中共中央办公厅、国务院办公厅印发施行的《关于深化教育体制机制改革的意见》提出的总要求是，遵循教育规律、人才成长规律，着力形成充满活力、富有效率、更加开放、有利于高质量发展的教育体制机制。坚决破除制约教育事业发展的体制机制障碍，健全立德树人系统化落实机制，扭转不科学的教育评价导向。深化办学体制和教育管理改革，充分激发教育事业发展生机活力。

新时代党还围绕教师队伍出台了一系列政策举措。习近平总书记在同北京师范大学师生代表座谈时发布的讲话，2018年年初中共中央、国务院印发的《关于全面深化新时代教师队伍建设改革的意见》，2015年6月国务院办公厅印发的《乡村教师支持计划（2015—2020年）》（国办发〔2015〕43号），2020年7月教育部等六部门印发的《关于加强新时代乡村教师队伍建设的意见》（教师〔2020〕5号），2019年2月中共中央、国务院印发的《中国教育现代化2035》，2019年11月教育部等七部门印发的《关于加强和改进新时代师德师风建设的意见》（教师〔2019〕10号）等系列政策文件，都旨在全面深化新时代教师队伍的建设改革工作。除此之外，新时代教育的发展还格外重视提高中国教育的国际影响力，为构建全球教育共同体贡献中国方案和中国智慧。2013年9月25日，习近平总书记在联合国"教育第一"全球倡议行动一周年纪念活动上发表视频贺词时指出，"中国将加强同世界各国的教育交流，扩大教育对外开放，积极支持发展中国家教育事业发展，同各国人民一道努力，推动人类迈向更加美好的明天"。

(三)形成了全方位、开创性的教育改革发展基础

基础教育实现全面普及，进入更加注重内涵发展、全面提高育人质量的新阶段；高等教育进入"双一流"建设的全面阶段；职业教育的类型属性特征得以明确；教师教育、特殊教育也取得了前所未有的瞩目成绩。党领导下的我国学前教育、义务教育、高中教育、高等教育、职业教育、教师教育、特殊教育等各级各类教育事业取得大发展，方向、地位、作用、体系、教师与教学等一系列基本问题得到了很大程度的完善和解决。党

中央为中国共产党干部教育、民族教育、留学教育和终身教育的发展指明了方向，加强了顶层设计和整体谋划，积极推进改革创新，取得了一系列重大成就，迎来了新的发展时期。

针对学前教育，《教育规划纲要》指出，"办好学前教育，关系到亿万儿童的健康成长，关系千家万户的切身利益，关系国家和民族未来"，提出了到 2020 年"学前三年毛入园率达 70％"的战略目标，要求"积极发展学前教育，到 2020 年，普及学前一年教育，基本普及学前两年教育，有条件的地区普及学前三年教育"。针对义务教育，在全面实现普及九年义务教育目标后，党中央站在新的历史起点上，将义务教育纳入国民经济社会发展总体规划，作为一项重要民生工程给予优先保障，先后采取了一系列重大政策举措，义务教育改革发展取得了显著进展，教育公平迈出了重大步伐，质量和水平不断提高，所有适龄儿童少年平等接受义务教育权利得到了有效保障，为促进我国经济社会发展、建设人力资源强国、提升全民族素质作出了重要贡献。这一时期，"加快普及高中阶段教育"和"推进育人方式改革"成为 2013 年以来我国普通高中教育发展的两大基本政策。高等教育方面，《教育规划纲要》颁布后，高等教育在学总规模呈现稳步扩大趋势。2012 年全国各类高等教育在学总规模为 3325 万人，2019 年全国各类高等教育在学总规模为 4002 万人，比 2012 年增长了 677 万人，增长 20.36％，在学总规模居世界第一位。高等教育毛入学率从 2012 年的 30.00％提升到 2015 年的 40.00％再到 2019 年的 51.60％，进入世界公认的普及化阶段。我国已经建成世界规模最大的高等教育体系，实现了从大众化向普及化的历史性跨越。职业教育维度，自党的十八大以来，在中央精神指引下，国家高度重视职业教育的改革与发展，提出要加快发展现代职业教育，使职业教育深度融入全面建成小康社会与实现中华民族伟大复兴的历史进程，努力服务于建设现代经济社会和更高质量更充分就业需要，实现从学历教育向终身教育的转型，深化产教融合与校企合作，加强基础能力建设，着力提高人才培养质量，促进教育公平，推动高质量发展，我国现代职业教育体系建设由此也进入一个崭新的历史发展时期，并不断迈向前进。教师教育体系、特殊教育的建设和终身教育也一直都是教育改革与发展中的要题所在。2012 年以来，尤其是党的十八大以来，我国教师教育体系的建设稳步迈进，并不断趋于成熟和完善；特殊教育事业的改革与发展也取得了显著成绩，特殊教育体系的建设也在此过程中不断趋于成熟和完善；终身教育改革与发展的进程日益加快，终身教育体系的构建愈加成熟与完善，以全民终身学习为主要推动方式的学习型城市和学习型社会的建设也不断向前迈进。

干部教育培训是建设高素质干部队伍的先导性、基础性、战略性工程，在推进中国特色社会主义伟大事业和党的建设新的伟大工程中具有不可替代的重要作用。党的十八大以来，习近平总书记就干部教育作出了一系列重要论述，党中央出台制定了一系列干部教育培训的政策制度和法规，涵盖指导思想、基本原则、培训内容、培训方式、课程教材、学习考核等多个方面，从顶层设计上形成了新时代干部任用与选拔、教育与培训、考核与评价、激励与保障等相对完善的干部队伍建设体系，促使这一时期我党干部教育培训工作获得新发展。在民族教育领域，党的十八大以后，中共中央、国务院针对民族教育发展新趋势和新特点，颁布了一系列普惠性政策和扶持性政策，着力推进民族地区教育均衡发展、深化课程和教学改革，特别关注教师队伍建设、儿童发展、教育经费、招生考试、教育扶贫、学校建设与校园安全、均衡发展等内容，仅 2010—2014 年中央财政就累计向五个民族自治区投入 1201.70 亿元，推动民族地区教育迈向新的发展阶段。尤其最近几年，民族地区地方政府也出台众多配套政策，多渠道扩充教师数量，并将民族地区教育发展与教育扶贫相结合，使民族地区教育规模不断扩大。

除此之外，新时期的教育建设工作还格外关注对外交流工作。2013 年 10 月，习近平总书记在欧美同学会成立 100 周年庆祝大会上，明确提出"支持留学、鼓励回国、来去自由、发挥作用"的新时期留学工作方针，成为新时期我国留学工作的总指针。2014 年 12 月，教育部在北京召开了全国留学工作会议，在新中国历史上第一次统筹谋划部署出国来华留学工作，习近平总书记、李克强总理专门对留学工作作出重要批示，刘延东副总理出席会议并发表重要讲话。2016 年 2 月，中共中央办公厅、国务院办公厅正式印发《关于做好新时期教育对外开放工作的若干意见》，这是新中国成立以来第一份全面指导我国教育对外开放事业发展的纲领性文件，留学工作是其中的重要内容，其中指出："到 2020 年，我国出国留学服务体系基本健全，来华留学质量显著提高，涉外办学效益明显提升，双边多边教育合作广度和深度有效拓展，参与教育领域国际规则制定能力大幅提升，教育对外开放规范化、法治化水平显著提高，更好满足人民群众多样化、高质量教育需求，更好服务经济社会发展全局。"在党中央、国务院的高度重视下，我国出国留学和来华留学实现了高速发展，规模、层次、结构等不断优化，我国已成为世界最大的国际学生生源国和亚洲最大的留学目的地国，并逐步迈入提质增效新通道。

二、显著特点

（一）致力于人民福祉和教育公平

人民立场是中国共产党的根本政治立场，是马克思主义政党区别于其他政党的显著标志。为人民办教育、为人民培养人才，依靠人民发展教育，是中国共产党办教育的根本立场。中国特色社会主义进入新时代，以习近平同志为核心的党中央重视根据社会主要矛盾的变化，重点关注人民日益增长的对更好更公平教育的期盼与教育发展不平衡不充分之间的矛盾，将教育公平的目标进一步深化为促进教育的优质均衡发展，积极满足最广大人民日益增长的教育需要，提高教育普及程度，不断提升教育公平的质量和境界，并重点实施以下举措。

一是强调深化教育改革，推进素质教育，创新教育方法，提高人才培养质量，努力形成有利于创新人才成长的育人环境，并以之为推进教育公平的必由之路。二是以法律保障教育公平的实现。习近平总书记强调："科学立法是处理改革和法治关系的重要环节"。党的十八大以来，国家完善了教育方面的法律法规，使之成为捍卫教育公平的工具。2015年修订的《中华人民共和国教育法》就增加了"国家采取措施促进教育公平，推动教育均衡发展"的条款。三是强调教育扶贫和精准施策的重要性，习近平总书记高度重视处境不利群体的教育需要，提出要"让贫困地区每一个孩子都能接受良好教育"。相应地，2015年，中共中央、国务院印发了《中共中央国务院关于打赢脱贫攻坚战的决定》，教育扶贫再次被着重提及，公平而有质量的教育是阻断贫困代际传递的重要途径。习近平总书记还强调要通过教育扶贫让教育发展成果更多更全面地惠及全体人民，以教育公平促进社会公平，让教育公平的阳光洒在每一个孩子身上。

（二）不懈追求教育与社会协同发展

促进社会发展进步是自古以来教育的基本功能和不懈追求。在中国共产党的教育理想中，促进中国社会全面进步、全面实现现代化是矢志不渝的追求，而在不同历史时期，由于社会发展程度、社会主要矛盾、党的中心工作以及理论认识的不同，教育促进社会发展进步的目标、重点和途径各有特点，其经历了从注重教育与政治军事的本质联系及教育的政治军事功能，到注重教育与经济建设的本质联系及教育的经济功能，再到全面注重教育与经济政治文化社会生态的本质联系及教育的全面社会功能的转变。进入中国特色社会主义新时代，决胜全面建成小康社会，全面建设社会主义现代化国家的新征程正在起航，富起来的理想已经基本实现，强起来的理想蓝图正在绘就，国家更加富强、人民更加幸福、实现现代化和民族复兴的美好前景正在展现。为发挥教育在促进当代中国社会进一步发展中的重要作用，习近平总书记指出，"教育是提高人民综合素质、促进人的全面发展的重要途径，是民族振兴、社会进步的重要基石，是对中华民族伟大复兴具有决定性意义的事业"。"当今世界的综合国力竞争，说到底是人才竞争，人才越来越成为推动经济社会发展的战略性资源，教育的基础性、先导性、全局性地位和作用更加凸显。'两个一百年'奋斗目标的实现、中华民族伟大复兴中国梦的实现，归根到底靠人才、靠教育"。在全面建设社会主义现代化强国的新征程中，国家更加富强、人民更加幸福、实现现代化和民族复兴的美好前景需要教育事业的支持作用，也对教育改革发展提出一系列更高的要求！

(三)促进德智体美劳全面发展

促进人的全面发展是中国共产党教育使命的核心要义。在不同历史时期，由于人的发展水平不同、不同历史时期为人才的全面发展提出的要求和创造的条件不同、对马克思主义和其他思想家关于人的全面发展理论的认识不同，党领导下的教育促进人全面发展的具体目标、途径也不同。中国特色社会主义进入新时代，随着世界多极化、经济全球化、文化多元化的不断发展，新的时代对全面发展的人提出了新的要求和新的希望。在促进人才的全面发展上，习近平总书记强调了立德树人任务在培养全面发展的人的工作中的重要地位，总书记在党的十九大报告中明确指出"要全面贯彻党的教育方针，落实立德树人根本任务"。除此之外，当今世界的发展正面临着百年未有之大变局，新兴市场国家和发展中国家群体性崛起势不可挡，劳动和劳动教育观念的基本作用越发彰显。对于劳动教育，习近平总书记承接毛泽东同志的劳动教育思想，格外强调劳动教育在"五育"中的重要性。2016年4月，习近平总书记强调"要在全社会大力弘扬劳动精神，提倡通过诚实劳动来实现人生的梦想、改变自己的命运，反对一切不劳而获、投机取巧、贪图享乐的思想"，明确了劳动教育是一种价值理念，使劳动教育始终与德智体美教育相促进、相融合。

(四)持续深化教育管理体制改革

解放思想、实事求是、与时俱进、因时因地制宜、不断改革创新是事物发展的规律所在，是教育发展的活力所在，也正是党坚持思想路线的生动体现。党在发展教育时坚持因地制宜、分类指导，不断与时代背景耦合，坚持以管理体制改革促进教育的长期可持续发展，为教育事业取得辉煌的成就奠定了制度基础。进入新世纪以后，"分级管理，分级办学"，挖掘基层政府和社会的办学潜能的成绩十分显著，但同时伴生的"教育经费投入的增长和使用效益的提高"和"区域间乃至县域内基础教育的公平和均衡发展"问题促使中央进一步开启了教育领域的改革。2010年7月发布的《教育规划纲要》将这一阶段的教育管理体制改革目标确定为"转变政府职能和简政放权为重点"并"形成政事分开、权责明确、统筹协调、规范有序的教育管理体制"。2012年印发的《全面推进依法治校实施纲要》指出："转变对学校的行政管理方式，切实落实和尊重学校办学自主权，减少过多、过细的直接管理活动"，逐步形成政府依法管理，学校依法办学、自主管理的局面。2015 年发布的《教育部关于深入推进教育管办评分离促进政府职能转变的若干意见》再次强调"推进政校分开，建设依法办学、自主管理、民主监督、社会参与的现代学校制度，依法明确和保障各级各类学校办学自主权"，充分体现出建立现代学校制度、促进学校自身发展的价值取向。

(五)通过思想政治教育凝心聚力

思想政治教育是中国共产党一以贯之的优良传统和政治优势。立足新时代，认真梳理我们党思想政治教育的历史脉络，总结思想政治教育的实践成就可以发现，党领导下的思想政治教育为中华民族从站起来、富起来再到强起来汇聚了全国各族人民的强大力量，创造了举世瞩目的伟大成就。"明镜所以照形，古事所以知今"。重视思想政治教育，充分发挥思想政治教育的作用，不仅是过去党赢得革命斗争和社会事业建设胜利的重要法宝，还是未来中国共产党治理国家、凝聚社会合力的重要手段，是未来不断推进伟大斗争、建设伟大工程、发展伟大事业、实现伟大梦想的重要信心和力量源泉。

进入中国特色社会主义新时代，中国共产党继续领导思想政治教育在改革中发展，在创新中前进。以习近平同志为核心的党中央高度重视精神文明建设、意识形态工作和思想政治工作，在进行许多具有新的历史特点的伟大斗争中把思想政治教育提升到国家治理体系和治理能力现代化建设、全面从严治党的战略高度，并将之上升为党的治国理政的重要内涵。这一阶段，党和国家先后颁发《关于进一步加强高校马克思主义理论学科建设的意见》（2012 年）、《普通高校思想政治理论课建设体系创新计划》（2015 年）、《关于加强和改进新形势下高校思想政治工作的意见》（2016 年）、《高等学校马克思主义学院建设标准》（2017 年）等一系列重要文件，积极培育和践行社会主义核心价值观，不断提升社会主义意识形态的凝聚力和引领力，开展全员、全过程、全方位的育人实践，着力培养担当民族复兴大任的时代新人，"为实现中华民族伟大复兴提供了势不可挡的磅礴力量"。①

三、未来展望

历史雄辩地证明，没有中国共产党的领导就没有今天的一切，就没有现代化的教育事业。在新的方位、新的历史时代，中国特色社会主义现代化教育强国的画卷已经展开，在中国共产党的领导下，教育事业的改革发展必将取得新的辉煌，在中

---

① 习近平：《在庆祝改革开放 40 周年大会上的讲话》，39 页，北京，人民出版社，2018。

共中央、国务院印发的《中国教育现代化2035》的擘画中，推进教育现代化的总体目标是：到2020年，全面实现"十三五"发展目标，教育总体实力和国际影响力显著增强，劳动年龄人口平均受教育年限明显增加，教育现代化取得重要进展，为全面建成小康社会作出重要贡献。在此基础上，再经过15年努力，到2035年，总体实现教育现代化，迈入教育强国行列，推动我国成为学习大国、人力资源强国和人才强国，为到本世纪中叶建成富强民主文明和谐美丽的社会主义现代化强国奠定坚实基础。2035年主要发展目标是：建成服务全民终身学习的现代教育体系、普及有质量的学前教育、实现优质均衡的义务教育、全面普及高中阶段教育、职业教育服务能力显著提升、高等教育竞争力明显提升、残疾儿童少年享有适合的教育、形成全社会共同参与的教育治理新格局。①

按照《中共中央关于制定国民经济和社会发展第十四个五年规划和二〇三五年远景目标的建议》，对教育事业改革发展的总体要求就是"建设高质量教育体系"。具体要求包括：全面贯彻党的教育方针，坚持立德树人，加强师德师风建设，培养德智体美劳全面发展的社会主义建设者和接班人。健全学校家庭社会协同育人机制，提升教师教书育人能力素质，增强学生文明

---

① 新华社：《中共中央、国务院印发〈中国教育现代化2035〉》，参见中华人民共和国中央人民政府网站，2019-02-03。

素养、社会责任意识、实践本领，重视青少年身体素质和心理健康教育。坚持教育公益性原则，深化教育改革，促进教育公平，推动义务教育均衡发展和城乡一体化，完善普惠性学前教育和特殊教育、专门教育保障机制，鼓励高中阶段学校多样化发展。加大人力资本投入，增强职业技术教育适应性，深化职普融通、产教融合、校企合作，探索中国特色学徒制，大力培养技术技能人才。提高高等教育质量，分类建设一流大学和一流学科，加快培养理工农医类专业紧缺人才。提高民族地区教育质量和水平，加大国家通用语言文字推广力度。支持和规范民办教育发展，规范校外培训机构。发挥在线教育优势，完善终身学习体系，建设学习型社会。①

展望未来，中国共产党领导的中国特色社会主义教育事业，必将在优先发展战略的总体谋划与部署中，实现新的更高水平的发展，以教育强国引领和驱动社会主义现代化强国建设。

（一）坚持党对教育事业的全面领导

党的领导是全面的，党政军民学、东西南北中，党是领导一切的。教育是民族振兴、社会进步的重要基石，是功在当代、利在千秋的德政工程。教育是国之大计、党之大计。党的十

---

① 新华社：《中华人民共和国国民经济和社会发展第十四个五年规划和二〇三五年远景目标纲要》，参见中华人民共和国中央人民政府网站，2021-03-13。

八大以来，以习近平同志为核心的党中央高度重视教育事业，这是我国教育事业之所以取得显著成就的根本所在。新时代新形势，改革开放和社会主义现代化建设、促进人的全面发展和社会全面进步对教育和学习提出了新的更高的要求。要不断使教育同党和国家事业发展要求相适应、同人民群众期待相契合、同我国综合国力和国际地位相匹配，最根本的就是要在以习近平同志为核心的党中央坚强领导下，牢牢把握教育改革发展的"九个坚持"，不断增强贯彻落实"九个坚持"的自觉性和坚定性。也就是说，面向未来，加快推进教育现代化，建设高质量教育体系，必须要坚持和加强党对教育事业的全面领导。

党对教育事业的全面领导不是事无巨细的领导，而是在教育的基本方针政策、制度安排、重大决策、干部队伍等重要方面的统领。党的领导是引领新时代中国特色社会主义教育事业不断前进的最大政治优势。党能揽大局、有组织地调动各种资源，形成推动教育事业改革发展的凝聚力、向心力；能将中国特色社会主义制度优势转化为发展教育事业的强大动力，确保教育事业发展的正确方向，从而坚定不移地走好中国特色社会主义教育发展道路。

坚持党对教育事业的全面领导，要切实增强党在教育事业发展进程中把方向、管大局、做决策、抓班子、带队伍、保落实的能力和定力，确保党的路线方针政策在各级各类学校得到贯彻落实。中国共产党对教育事业的全面领导的基本途径在于三大方面：一是牢牢掌握党对意识形态工作的领导权。教育战线始终处于意识形态领域斗争的前沿，要确保意识形态的正确方向，巩固马克思主义在意识形态的指导地位。二是完善领导体制和组织体系，加强和改进党的建设。中央教育工作领导小组的成立对于加强党中央对教育工作的集中统一领导具有重大意义。我国各级各类学校党的领导的组织体系、制度体系和工作机制不尽相同，还需要不断探索以确保党的组织在办学治校中真正发挥作用。党委领导下的校长负责制是中国特色现代大学制度的核心内容，是党对高校领导的根本制度，必须长期坚持并不断完善。三是善于做好知识分子工作。教育系统是知识分子比较集中的领域，党组织要善于根据知识分子特点做工作，善于运用沟通、协商、谈心等方式做好思想工作，多了解和帮助他们解决工作、学习、生活中的困难，使党的领导落到实处。坚持德才兼备、选贤任能，聚天下英才而用之，培养造就更多更优秀人才的显著优势。①

（二）深化服务终身学习的教育供给

作为基本公共服务重要构成部分的教育事业，一直受到家

---

① 王炳林：《党对教育事业全面领导的科学内涵和基本路径》，载《马克思主义理论学科研究》，2020(5)。

庭需求的直接影响，政府总体上扮演着教育供给的角色。在新的历史时期，教育供给侧结构性改革的实质就是要全面深化教育领域综合改革，进一步推进教育体制改革，落实教育领域管办评分离，激发教育事业发展的活力。对政府而言，就是要在教育资源配置方面科学合理简政放权，要引导和强化市场机制对教育资源配置发挥作用，促进教育的系统优化和运行效率的提升，进而提供更加优质、均衡、多元的教育资源与服务，满足社会的多样化选择需求，贴近每个学生和社会个体生存、生活及发展的实际。具体来说，要在以下几个方面深化改革，推进形成服务国家经济社会发展的高质量国民教育体系。

一是依法明确各级政府的教育职能边界，提升现代治理水平。由于教育事业具有需求拉动的公共服务属性，为了确保教育资源和服务配置更加合理有效，作为供给主导者的政府，一方面需要考虑经济新常态下财力的保障水平，另一方面需要进一步考虑教育需求的多样化与复杂性。就当前的问题和未来的发展趋势而言，需要按照中央深化教育领域改革的总体部署要求，完善法制化的教育治理体系，全面提升各级政府的教育治理水平。要以供给侧结构性改革为契机，进一步明确政府和市场的教育责任边界，在适宜的范围充分发挥市场的资源配置作用，落实政府在教育领域的放、管、服，强化教育管办评分离的改革，落实政府教育管理的简政放权。

二是突破国民教育体系的狭义教育观念，丰富教育服务形态。经济社会的发展和一系列国家战略的实施，既迫切需要国民素质的总体提升，又迫切需要数以亿计的高素质劳动人才、数以万计的专业人才和一大批拔尖创新人才。这就需要形态丰富的教育培训做坚强的人才支撑和智力保障。在进行当前教育体系改革的同时，应与时俱进推动形成教育融入经济社会发展进程的"大教育观"。突破以正规学校教育为主要表现形式的传统国民教育体系认识，以终身教育理念为导向，以普通教育和职业教育为基础，在全民学习、终身学习的开放教育体系中进行系统的教育供给侧结构性改革。

三是强化教育事业经费保障的政府主体，激活社会投入体制。在公共财政受到经济增速放缓影响的特殊时期，为了保证稳定的教育经费投入，势必要求进一步通过体制机制的创新，强化教育投入主体和经费来源的多元化、立体化。教育投入的供给侧结构性改革是要形成一种广泛意义的"公私合力"机制。在公共财政的教育投入方面，要根据教育事业的内涵发展需要，强化有限教育经费的精准投放，着力支持解决教育领域发展的短板问题。尤其要从提升国家教育软实力的层面注重对包括教职工在内的软件投资。在激活社会投入方面，完善社会办学和投入体制，尽快形成有效的社会捐赠办法和教育融资体系，助力教育供给的丰富形态。

　　四是基于教育体系学段和类型的发展实际，进行供给结构调整。民生方面要进一步强化政府对基本公共教育服务优质均衡供给。在学段上，优化义务教育发展长效保障的同时，要明确对学前教育和高中阶段教育的国家投入机制，分步骤、分地域逐步实施学前教育免费化提供，强化对高中阶段贫困家庭学生的奖补，全面提升教育公平程度。在教育资源的配置领域，精准强化对教师队伍的建设。国计方面要推动职业教育和高等教育适应国家经济社会发展和国家战略部署，服务科技创新，服务于中国制造的需求。例如职业教育的改革发展要充分围绕中国制造的转型升级所需要的知识、技能型劳动者的培养，高等教育的改革发展要避免因培养目标与社会需求相差甚远而形成的"教育过度"。①

　　五是针对体制机制深层问题进行制度设计，实施有效政策安排。教育资源和服务的供给除了在人力、财力和物力上的投入，还需要制度安排和政策过程的优化。尤其是在改革不断深化的过程中，要强化"政策供给"的改革，着重在制度安排和体制机制层面进行系统设计，超越原有相对具象和零碎的项目式政策安排。也就是说，为了实现更加注重需求推动的教育改革，激发教育体系的活力，满足社会对教育的多元化选择需

---

① 庞丽娟：《教育供给侧结构性改革：改什么，如何改》，载《民主》，2017(10)。

求，在新的时期，教育供给侧结构性改革要更加注重在政策上发力。十八届三中全会以来，改革的总体方向和目标以及制度框架已定，迫切需要通过具体制度安排和政策设计与实施。特别建议在城乡一体化建设中，进一步强化对乡村教育的政策倾斜，尤其是针对乡村教师队伍的编制、待遇和老龄化等问题，进行战略前瞻性的制度设计，进一步完善绩效工资政策，在综合评估既有教师培养培训政策的基础上，出台具有针对性和地方适宜性的政策，充分激发政府和社会优化教师资源的合力。

（三）推进"九个坚持"为特征的中国特色社会主义教育发展道路

全国教育大会的召开，是新时代教育事业发展史上的一件盛事，也是全面建成小康社会开启全面建设社会主义现代化国家新征程的教育总动员，为我国教育事业健康持续和高质量发展进一步指明了前进方向，具有里程碑式的意义。会上，习近平总书记深刻阐述了中国特色社会主义教育事业改革发展实践新理念新思想新观点的主要方面——"九个坚持"。"九个坚持"即坚持落实好党对教育事业的全面领导、坚持把立德树人作为根本任务、坚持优先发展教育事业、坚持社会主义办学方向、坚持扎根中国大地办教育、坚持以人民为中心发展教育、坚持深化教育改革创新、坚持把服务中华民族伟大复兴作为教育的重要使命、坚持把教师队伍建设作为基础工作。"九个坚持"高度概括了教育系统自身与其所在的经济社会大环境之间的辩证统一关系，统领教育事业发展内在动力体系和外在重要影响因素的诸多方面，是新时代深化教育领域综合改革的基本遵循，是破解关键环节深层次教育体制机制问题的重要理论武器。

贯彻落实习近平总书记重要讲话精神，用"九个坚持"指导改革发展实践，在教育改革发展实践中不断深化对教育规律的认识，尤为重要地体现在教育政策领域。因为党和国家教育基本理念方针的有效落实、基层教育改革实践和经验探索的归纳总结与实验推广、一系列重大改革难题的突破，都有赖于教育相关政策切实发挥作用。特别是在新的历史时期，面临新的社会主要矛盾转变，教育事业既要在基本公共服务有效供给层面解决好人民满意的问题，又要立足于适应国家经济社会发展一系列重大战略需要，解决好国民素质总体提升、人才保障和智力支撑的问题，切实发挥教育的基础性、先导性、全局性作用。这对教育政策的制定、执行、评估、完善等都提出了更高要求。服务于新时代教育事业改革发展的"九个坚持"，培养德智体美劳全面发展的社会主义建设者和接班人，加快推进教育现代化、建设教育强国、办好人民满意的教育，迫切需要深化教育相关政策研究。

加强教育政策研究的前瞻性和系统性。改革开放以来，我国经济社会各领域的巨大成就，很大程度上得益于教育对个体心智及人力资本的开发。而特定历史阶段关键教育政策的出台和实施，必然发挥了重要制度保障作用。立足"两个一百年"伟大奋斗目标的实现，教育政策研究要注重将重大教育问题放在历史长河中考量，在大趋势中把握教育与政治经济社会各领域之间的关系，提出既服务当下的解决办法，也面向未来的中长期战略性解决方案。

糅合教育政策研究的"学究气"与"乡土气"。教育政策研究一方面要充分体现教育问题研究的学理性，理论思考、基本结论、对策建议必须是基于深入的调查研究、科学的分析方法、准确的数据支撑形成的，有其自洽的学术逻辑。另一方面，政策研究的内容是真实的理论和实践问题，来源于教育改革发展的生动实践，助力于一系列实际困难的有效解决。

着眼教育政策研究的本土化与国际化。服务于中国特色社会主义现代化教育体系的构建，教育政策研究要有更宽广的国际视野。一些发达国家教育事业本身及其在支撑本国经济社会发展方面有值得借鉴的成功经验，特别是一些好的教育政策举措和制度安排。当然，不能以任何形式进行改头换面的政策照搬。与此同时，教育政策研究要基于我国的教育改革实验创新，为人类命运共同体建设贡献中国智慧和中国方案。[①]

　　总而言之，中国特色社会主义进入新时代，在中国共产党的正确领导下，中国特色社会主义教育事业将不断深化改革和持续健康发展，在中华民族伟大复兴的时代征程中发挥重要基础性和先导性作用，不断走向辉煌！

　　[①]　杨小敏：《围绕"九个坚持"深化教育政策研究》，载《中国教育报》，2018-09-27。

参考文献 |

一、重要文集、文选类

[1]《马克思恩格斯选集》第一卷，北京，人民出版社，2012。

[2]《邓小平文选》第二卷，北京，人民出版社，1994。

[3]《邓小平文选》第三卷，北京，人民出版社，1993。

[4]《习近平谈治国理政》第一卷，北京，外文出版社，2014。

[5]《习近平谈治国理政》第二卷，北京，外文出版社，2017。

[6]《习近平谈治国理政》第三卷，北京，外文出版社，2020。

[7]《中国共产党章程》，北京，人民出版社，2017。

[8]习近平：《决胜全面建成小康社会 夺取新时代中国特色社会主义伟大胜利——在中国共产党第十九次全国代表大会上的报告》，北京，人民出版社，2017。

[9]习近平：《论坚持党对一切工作的领导》，北京，中央文献出版社，2019。

[10]习近平：《在庆祝改革开放40周年大会上的讲话》，北

京，人民出版社，2018。

[11]中共中央宣传部：《习近平总书记系列重要讲话读本》，北京，学习出版社、人民出版社，2016。

二、资料汇编类

[1]本书编写组：《党的十九届五中全会〈建议〉学习辅导百问》，北京，学习出版社、党建读物出版社，2020。

[2]国务院：《中华人民共和国全国人民代表大会常务委员会公报》，2019(5)。

[3]人民出版社：《中国共产党第十八届中央委员会第五次全体会议文件汇编》，北京，人民出版社，2015。

[4]中共中央党史研究室：《党的十八大以来大事记》，北京，人民出版社，2017。

[5]中共中央文献研究室：《十八大以来重要文献选编》，北京，中央文献出版社，2014。

[6]中共中央宣传部：《习近平新时代中国特色社会主义思想三十讲》，北京，学习出版社，2018。

[7]中共中央宣传部：《习近平新时代中国特色社会主义思想学习纲要》，北京，学习出版社、人民出版社，2019。

[8]中共中央宣传部：《习近平总书记系列重要讲话读本》，北京，学习出版社，2016。

[9]《中国教育年鉴》编辑部：《中国教育年鉴(2013)》，北京，人民教育出版社，2014。

[10]《中国教育年鉴》编辑部：《中国教育年鉴(2014)》，北京，人民教育出版社，2015。

[11]《中国教育年鉴》编辑部：《中国教育年鉴（2015）》，北京，人民教育出版社，2016。

三、报纸类

[1]胡锦涛：《高举中国特色社会主义伟大旗帜 为夺取全面建设小康社会新胜利而奋斗——在中国共产党第十七次全国代表大会上的报告》，载《人民日报》，2007-10-25。

[2]胡锦涛：《坚定不移沿着中国特色社会主义道路前进 为全面建成小康社会而奋斗——在中国共产党第十八次全国代表大会上的报告》，载《人民日报》，2012-11-18。

[3]胡锦涛：《努力办好让人民群众满意的教育》，载《人民日报》，2006-08-31。

[4]江泽民：《全面建设小康社会 开创中国特色社会主义事业新局面——在中国共产党第十六次全国代表大会上的报告》，载《人民日报》，2002-11-18。

[5]人民网：《习近平就高校党建工作作出重要指示坚持立德树人思想引领加强改进高校党建工作》，载《人民日报》，2014-12-30。

[6]人民网：《习近平在全国高校思想政治工作会议上强调 把思想政治工作贯穿教育教学全过程 开创我国高等教育事业发展新局面》，载《人民日报》，2016-12-09。

[7]习近平：《把思想政治工作贯穿教育教学全过程 开创我国高等教育事业发展新局面》，载《人民日报》，2016-12-09。

[8]习近平：《坚持中国特色社会主义教育发展道路 培养德智体美劳全面发展的社会主义建设者和接班人》，载《人民日

报》，2018-09-11。

[9]习近平：《坚持中国特色社会主义教育发展道路 培养德智体美劳全面发展的社会主义建设者和接班人》，载《人民日报》，2018-09-11。

[10]习近平：《决胜全面建成小康社会 夺取新时代中国特色社会主义伟大胜利——在中国共产党第十九次全国代表大会上的报告》，载《人民日报》，2017-10-28。

[11]习近平：《切实贯彻落实新时代党的组织路线 全党努力把党建设得更加坚强有力》，载《人民日报》，2018-07-05 。

[12]习近平：《为建设世界科技强国而奋斗——在全国科技创新大会、两院院士大会、中国科协第九次全国代表大会上的讲话》，载《人民日报》，2016-06-01。

[13]习近平：《习近平致国际教育信息化大会的贺信》，载《人民日报》，2015-05-24。

[14]习近平：《用新时代中国特色社会主义思想铸魂育人 贯彻党的教育方针落实立德树人根本任务》，《人民日报》，2019-03-19 。

[15]习近平：《在北京大学师生座谈会上的讲话》，载《人民日报》，2018-05-03。

[16]习近平：《在纪念马克思诞辰 200 周年大会上的讲话》，载《人民日报》，2018-05-05。

[17]习近平：《在庆祝"五一"国际劳动节暨表彰全国劳动模范和先进工作者大会上的讲话》，载《人民日报》，2015-04-29。

[18]习近平：《在网络安全和信息化工作座谈会上的讲话》，载《人民日报》，2016-04-26。

[19]习近平：《做党和人民满意的好老师——同北京师范大

学师生代表座谈时的讲话》，载《人民日报》，2014-09-10。

[20]新华社：《胡锦涛在中共中央政治局第三十四次集体学习时强调 坚持把教育摆在优先发展战略地位 努力办好让人民群众满意的教育》，载《中国教育报》，2006-08-31。

[21]新华社：《习近平向全国广大教师致慰问信》，载《人民日报》，2013-09-10。

[22]新华社：《习近平在北京市八一学校考察时强调 全面贯彻落实党的教育方针 努力把我国基础教育越办越好》，载《人民日报》，2016-09-10。

[23]新华社：《习近平在中国政法大学考察时强调 立德树人 德法兼修 抓好法治人才培养 励志勤学 刻苦磨炼 促进青年成长进步》，载《人民日报》，2017-05-04。

[24]新华社：《习近平主持召开中央全面深化改革领导小组第二十三次会议》，载《人民日报》，2016-04-19。

[25]新华社：《习近平主持召开中央全面深化改革领导小组第二十四次会议强调 坚定改革信心注重精准施策 提高改革效应放大制度优势》，载《人民日报》，2016-05-21。

[26]新华社：《习近平主持召开中央全面深化改革领导小组第十五次会议强调 增强改革定力保持改革韧劲 扎扎实实把改革举措落到实处》，载《人民日报》，2015-08-19。

[27]新华社：《习近平主持召开中央全面深化改革委员会第十四次会议强调 依靠改革应对变局开拓新局 扭住关键鼓励探索突出实效》，载《人民日报》，2020-07-01。

[28]新华社：《习近平主席在联合国"教育第一"全球倡议行动一周年纪念活动上发表视频贺词》，载《人民日报》，2013-09-27。

[29]新华社：《学习贯彻党的十八届四中全会精神 运用法治思维和法治方式推进改革》，载《人民日报》，2014-10-28。

[30]新华社：《在教师节到来之际习近平向全国广大教师和教育工作者致以节日祝贺和诚挚慰问 强调不忘立德树人初心 牢记为党育人为国育才使命 不断作出新的更大贡献》，载《人民日报》，2020-09-09。

[31]新华社：《中共中央 国务院关于打赢脱贫攻坚战的决定》，载《人民日报》，2015-12-08。

[32]中共教育部党组：《开启全面建设高素质专业化创新型教师队伍新征程》，载《光明日报》，2020-10-06。

[33]中共中央国务院：《中国教育现代化2035》，载《人民日报》，2019-02-24。

四、著作类

[1]何毅亭等：《中国共产党的成功奥秘与中央党校》，北京，外文出版社，2018。

[2]教育部课题组：《深入学习习近平关于教育的重要论述》，北京，人民出版社，2019。

[3]李建民等：《中国基础教育改革大事记：高中教育卷》，济南，山东友谊出版社，2019。

[4]刘宝存：《中国教育改革开放40年：高等教育卷》，北京，北京师范大学出版社，2019。

[5]施克灿：《中国教育改革开放40年：义务教育卷》，北京，北京师范大学出版社，2019。

[6]苏德：《中国民族教育发展报告（2015-2018）》，北京，

社会科学文献出版社，2019。

[7]袁桂林：《中国教育改革开放 40 年：高中教育卷》，北京，北京师范大学出版社，2019。

[8]中国教育科学研究院：《教育强国之道——改革开放以来重大教育决策研究》，北京，教育科学出版社，2018。

[9]中华人民共和国教育部：《〈国家教育事业发展"十三五"规划〉学习辅导读本》，北京，教育科学出版社，2017。

[10]朱旭东、宋萑等：《新时代中国教师队伍建设的顶层设计》，北京，北京师范大学出版社，2018。

[11]朱益鸣等：《中国教育改革 40 年：高中教育》，北京，科学出版社，2018。

五、期刊类

[1]安钰峰：《始终把教育摆在优先发展的战略地位——学习习近平总书记关于教育的重要论述的思考》，载《学校党建与思想教育》，2019(23)。

[2]教育部：《高中阶段教育普及攻坚计划（2017—2020年)》，载《教师教育论坛》，2017，30(04)。

[3]李长吉：《"立德树人"研究：内容、问题与展望》，载《当代教育与文化》，2021(1)。

[4]李建国、万成：《从"德智体美"到"德智体美劳"——十八大以来习近平关于"培养什么样的人"论述的承变》，载《现代教育科学》，2019(6)。

[5]刘复兴、邢海燕：《坚持以人民为中心发展教育》，载《中国高等教育》，2019(6)。

[6]刘剑虹：《习近平以人民为中心教育发展观的生产逻辑、基本内涵和时代意蕴》，载《高等教育研究》，2020(4)。

[7]刘占兰：《学前教育 40 年：走向公益普惠、公平优质》，载《教育家》，2018(32)。

[8]石中英：《努力培养德智体美劳全面发展的社会主义建设者和接班人》，载《中国高校社会科学》，2018(6)。

[9]王鉴、姜纪垒：《"立德树人"知识体系的百年演进及其经验总结》，《东北师大学报(哲学社会科学版)》，2020(6)。

[10]王鉴、李泽林：《探寻课程与教学论研究的"知识地图"》，载《教育研究》，2019(1)。

[11]习近平：《思政课是落实立德树人根本任务的关键课程》，载《求是》，2020(17)。

[12]杨兆山：《习近平"坚持以人民为中心发展教育"论述精髓探析》，载《东北师大学报(哲学社会科学版)》，2020(5)。

[13]张力：《纵论立德树人——教育的根本任务》，载《人民教育》，2013(1)。

[14]朱旭东：《论教师的全专业属性》，载《教育发展研究》，2017(10)。

六、网站类

[1]人民网 www. people. cn

[2]新华网 www. xinhuanet. com

[3]中华人民共和国教育部网站 www. moe. gov. cn

[4]中华人民共和国中央人民政府网站 www. gov. cn

索 引